ebaY
이베이 글로벌셀러

이베이 해외판매 및 쇼핑의 비밀

실전지침서

창업 · 부업 · 투잡 · 해외쇼핑 및 판매
하루 2시간 2달완성!!

최일식 · 심경환 공저

정일

들어가는 말

2012년 세상은 빠르게 변하고 있습니다. 매스미디어의 발전과 인터넷 문화의 발전은 안방에서 많은 것들을 가능하게 만들어 주고 있습니다.
사람이 태어나서 살아가는데 빼 놓을 수 없는 것 중 하나가 유통입니다. 무언가 거래를 한다는 것은 사회생활에서도 중요한 부분입니다.
인터넷 환경은 이러한 유통에서도 전자상거래라는 놀라운 유통을 만들었습니다. 안방에 편하게 앉아 제품의 모든 정보를 비교하면서 심지어 가격과 배송정보까지도 확인하며 쇼핑할 수 있는 시대가 된 것입니다.
인터넷 환경을 활용하는 전자상거래 흔히 쇼핑몰 문화는 많은 사람들에게 새로운 사업으로 기회를 주었고 많은 소비자들을 만족시켜가고 있습니다.
교통의 발달과 배송시스템의 진화는 이러한 쇼핑몰 문화에 날개를 달아주고 있으며 엄청난 성장을 가져왔고 앞으로도 더욱 발전하는 유통분야가 될 것입니다.
이러한 모든 발전은 다시 새로운 진화를 준비하고 있습니다. 단순히 한 국가에서 발생하는 쇼핑을 떠나 국제간 거래가 활발하게 일어나는 시대가 다가오고 있습니다.

인터넷 쇼핑몰 즉 전자상거래가 유통의 혁명처럼 다가와서 직거래의 선두주자로 발전했다면 이제 전자상거래의 세계화를 통해 한 단계 더 발전하는 시대가 올 것입니다.

이러한 발전 속에 많은 사람들은 새로운 기회를 얻을 수 있을 것이며 많은 소비자들은 안방에서 전 세계의 우수한 제품을 구입할 수 있는 새로운 쇼핑 문화를 체험하게 될 것입니다.

우물 안 개구리처럼 현재에 안주하지 말고 미래를 예측하고 능동적으로 대처해 나간다면 대한민국이 전자상거래 시장에서 세계의 주도권을 잡을 수 있지 않을까 조심스럽게 예상해 봅니다.

인터넷 쇼핑몰! 국내시장에서 찾기 어려운 비전을 세계시장에서 찾아 가시길 바랍니다. 인터넷에서 거래가 이루어지는 일은 이제 어려운 일이 아닙니다. 누구나가 도전해서 만들어 갈 수 있는 분야입니다.

비록 영토는 작은 국가이지만 인터넷 문화와 환경만은 전 세계 1위입니다. 전자상거래의 세계시장도 대한민국의 국민들이 주도하길 고대하고 바랍니다.

대표저자 최일식

차 례

Chapter 1 오픈마켓의 이해

쇼핑을 업그레이드하다 - 인터넷 쇼핑문화 12
오픈마켓의 빅 3 업체 13
국내외 오픈마켓 비교 17
글로벌 시장 이베이 26

Chapter 2 해외오픈마켓 이베이&페이팔 가입과 연동

이베이 회원가입하기 32
페이팔 회원가입과 이베이 페이팔 연동 38
판매자 계정 만들기(Seller account 만들기) 49
이베이 구매활동 55

Chapter 3 이베이 판매 활동

이베이 상품 판매하기 68
무료 웹호스팅 정보(인터넷 저장 창고 무료로 이용하기) 84

Chapter 4 해외 배송의 이해

우체국 배송 정보(인쇄물, 서장, 소형포장물, EMS) 94
우편물 종적조회 104

Chapter 5 이베이 주요 메뉴 활용

이베이 메뉴 주요기능 110
꼭 알아야 하는 이베이 주요기능 128

Chapter 6 오픈마켓 수수료 체계의 이해

이베이 수수료 140
결제수단 페이팔 수수료 이해 153

Chapter 7 아이템 분석과 시장조사

아이템 검색과 시장조사 162
이베이 펄스 - 현재 잘 팔리고 이슈화된 아이템을 찾아라 175
이베이옥션을 활용한 검색 - 실시간 이베이 등록상품을 한글로 본다 184

Chapter 8 빠르고 쉬운 이미지 작업

쉬운 이미지 작업 - 포토스케이프 활용 196
페이지 기능 활용 205
대표사진(썸네일) 만들기 219

Chapter 9 구매 및 판매에서 여러 가지 문제 해결하기

클레임 해결 226

Chapter 10 이베이 VeRO 프로그램의 이해와 지적재산권

이베이 VeRO 프로그램의 이해와 지적재산권 246
About me 페이지 249
VeRO Tutorial - 베로 퀴즈 264

Chapter 11 아이템 선정과 사입의 기술

아이템 선정과 사입 294
아이템 선정의 핵심 포인트 294
아이템 소싱(사입)의 기술 297
온라인으로 아이템 찾기 300

Chapter 12 이베이 프로그램 활용과 온라인 사업

Selling manager와 Selling manager pro 310
스토어 운영 노하우 314
스토어를 활용한 판매 전략 319
사업자 등록과 부과세 환급 328
목적과 목표 설정 331
중소기업 소싱의 노하우 332

Chapter 1

오픈마켓의 이해

Ebay Open Market

쇼핑을 업그레이드하다 – 인터넷 쇼핑문화

IT산업이 발전하고 인터넷이 생활의 일부가 되었다. 언제 어디서나 쉽게 접근할 수 있는 인터넷 문화 속에서 쇼핑문화도 그 화려한 꽃을 피우고 있다. 자신이 원하는 정보를 검색하고 다양한 쇼핑몰에서 제공하는 쇼핑정보를 즐기며 클릭 한번으로 물건을 구매하는 쇼핑문화가 정착되고 있다.

연도	금액
2001	3,347
2002	6,030
2003	7,050
2004	7,768
2005	10,676
2006	13,460
2007	15,766
2008	18,146
2009	20,643
2010	25,203
2011	29,062

단위 (십억원)
(통계청 자료)

사이버 쇼핑 통계청 자료를 참고한다면 그 성장세에 놀라움을 감출 수가 없다. 통계청에서 매출 집계를 시작하지 않은 1998년~1999년을 기준으로 둔다면 사이버쇼핑의 성장은 수십 배가 넘게 성장했을 것으로 보여진다.

인터넷 쇼핑은 크게 오픈마켓과 쇼핑몰로 나누어 볼 수 있다.

우리에게 저렴한 가격과 빠른 배송으로 친숙한 G마켓, 옥션, 11번가 등은 오픈마켓 형태의 사이버쇼핑몰이다.

오픈마켓이란 일정자격을 갖춘 판매자는 누구나 그 공간의 시스템을 이용해서 판매가 가능하다. 따라서 생산자와 소비자를 다이렉트(직거래)로 연결해 주는 기능을 제공하며 가격이 저렴한 것이 특징이다.

이에 반해 쇼핑몰은 브랜드 중심인 종합쇼핑몰과 개인이 운영하는 독립쇼핑몰이 있다.

10년 전 무수한 예측과 억측이 존재하는 시장이 인터넷 쇼핑시장이었다. 의류가 과연 인터넷으로 팔릴 것인가에 대한 논쟁은 뜨거웠다. 원단을 만져볼 수도 없고 옷을 입어볼 수도 없는 공간에서 의류는 팔리지 않을 것이라는 비관적인 의견이 대다수였다. 하지만 현재를 살고 있는 사람들 중 인터넷으로 옷 하나 구입해보지 못한 분은 거의 없을 것이다. 인터넷 쇼핑은 불가능을 가능으로 만들고 있으며 아직도 성장하는 시장이다.

오픈마켓의 빅 3 업체 : G마켓 / 옥션 / 11번가

다양한 연령층에서 사랑받고 있는 우리나라 오픈마켓의 1인자는 G마켓이다.

> **Tip**
> G마켓(G-Market)은 2000년 4월 설립된 대한민국의 오픈마켓 사이트이다. 이후 이베이가 인수했다.

각 카테고리별로 다양한 가격대의 다양한 물품이 판매되고 있으며 다양한 쇼핑정보를 즐기다보면 시간이 빨리 지나가며 구매욕구를 느낀다.

제1장 오픈마켓의 이해 _ **13**

저렴한 가격에 잘 설명되어 있는 상세페이지는 많은 인터넷 접속자들을 유혹한다.

옥션은 온라인 경매 사이트로 시작한 오픈마켓으로 꾸준히 사랑받고 있다.

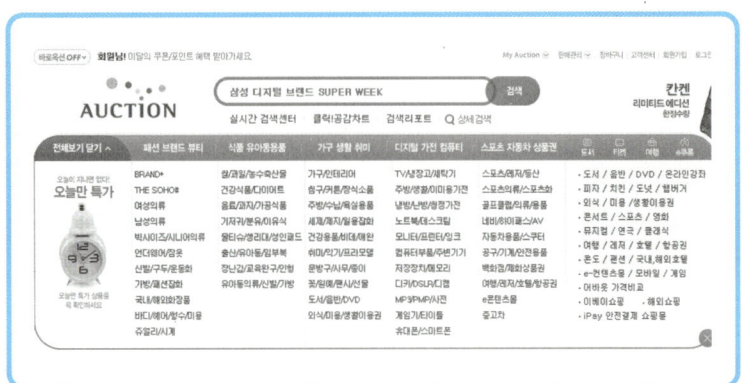

경매형 오픈마켓의 선구자인 옥션은 오래된 구매층을 보유하고 있다.

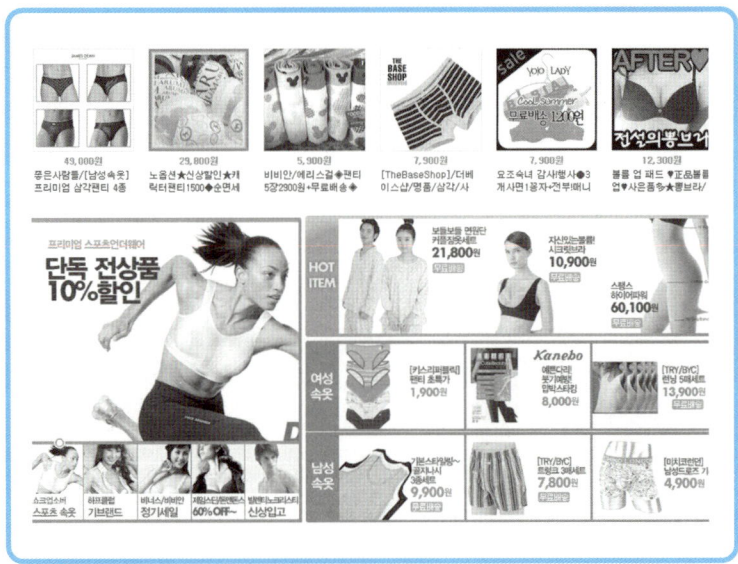

스타일리쉬한 디자인의 저렴한 상품들은 많은 소비자들의 클릭을 유도한다.

11번가는 오픈마켓에서는 후발주자이지만 다양한 이벤트와 광고로 무섭게 성장하고 있다.

최저가 보상제, 무료반품 등의 이벤트로 소비자들의 마음을 열고 있으며 지속적으로 성장하고 있다.

구매하고자 하는 제품군에 다양한 정보를 제공하며 특가상품 오늘만 특가 등등의 이벤트는 소비자의 결제를 재촉한다.

오픈마켓 시장 분석

오픈마켓 시장에서 위 빅3 업체가 전체시장의 약 90% 이상을 점유하고 있다. 옥션은 국내업체였으나 2001년 2월 15일 이베이에 인수되었으며 G마켓 또한 본래 인터파크의 자회사로 설립되었으나, 2009년 4월 미국 이베이에 인수되었다. 글로벌 시장을 목표로 하는 이베이는 각국의 1위 업체를 인수합병하여 그 시장을 선도·점유해 나가고 있다.

전자상거래를 통한 소비가 더욱 성장할 추세라 앞으로도 오픈마켓 시장은 더욱 커질 것으로 예상된다.

오픈마켓 사업 진출

지금까지의 내용이 소비자 입장에서 바라본 시장이라면 이제 사업적인 시각에서 시장을 분석해 보자.

쇼핑몰 오픈마켓 시장의 소비자는 몇 명으로 추정되고 있는가? 3000만 명을 잠정 소비자로 보고 있다. 엄청난 소비자를 보유한 시장이다. 하지만 현재 대한민국에서 쇼핑몰과 오픈마켓에서 판매자로 활동하고 있는 사업자 또한 약 20 ~ 30만 명 이상으로 엄청난 경쟁을 벌이고 있는 시장이다.

그럼에도 불구하고 많은 분들이 이 시장의 진출을 꿈꾸고 있고 계획하고 있으며 준비하고 있다.

2010년도 기준으로 전체 유통에서 인터넷쇼핑은 9.2%를 점유했다. 현재 성장세를 반영하고 앞으로 판매될 다양한 물품과 서비스를 생각한다면 미래에 15% ~ 20% 이상 점유할 가능성이 큰 시장이 인터넷쇼핑 시장이다.

현재 치열한 경쟁은 사실이며 앞으로 더욱 성장할 시장이라는 점 또한 사실이다.

지금까지 국내에서의 오픈마켓 시장을 분석하고 사업적인 접근을 모색해 보았다. 앞으로 사이버쇼핑의 경우 국가간 장벽을 없애고 국제적인 거래가 많은 것으로 예상되는 지금 국내시장뿐 아니라 해외시장도 포함한 사업적 전략이 더 큰 비전과 성과를 가져다 줄 것으로 기대된다.

국내외 오픈마켓 비교

오픈마켓 사업진출의 현실적인 장단점을 국내시장과 해외시장으로 나누어 분석해 보자.

G마켓 / 옥션 / 11번가 VS 이베이

매스미디어(massmedia)의 발전과 인터넷 문화의 발전은 국가 간의 장벽을 없애고 많은 것들을 변화시키고 있다. 우리는 아시아의 한 귀퉁이 한반도에서 전 세계에서 일어나는 정보들을 다양한 경로를 통해 접하고 공감할 수 있다. 더 나아가 쇼핑에서도 인터넷을 통한 전자상거래의 영향력이 범국가적으로 쇼핑문화를 변화시키고 있다.

인터넷은 판매자와 구매자가 가장 쉽고 빠르게 접할 수 있는 공간이며 특히 오픈마켓의 경우 국내업체와 더불어 해외업체들까지 우리 생활에 그 영향력을 점점 키워가고 있다. 국내오픈마켓을 대표하는 G마켓, 옥션, 11번가 등이 있다면 해외오픈마켓을 대표하는 이베이가 존재한다. 과연 양쪽 마켓의 공통점과 차이점은 무엇일까?

제품을 판매하고자 하는 기업이나 개인이 인터넷 공간을 활용해서 빠르고 쉽게 판매를 할 수 있다면 점은 공통점이다. 하지만 G마켓, 옥션, 11번가 등이 국내 중심적인 마켓이라면 이베이는 범국가적인 마켓이라 말할 수 있다.

사진과 설명 그리고 다양한 플래시 기능으로 무장한 상세페이지(제품설명페이지)는 국내마켓에서는 필수적인 요소다. 이에 반해 이베이의 상세페이지(description)는 검소하고 소박해 보이고 한편으로는 초라하게 느껴진다. 이베이의 경우 전 세계 40개국 이상에서 판매자가 존재하고 40개국 이상에서 구매가 이루어지기 때문이다. 각 국가의 인터넷 환경이 다르다보니 적정한 상세페이지가 더 노출이 많이 되는 경우가 많다.

판매 방식에도 큰 차이가 존재한다. 국내오픈마켓의 경우 거의 모든 제품이 고정가(가격이 정해진)로 등록되는 것에 반해 이베이의 경우 아직까지 경매(옥션)방식이 그 비중이 높고 거래도 많이 이루어진다. 경매방식은 초보셀러(초보판매자)와 파워셀러(숙련자) 모두에게 상품 노출기회를 공평하게 주는 역할을 한다. 광고 없이는 노출이 힘든 국내오픈마켓 시장보다 장점이라 할 수 있다.

오픈마켓 운영시스템과 노하우의 경우 국내업체가 타의 추종을 불허한다. IT산업의 발전과 더불어 국내 인터넷 환경은 쇼핑몰시장을 급성장시켜왔다. 판매시스템에서부터 배송시스템까지 유기적으로 움직이는 오픈마켓 운영노하우는 세계 최고라 할 수 있다.

국내오픈마켓과 해외오픈마켓의 공통점과 차이점에서 판매자들은 해외시장이라는 블루오션을 만날 수 있다. 이와 더불어 국내오픈마켓 업체들은 앞선 노하우를 바탕으로 세계시장에 도전한다면 더 큰 성과를 이룰 수 있을 것이다. 쇼핑몰시장(오픈마켓 포함)에서 대한민국의 판매자와 기업들이 세계로 진출해서 그 시장을 선도하는 모습을 기대해 본다.

오픈마켓이란 : 사이버(인터넷) 공간, 온라인상에서 개인을 비롯한 소규모업체, 제조업체 등이 직접 개설한 점포(인터넷공간)를 통해 소비자(구매자)에게 상품을 판매할 수 있는 전자상거래 사이트를 총칭한다. 제품 공급업자에서부터 소비자까지 유통마진이 적어 상품 가격이 저렴하다는 장점이 있다.

G마켓, 옥션 : 국내오픈마켓으로 소개했지만 G마켓(2009), 옥션(2001)은 이베이에 인수되었다.

http://www.gooddayi.kr/detail.php?number=7268&thread=22r08 참조

아이템 소싱

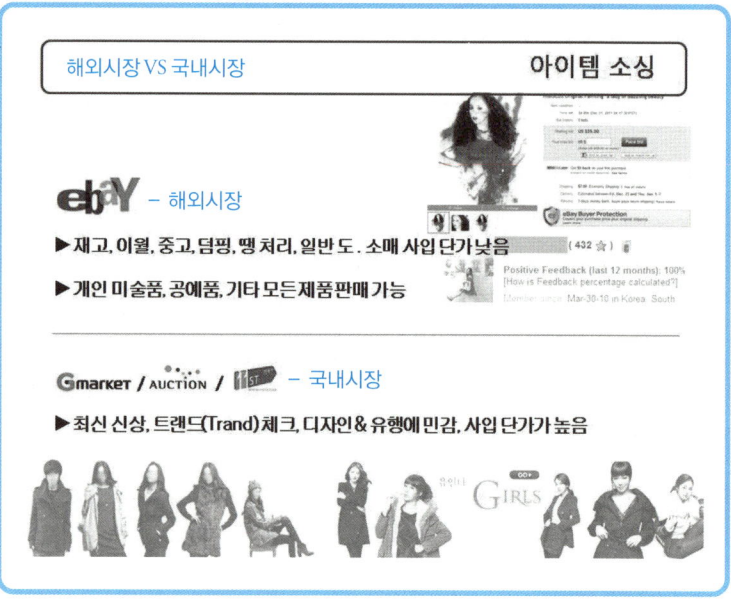

기본적으로 오픈마켓 판매 사업을 시작한다면 아이템 선정과 사입(소싱)이 1차적인 문제로 떠오른다. 국내시장의 경우 인터넷 쇼핑몰시장을 선도하는 경향이 있어 유행에 민감하고 신상품 위주의 상품소싱이 필요하다. 이에 비해 해외시장의 경우 아이템 선정의 폭이 넓은 편이며 계절이 지난 상품부터 재고 덤핑까지 다양하게 취급가능하며, 일반적으로 유통되는 상품까지 모두 취급이 가능하다. 아이템 소싱의 초기 비용 부분에서 선택의 폭까지 해외시장이 더 유리하다는 점을 느낄 수 있다.

이미지 & 상세페이지 작업

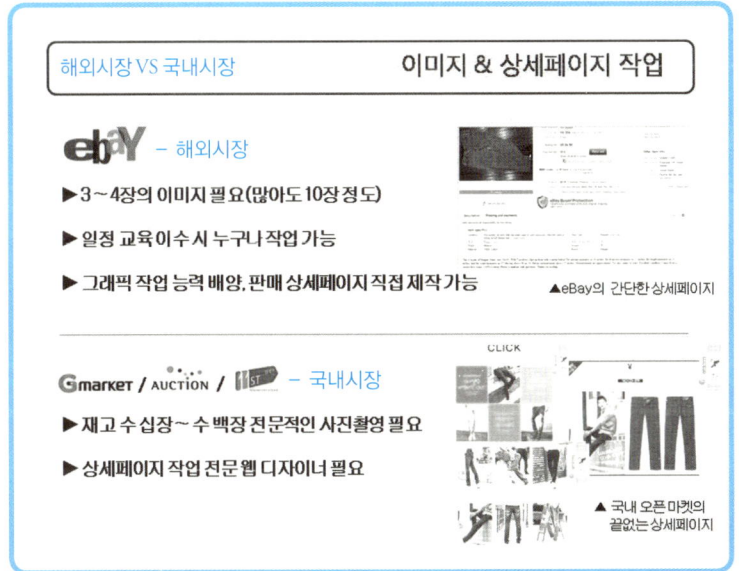

인터넷에서 상품 판매에 보여지는 부분은 사진과 글로 이루어진 상세페이지가 전부라고 말할 수 있다. 상세페이지의 완성도가 미치는 영향력은 엄청난 매출 차이로 나타난다. 국내오픈마켓에서 만들어지는 상세페이지의 경우 그 수준은 전문가를 뛰어넘고 있다. 세련된 사진부터 시작해서 문구와 디자인 하나하나까지 한편의 예술작품을 보는 듯하다. 구매자(소비자) 입장에서 본다면 상세하고 좋은 정보를 보면서 쇼핑을 할 수 있으니 즐거운 일이다. 하지만 판매자 입장에서 생각하면 엄청난 작업이다. 기본적으로 전문 웹디자이너는 필수이며 사진 또한 엄청난 노하우를 필요로 한다. 현실적으로 국내 쇼핑몰 & 오픈마켓 사업자의 경우 모델은 자신이 많이 참여한다. 하지만 사진과 웹디자인의 경우 그 전문성을 유지하기 위해서는 적절한 인재를 고용해야 한다. 오픈마켓 사업자의 경우 부대비용을 비롯해서 인건비까지 현실적으로 고려해야 한다. 해외오픈마켓의 경우 그 시스템과 기반 상황이 우리나라와 다르다. 아마존이나 이베이에 방문해 보면 너무 단순한 상세페이지에 놀라는 사람들이 많다. 그 이유는 기본적인 검색엔진 시스템이 다르고 인터넷 환경과 여러 가지 상황이 다르기 때문에 나타나는 현상이다. 해외판매 사업자의 경우 상세페이지를 자신이 공부해서 충분히 올릴 수 있다는 점이 장점이고 영어로 페이지를 만들어야 한다는 것은 어려움으로 다가온다.

> **Tip**
> 필자의 경우도 영어실력이 형편없지만 무료번역기와 여러 가지 영문자료를 가지고 활동하고 있으며 이베이 활동을 하다보니 자연스럽게 영어실력이 향상되는 것이 느껴진다.

배송 및 고객상담

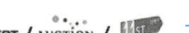

배송 및 고객상담

- 해외시장
▶ eBay 허용 배송기간 20일
▶ 소형 포장물 ±10일
▶ E-mail로 고객상담, 반품 빈도 낮음
▶ 인터넷 프로그램 활용능력 배양
   (번역 프로그램 활용)
▶ 자연스러운 영어 공부
▶ 배송 일자 선택 가능

- 국내시장
▶ 1~2일 총알배송(매일 배송)
▶ 안전거래 기본, 배송정보 공유
▶ 판매량 증대와 비례하여 반품 & 전화상담 업무의 비중이 큼

온라인 사업자라면 배송시스템을 원활하게 사용하는 것이 매출과 직결되는 노하우라는 것을 알아야 한다. 기본적으로 국내 배송시스템은 세계 1위라고 말해도 과언이 아니다. 안전거래(에스크로거래)는 기본이며 배송추적 또한 가능하다.

주문한 물건이 어디에 있는지 확인가능하며 배달원과 전화번호도 확인가능하다. 배송기간은 1~2일이 일반적이며 도서지역이나 특별한 경우 조금 늦어질 수 있다. 온라인 사업에서 가장 중요한 사항 중 하나는 고객 문의 대처 방법이다. 국내 온라인 사업은 대부분 전화로 문의가 들어온다. 친절하게 안내해 준다면 좋은 후기와 구매로 돌아온다. 하지만 사업자도 사람이라 많은 전화와 진상 고객, 말도 안 되는 문의 등을 받는다면 대처하기가 힘들 경우도 있다. 물건 판매가 적을 때는 여러 가지 일을 하면서 전화 응대도 가능하지만 판매가 많아지고 문의가 많아지면 C/S 전담직원을 고용해야 하는 경우도 생긴다. 그러므로 상세페이지에 문의내용을 미리 공지해서 전화문의를 줄이는 것도 노하우다.

해외판매의 경우 대부분의 배송이 우체국에서 발송되는 소형포장물로 배송되고 있으며 가격별로 RR등기를 사용하기도 하고 고가의 상품은 EMS나 Fedex, UPS, DHL 등이 사용되기도 한다. 기본적으로 해외배송은 무게별 거리별로 가격이 측정된다.

소형포장물을 예로 들자면 1지역에서 4지역까지 거리별로 국가가 나누어지고 무게별로 가격이 달라진다. 미국의 경우 3지역으로 분류되고 250 g이하 상품배송비가 3,470원, 500 g이하 상품배송비가 5,970원, 1kg이하 상품배송비가 9,780원이다. 포장 완료된 상품기준이므로 무게에 주의해서 포장하고 배송하는 노하우가 필요하다. 일반적인 선입견보다 저렴하다는 것을 알 수 있다. 다만 소형포장물의 경우 배송추적이 되지 않는다. 우체국 통계자료를 보면 분실이 0.3% 미만이므로 믿을만하며 소비자가격 선정 때 1%정도 높게 잡는 것 또한 노하우라 할 수 있다. 소형포장물에 1,800원을 투자하면 추적번호(RR등기)를 붙일 수 있다. 고가의 상품은 추적과

보험배상까지 가능한 EMS같은 배송수단을 사용한다.

해외판매시 문의는 이메일로 상담한다. 영어에 대한 걱정을 많이 하시는데 "언제 받을 수 있나요?" "정품인가요?" 등등의 일반적인 문의가 대부분이라 어렵지 않다. 다만 해외판매를 지속적으로 하면서 크게 성장하고 싶다면 영어를 잘 하는 것이 유리하니 꾸준히 공부를 하는 것이 좋다. 필자도 느끼는 바이지마 해외판매를 하다 보면 자연스럽게 영어공부가 된다. 학창시절에 그렇게 하기 싫었던 영어가 업무가 되고 필수 조건이 되니깐 능률적으로 영어가 머리에 들어온다. 좋게 생각한다면 사업도 하고 영어도 배우고 1석 2조다.

이익률(Margin)

국내오픈마켓 시장의 경우 이익률(Margin)을 남기기 힘든 시장이 되었다. 가격경쟁, 최저가 검색 시스템, 이벤트, 오픈마켓 행사 등등 좋은 마진을 남기기 힘든 시장이 되었다. 하지만 오픈마켓에서는 해마다 대박상품이 나오고 있고 쇼핑몰에서도 대박쇼핑몰이 꾸준히 나오고 있는 점 또한 사실이다. 인터넷상에서의 노출이 상품 판매와 직결되는 사항인데 국내오픈마켓 시스템의 경우 광고를 하지 않으면 앞 페이지 쪽으로 노출이 되지 않는다. 사업자 입장에서는 광고가 어쩔 수 없는 선택이다. 많은 사업자들의 경우 초기 구매 후기까지도 작업으로 작성하는 경우가 많다. 개인적으로 안타까운 현실이라 생각한다.

해외오픈마켓의 경우 기본적으로 사업 단계에서부터 유리한 조건이다 보니 마진율 측정이 유리하다. 물론 아이템에 따라서 다르지만 경쟁강도로 비교한다면 무척 유리한 시장이다. 다만 환율부분과 결제시스템에서는 약간의 불리함을 감수해야 한다. 해외오픈마켓의 경우 광고가 없다고 말해도 좋을 정도다. 이유는 기본 시스템의 차이때문이다. 이베이의 경우 시간 임박순으로 노출이 되므로 누가 올린 상품이든지 시간순으로 첫 화면에 한번은 노출이 된다. 물론 기존 우수판매자들은 노출을 높이는 노하우가 존재하지만 기본적으로 공정한 노출시스템이다.

국내시장 VS 해외시장

▶ 국내오픈마켓 G마켓, 옥션, 11번가 VS 해외오픈마켓 이베이

오픈마켓	G마켓, 옥션, 11번가	이베이
아이템 소싱	최신 신상, 트랜드 체크, 디자인과 유행에 민감 사업단가 높음	재고, 이월, 중고, 덤핑, 땡처리, 일반도매, 소매, 사업단가 낮음
이미지 & 상세 페이지 작업	수십장~수백장 전문적인 사진촬영 필요 상세페이지 작업 전문 웹 디자이너 필요	3~4장 정도의 이미지 필요 많아도 10장 정도 일정 교육 이수시 누구나 작업가능
배송 및 고객상담	1~2일 총알배송, 안전거래 기본, 배송정보 공유. 판매량 증대와 비례해서 반품과 전화상담 증가	이베이 허용 배송기간 20일 소형포장물 ±10일 e-mail로 고객 상담, 반품 적음
이익률 (마진)	광고필수 0%~40% 마진 최근 박리다매 또는 택배비 마진	광고없음 10~80% 마진 아이템 배송수단에 따라 다름
비전	전체유통 점유율 측면 성장하는 시장 소비자 포화상태, 경쟁치열 아주 좋은 아이템 + 자본금 필수 조건 오픈마켓 시스템과 MD의 영향이 큼	전세계 평균으로는 초기시장 경쟁 치열하나 상대적인 경쟁력 있는 아이템 + 소자본 노출 시스템 공평, 공정한 경기 능

전체적으로 시스템이 성장해서 정착된 수준을 만한다면 국내가 앞선 오픈마켓을 가지고 있고 해외의 경우 5~10년 뒤처진 시장이다. 바로 이 점이 사업자들에게 기회를 준다. 온라인 시장은 기본 인프라의 성장과 함께 지속적으로 성장하는 시장이라는 점을 우리는 앞서 체험했다. 세계시장도 분명 앞으로 엄청나게 성장할 것이다.

국내오픈마켓 시스템은 일정 이상의 자본을 가진 사람이 좋은 아이템을 가지고 진입한다면 짧은 시간에도 고수익을 올릴 수 있다. 물론 실패도 존재한다. 이에 반해 해외오픈마켓은 소자본으로 여러 가지 상품을 취급해서 일정기간 이상 꾸준히 했을 때 그 성과가 나타난다. 근본적 시스템에서 이 차이가 나타난다. 하지만 국내에서도 지속적인 사업이 가능하고 해외에서도 일정기간에 대박을 낼 수도 있다. 사업자가 그 마켓을 어떻게 활용하는가의 문제이다.

필자의 의견을 말한다면 기존 사업자의 경우 해외시장도 추가적으로 진출하기를 권하고 처음 온라인 사업에 진출하고자 하는 사람은 해외시장으로 바로 진출하라고 권하고 싶다. 진입장벽과 향후 비전 모든 것을 고려한다면 해외시장이 유리하기 때문이다.

인터넷 쇼핑몰시장! 왜 세계로 나가야 하는가?

얼마 전 신문기사에서 우리나라 인터넷 접속속도가 전 세계 평균에 비해 7배 빠르다는 내용을 보았다. 단순한 계산으로는 우리나라가 1초 걸리는 작업이 다른 국가는 7초 걸린다고 생각하는 사람이 많을 것이다. 하지만 외국의 상황은 우리가 생각하는 것보다 훨씬 더 열악하다고 볼 수 있다. 인터넷 접속환경의 후진성과 더불어 기본적인 컴퓨터 사양과 시스템에서도 엄청난 차이가 난다. 요약하자면 우리보다 몇 십 배 느린 인터넷 환경 속에 있다고 볼 수 있다.

국내 IT산업과 전자상거래 그리고 배송시스템 산업을 생각한다면 전 세계를 통틀어 본다고 해도 우리나라가 선두주자다. G마켓, 옥션, 11번가로 대표되는 국내오픈마켓 시장도 시스템과 노하우에서부터 소비자층에 이르기까지 엄청난 발전에 발전을 거듭해 왔다. 이에 비해 아직 세계시장은 우리나라에 견주어 볼 때 5년에서 10년 이상 뒤처진 환경과 시스템을 가진 국가들이 많다.

30만명을 넘어선 국내오픈마켓 판매자들에게 말하고 싶다. 국제화 시대에 시선을 조금 바꾸어 보고 포괄적으로 시장을 바라보자. 우리나라 2000년도 정도의 규모와 시장성으로 성장을 하고 있는 해외시장(미개척시장)이 엄청나게 존재한다. 어떤 산업이라도 초기 사업자와 사전 시장점유가 가지는 장점은 하나하나 열거하지 않더라도 누구나 다 알고 있을 것이다. 급성장한 국내 쇼핑몰 시장, 물론 앞으로도 시장성을 키우며 더욱 성장할 것이라는 예상은 누구나 가지고 있을 것이다. 하지만 판매이익률과 경쟁강도 그리고 시장진입 등 여러 가지 조건으로 볼 때 현재는 결코 만만한 시장이 아니다. 더불어 가격경쟁에서 오는 치킨 게임과 상세페이지와 이미지작업 경쟁은 그 강도가 점점 높아지고 있다.

우리나라의 쇼핑몰 산업과 함께 성장해 온 판매자(사업자)라면 훨씬 더 많은 소비자가 존재하고 그 진입장벽도 낮은 해외시장이 존재한다는 것에 주목해야 할 시기다. 더불어 오픈마켓과 쇼핑몰에 관심이 있는 사람들도 해외시장을 그 타겟으로 했을 때 더 큰 사업성과 비전이 존재한다.

해외시장에 진출하고자 하는 분들의 제일 큰 걱정으로는 언어문제와 배송시스템을 말한다. 해외 쇼핑몰시장에 사용되는 언어는 아주 잘 한다면 좋겠지만 높은 수준을 요구하지는 않는다. 그리고 일정 언어가 반복되어 사용되어진다. 그리고 배송시스템의 경우도 우체국에서 다양한 가격대의 배송시스템이 존재한다.

국내 IT산업의 성장과 함께 발전한 전자상거래(쇼핑몰) 시장, 우리나라 국민들은 그 시장의 발전과정과 미래를 실제 체험한 사람들이다. 이 노하우와 확신을 가지고 세계시장에 진출한다면 국내셀러(판매자)들이 세계시장을 주도하는 시대가 올 것이라고 기대해본다.

http://www.gooddayi.kr/detail.php?number=6754&thread=22r08 참조

글로벌 시장 이베이

이베이는 나스닥에도 상장되어 있으며, ebay.com을 운영하는 미국 회사다. 온라인 오픈마켓회사이며 경매와 고정가 방식으로 운영하는 웹사이트이다. 이베이에서 많은 사람들과 기업들이 물건과 용역(서비스)을 세계적(국제거래)으로 거래한다. 기본적으로 미국 웹 사이트뿐 아니라, 이베이는 다른 여러 나라에 맞춘 웹 사이트(오픈마켓)를 운영하고 있으며 전 세계 인터넷 오픈마켓(옥션)에서 이용자가 가장 많다.

이베이란 무엇인가?
- 미국 산호세(Sanjose)에 본사를 두고 있는 세계 최대 글로벌 온라인 쇼핑몰이다(2009년 Gmarket, 2009년 Auction 인수).
- 엄청난 거래 규모와 전 세계인들이 구매 및 판매하기 때문에 중고품부터 신상품까지 다양한 제품이 거래되고 있다.
- 전 세계인 누구든 자유롭게 구매 및 판매에 참여할 수 있다.

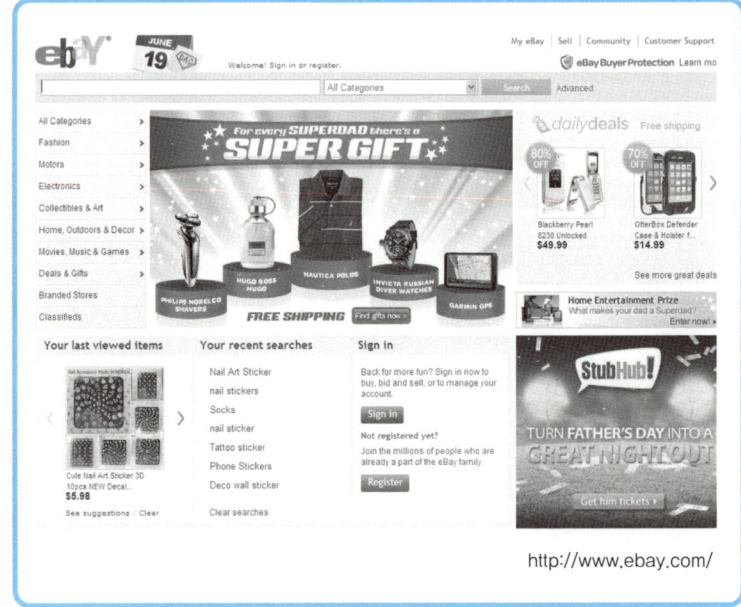

http://www.ebay.com/

이베이는 세계적 시장이기에 그 규모가 엄청나게 크고 팔지 않는 물건이 없을 정도로 다양한 물건들이 거래되고 있다. 우리나라 소비자에게는 약간 생소할 수 있지만 경매(옥션)로 거래가 많이 이루어지고 중고상품에서부터 신상품까지 판매되고 있으며, 상품페이지가 간결한 편이다.

이베이는 저렴한 상품부터 자동차, 비행기, 선박 등등의 고가의 상품까지 판매가 이루어지는 광범위한 시장이다.
각 카테고리별로 어마어마한 상품이 판매되고 있으며 전체 등록되어 있는 상품(판매상품)만 억 단위를 넘는다.
소비자 입장에서 다양한 가격대의 여러 종류의 상품을 구매할 수 있는 시장이고 판매자 입장에서 전 세계인을 대상으로 판매를 할 수 있는 시장이다.

다음 그림은 이베이에서 iphone 키워드로 검색한 결과이다. 현재 460246개의 관련 상품이 판매되고 있으며 새 제품이 439341개이고 나머지는 중고나 기타 상품이란 것을 알 수가 있다.

Antiques	Art	Baby	Books
Antiquities	Direct from the Artist	Baby Gear	Accessories
Architectural & Garden	Art from Dealers & Resellers	Baby Safety & Health	Antiquarian & Collectible
Asian Antiques	Wholesale Lots	Bathing & Grooming	Audiobooks
Books & Manuscripts		Car Safety Seats	Catalogs
More ▼		More ▼	More ▼
Business & Industrial	**Cameras & Photo**	**Cell Phones & PDAs**	**Clothing, Shoes & Accessories**
Agriculture & Forestry	Binoculars & Telescopes	Cell Phones & Smartphones	Baby & Toddler Clothing
Businesses & Websites for Sale	Camcorders	Cell Phone & PDA Accessories	Children's Clothing & Shoes
Construction	Digital Cameras	Display Phones	Costumes & Reenactment Attire
Electrical & Test Equipment	Camera & Photo Accessories	PDAs & Pocket PCs	Cultural & Ethnic Clothing
More ▼	More ▼	More ▼	More ▼
Coins & Paper Money	**Collectibles**	**Computers & Networking**	**Consumer Electronics**
Bullion	Advertising	Apple Desktops	iPod & MP3 Players
Coins: US	Animals	Apple Laptops & Notebooks	iPod & MP3 Accessories
Coins: Canada	Animation Art & Characters	PC Desktops	A/V Accessories & Cables
Coins: Ancient	Arcade, Jukeboxes & Pinball	PC Laptops & Netbooks	Batteries & Chargers
More ▼	More ▼	More ▼	More ▼
Crafts	**Dolls & Bears**	**DVDs & Movies**	**eBay Motors**
Art Supplies	Bear Making Supplies	DVD, HD DVD & Blu-ray	Cars & Trucks
Beads & Jewelry Making	Bears	Film	Motorcycles
Glass & Mosaics	Dolls	Laserdisc	Other Vehicles & Trailers
Handcrafted & Finished Pieces	Dollhouse Miniatures	UMD	Boats
More ▼	More ▼	More ▼	More ▼

Entertainment Memorabilia	Gift Cards & Coupons	Health & Beauty	Home & Garden
Autographs-Original	Gift Cards	Bath & Body	Holidays, Cards & Party Supply
Autographs-Reprints	eBay Gift Cards	Coupons	Home Improvement
Movie Memorabilia	Gift Certificates	Dietary Supplements, Nutrition	Inside the Home
Music Memorabilia	Coupons	Fragrances	Tools
More ▼		More ▼	More ▼
Jewelry & Watches	**Music**	**Musical Instruments**	**Pet Supplies**
Children's Jewelry	Accessories	Accordion & Concertina	Aquarium & Fish
Designer Brands	Cassettes	Brass	Bird Supplies
Engagement & Wedding	CDs	Electronic Instruments	Cat Supplies
Ethnic, Regional & Tribal	Records	Equipment	Dog Supplies
More ▼	More ▼	More ▼	More ▼
Pottery & Glass	**Real Estate**	**Specialty Services**	**Sporting Goods**
Glass	Commercial	Advice & Instruction	Golf
Pottery & China	Land	Artistic Services	Exercise & Fitness
	Manufactured Homes	Custom Clothing & Jewelry	Indoor Games
	Residential	eBay Auction Services	Outdoor Sports
	More ▼	More ▼	More ▼
Sports Mem, Cards & Fan Shop	**Stamps**	**Tickets**	**Toys & Hobbies**
Autographs-Original	United States	Event Tickets	Action Figures
Autographs-Reprints	Australia	Experiences	Beanbag Plush
Cards	Canada	Other	Building Toys
Fan Apparel & Souvenirs	Commonwealth/ British Colonial		Classic Toys
More ▼	More ▼		More ▼
Travel	**Video Games**	**Everything Else**	
Airline	Games	Adult Only	
Campground & RV Parks	Systems	Advertising Opportunities	
Car Rental	System Accessories	Coupons	
Cruises	Prepaid Gaming Cards	eBay Bucks Promotions	
More ▼	More ▼	More ▼	

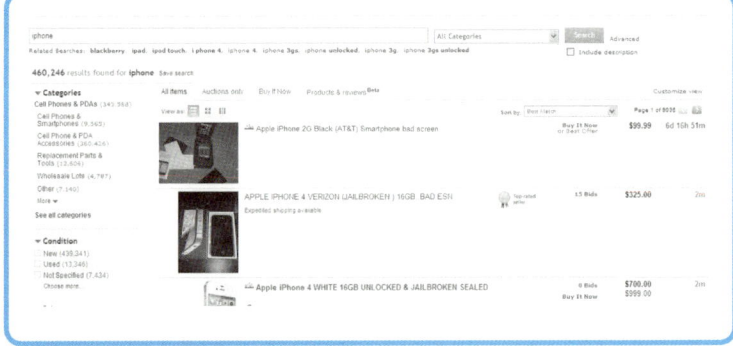

삼성이라는 키워드로 관련 상품이 550237개가 판매되고 있음을 알 수 있다.

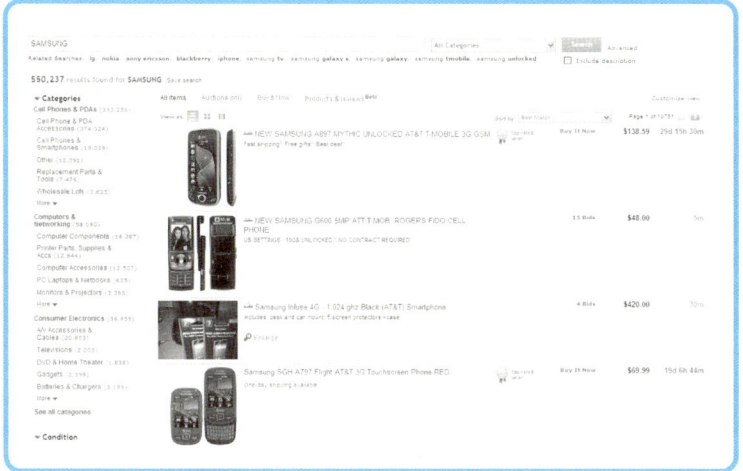

◀ http://shop.ebay.com/i.html?_from=R40&_trksid=p5197.m570.l1313&_nkw=+SAMSUNG+&_sacat=See-All-Categories

eBay Motors > Buy > Other Vehicles & Trailers 카테고리에서 가장 비싼 가격에 판매되고 있는 물품을 검색해보니 헬리콥터(Solaire Helicopters)가 770만달러에 입찰이 된 것을 확인할 수 있다(현재 판매되고 있는 물품이라 검색하는 날짜와 시간에 따라 달라진다).

◀ http://motors.shop.ebay.com/Other-Vehicles-Trailers-/6038/i.html?_trkparms=65%253A12%257C39%253A1%257C72%253A4665&rt=nc&sticky=1&_trksid=p4506.c0.m245&_sop=3&_sc=1

이베이 시장은 판매자와 소비자 모두에게 많은 기회를 준다. 기존 온라인 판매자들에게는 더 큰 시장을 제공하며 이제 시작하는 판매자들에게도 세계로 진출할 기회를 주는 시장이며 소비자에게도 폭넓은 선택의 기회를 주는 시장이다.

Chapter 2

해외오픈마켓 이베이 & 페이팔 가입과 연동

Ebay Open Market

이베이 회원가입하기

준비사항

- 이메일 계정 (가능하다면 .com 끝나는 메일 권장)
- 해외사용이 가능한 신용카드 또는 체크카드
- 18세 이상 (미국기준 성인)

이베이 회원가입을 위한 이메일 계정이 필요하다. 이베이에서 구매와 판매활동을 하다 보면 이메일을 통한 커뮤니케이션이 무척이나 중요하다. 따라서 가능하다면 이베이를 위한 이메일 계정을 따로 하나 만들어 두는 것이 좋고 많은 사람들에게 잘 알려지지 않은 메일주소보다는 국제적으로 많이 사용되는 계정이 더 신뢰감을 준다고 볼 수 있다.

이베이는 계정등록에 필수적으로 해외승인이 가능한 신용카드나 체크카드가 필요하다. VISA, Master, American Express 등이 해외사용이 가능하다. 체크카드의 경우 만들 때 해외사용이 가능한 카드인지 확인한 후 발급을 받아서 등록하자.

이베이 정책은 미국 기준으로 성인들만 회원가입이 허용된다. 위 조건과 준비사항을 미리 숙지하고 이베이 회원가입을 하자.

① 이베이 회원가입은 www.ebay.com에서 진행한다. 상단 register를 클릭해서 가입을 시작한다.

기본적으로 모든 입력사항은 영어로 입력되니 주소나 이름, 기타 사항을 영어로 작성할 수 있게 준비하자.

다음 화면은 register 클릭 후 가입 정보 기입란이다.

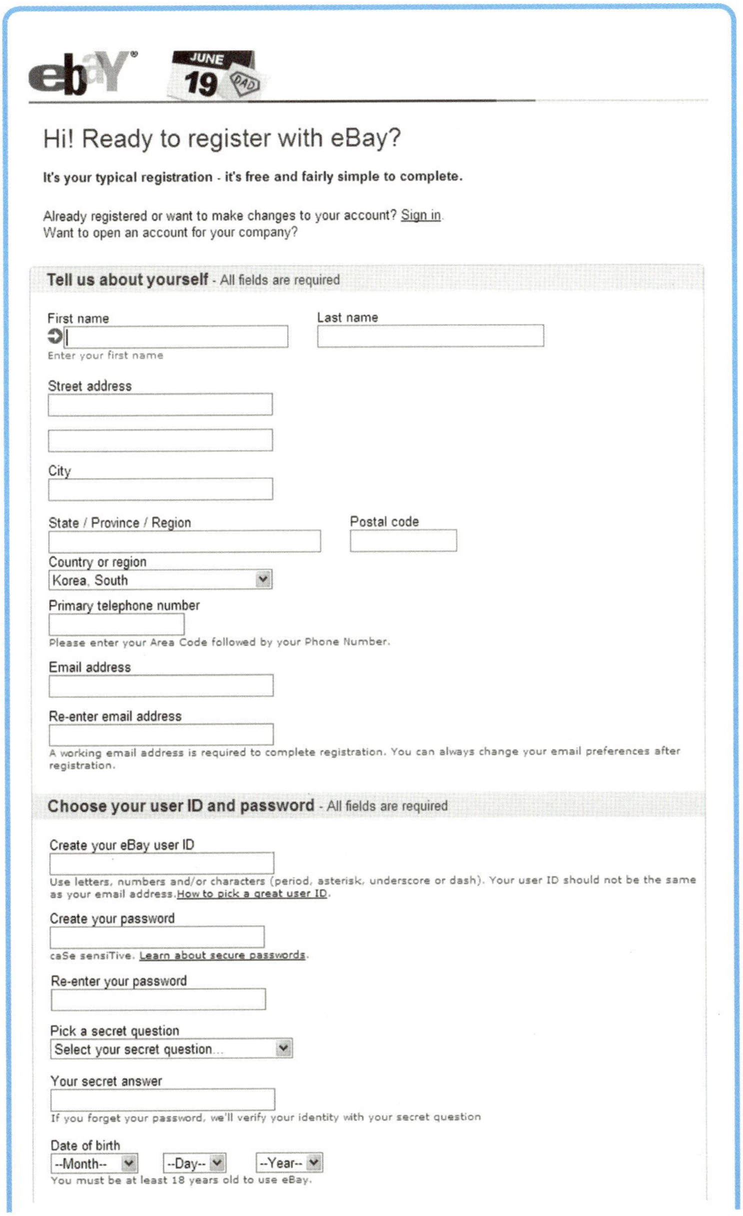

◀ https://scgi.ebay.com/ws/
　eBayISAPI.dll?RegisterEnter
　Info

Tip

이베이사이트 업그레이드에 따라 화면 양식은 조금 바뀔 수 있으나 요구 조건은 비슷하다.

제 2 장 해외오픈마켓 이베이 & 페이팔 가입과 연동 _ **33**

② 영문 이름을 입력하자.

※ 주의할 사항은 카드 발급시 영문이랑 같은 철자로 작성하는 것이 좋다. 이베이와 접촉시에 자기 정보를 확인하는 경우가 있다.

③ 영문 성을 입력하자.
④ 시군을 제외한 나머지 주소를 입력한다.

※ 주소기입요령이 한국개념과 반대

⑤ 도시 입력을 한다.

※ 위 화면을 참고한다.

※ State / Province / Region 부분을 비워둘 경우에 default로 이베이 정보란에 나온다. 국가나 도시 이름을 한번 더 적어도 무방하다 (Worldwide, fastshipping 등으로 기입하는 분들도 있다).

⑥ 우편번호를 입력한다.
  ※ 우정사업본부에서 확인가능하다.
    http://www.koreapost.go.kr/kpost/sub/subpage.jsp?contId=010101060000).
⑦ 국가를 설정한다.
  ※ 국가 선택 화면(한국의 경우 South Korea)을 클릭한 후 확인하여 완료한다.
⑧ 핸드폰 번호를 입력한다.
  ※ 핸드폰이나 일반 전화번호만 입력해도 이베이에서 국가별로 인식하니 국가번호는 안 적어도 무방하다.
⑨ 메일 주소를 기입한다.
⑩ 반복해서 이메일 주소를 입력한다.

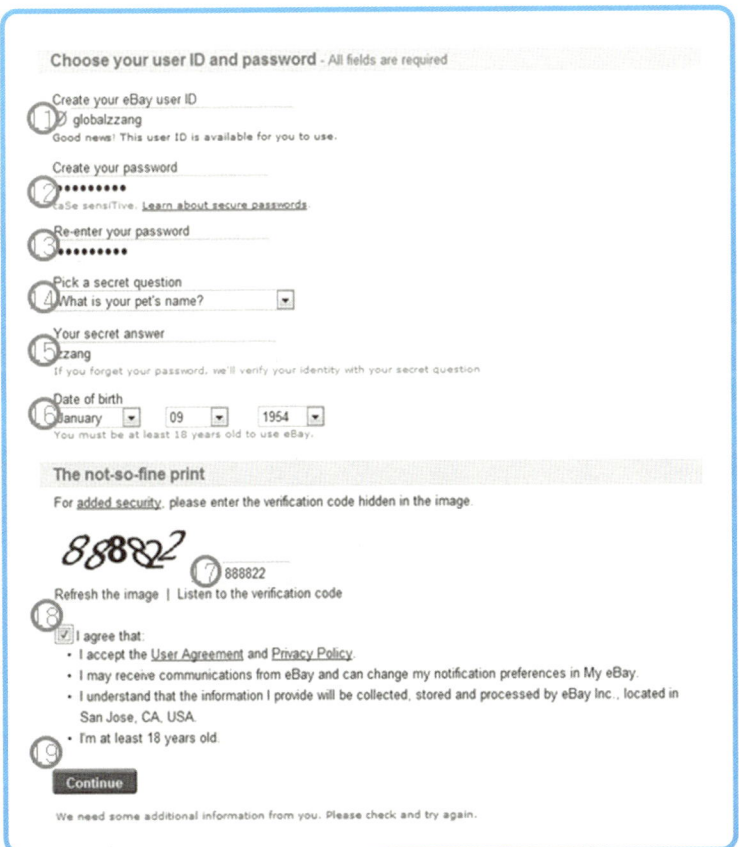

⑪ 사용할 아이디를 입력한다.

⑫ 비밀번호를 입력한다.

⑬ 비밀번호를 재입력한다.

⑭ 원하는 질문을 선택한다.

> ※ 비밀번호를 분실했을 때 본인확인을 위한 확인절차이다.
>
> ※ 기본적으로 해외 사이트에 가입한 후 활동을 하기 때문에 아이디와 비밀번호를 분실한다면 언어 및 기타 문제로 까다롭다. 아이디와 비밀번호는 메모한 후 보관하기를 권장한다.

⑮ 질문에 대한 답을 기재한다.

⑯ 생년월일을 기재한다.

⑰ 좌측의 숫자를 기입한다.

⑱ 약관에 동의한다는 뜻으로 체크한다.

- 이베이 유저 약관과 사생활 정책에 동의한다.
- 나는 이베이로부터 커뮤니케이션 정보를 받는 것을 수용하며 이베이 내 화면에서 여러 가지 정보를 바꿀 수 있다.
- 이베이 회사가 내 정보를 모아서 관리하고 진행한다는 점을 알고 있다.
- 나는 18세 이상이다.

⑲ 버튼을 클릭하면 기본가입절차가 완료된다.

※ 이베이 가입 중 실수를 하거나 잘못 클릭해서 신원확인으로 신용카드(체크카드) 정보 입력을 요구하는 경우가 있다. 정상적인 가입과정이니 정확히 입력해서 가입하면 된다.

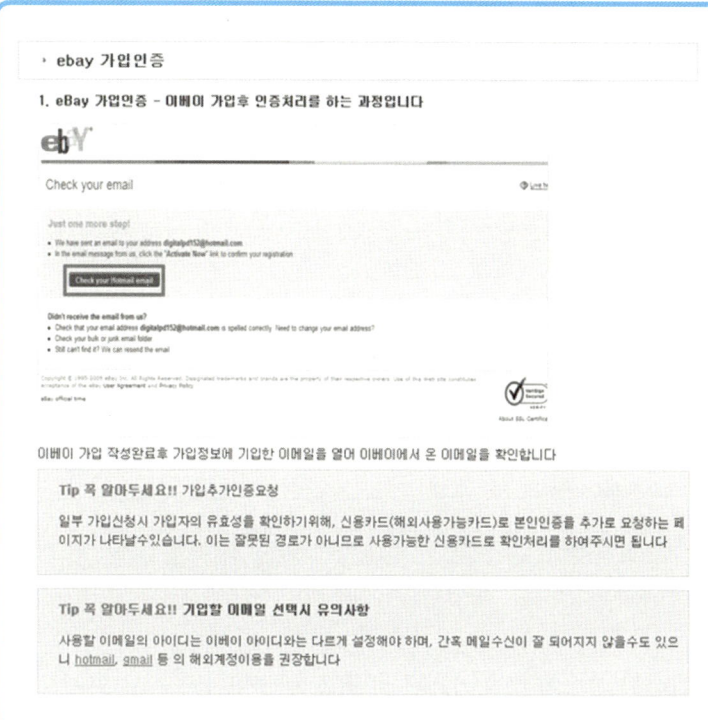

◀ 왼쪽 화면에서 이메일을 확인한 후 인증을 하면 이베이 회원가입이 완료된다.

Tip

최근 이메일 인증에서 메일로 코드를 받아서 이베이에 입력해야 인증이 완료되는 경우도 있다. 당황하지 말고 코드를 복사해서 입력하고 인증을 받자!

가입중 추가인증요청

일부 가입신청시 가입자의 유효성을 확인하기 위해, 신용카드(해외사용가능카드)로 본인인증을 추가로 요청하는 페이지가 나타날 수 있다. 이는 잘못된 경로가 아니므로 사용가능한 신용카드정보로 확인처리를 하여 주면 된다.

기입할 이메일 선택시 유의사항

사용할 이메일의 아이디는 이베이아이디와는 다르게 설정해야 하며, 간혹 메일수신이 잘 되지 않을 수도 있으니 hotmail, gmail 등의 해외계정 이용을 권장한다.

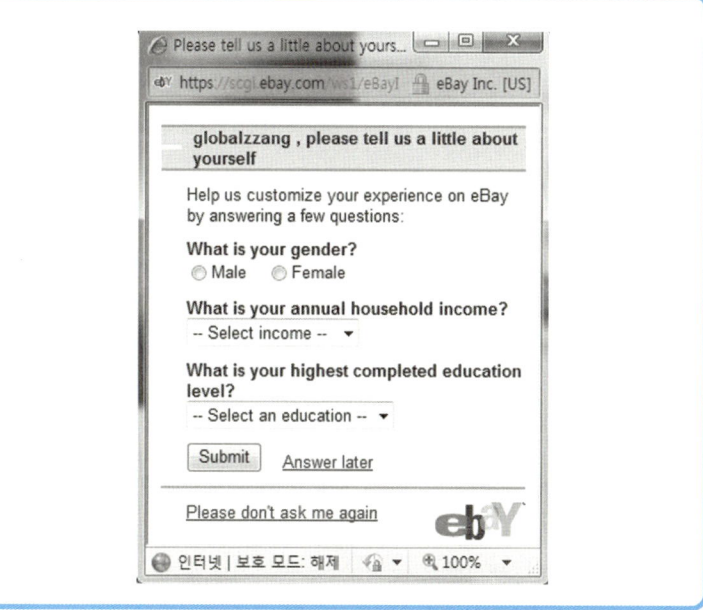

◀ 가입 후 이베이 로그인을 하면 왼쪽과 같은 화면이 나온다. 개인정보 입력란인데 작성하지 않아도 무방하다. 내용은 성별, 수입, 교육 수준에 대한 조사이다.

페이팔 회원가입과 이베이 페이팔 연동

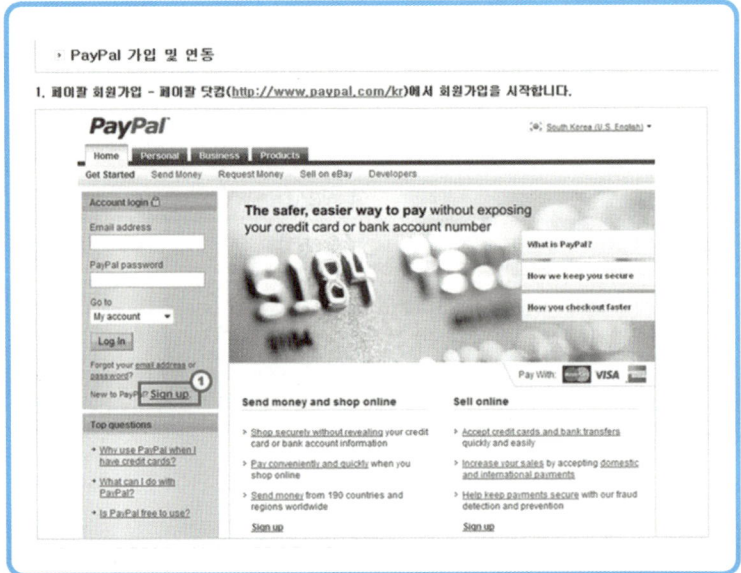

① 이베이 가입인증 - 이베이 가입 후 인증처리를 하는 과정이다. 이베이 가입 작성완료 후 가입정보에 기입한 이메일을 열어 이베이에서 온 이메일을 확인한다.

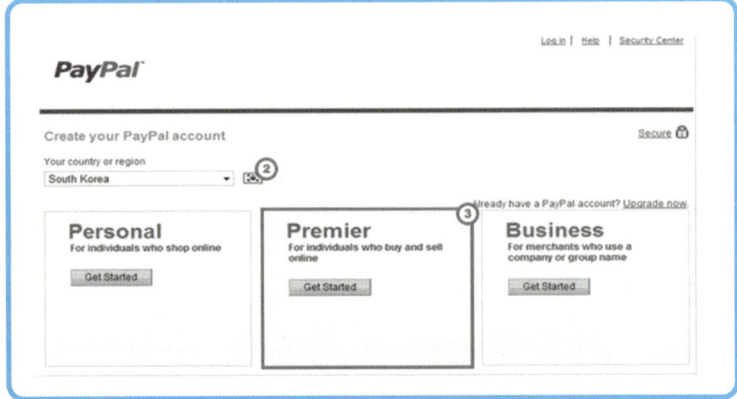

② 국가를 선택합니다.(…/kr로 접속시 Korea로 접속된다.)
③ Premier의 Get Started를 클릭한다.

페이팔 회원가입은 Personal, Premier, Business로 나누어져 있다. 이베이를 통해 구매만 하는 분들은 Personal로 가입한다. 구매와 판매 활동까지 생각한다면 Premier나 Business로 가입하는 것이 유리하다. 초기 판매를 하시는 분들은 Premier로 가입하면 된다. Personal로 가입한 계정도 Premier, Business로 업그레이드가 가능하다.

클릭하면 아래의 정보 입력화면이 나온다.

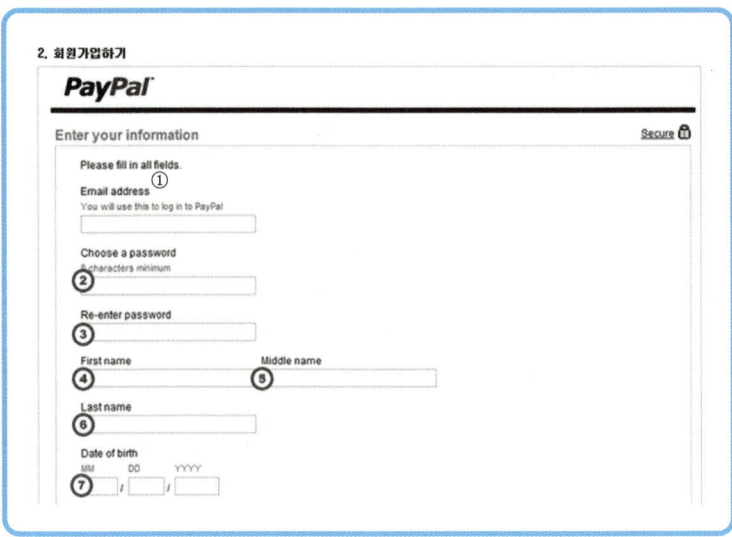

① 아이디로 사용할 이메일 주소를 입력한다(가급적 이베이 가입시 기재한 이메일 사용 권장한다).
② 비밀번호를 입력한다(8자리 이상).
③ 비밀번호를 재입력한다.
④ 영문이름을 입력한다.
⑤ 한국인은 중간이름이 없으므로 기재하지 않는다.
⑥ 영문 성을 기재한다.
⑦ 생년월일을 입력한다.

페이팔은 자신의 이메일 주소가 아이디가 되고 또한 계좌번호이기도 하다. 가능하다면 .com으로 국제적인 이메일 주소를 사용하자. 비밀번호를 입력하고 자신의 영문 이름 생년월일을 작성하자(이베이 가입명과 동일하게 기재).
⑤번 중간 이름은 비워두어도 무방하다.
국가를 설정하고 자신의 영문 주소를 작성하자(이베이가입주소와 동일하게 작성 철자틀리지 않게 주의하자).
도시이름과 우편번호 전화번호를 기재한다.
카드정보를 정확하게 입력하고 페이팔 가입을 하면 1달러 승인 메

40

시지를 볼 수 있다. 하지만 지금 결제되는 1달러는 카드사용 확인용으로 실제 청구되지는 않는다.

차후 결제되는 1.95달러는 실제 청구되며 페이팔 코드를 입력하면 자신의 페이팔 계좌(Paypal balance)로 환불된다.

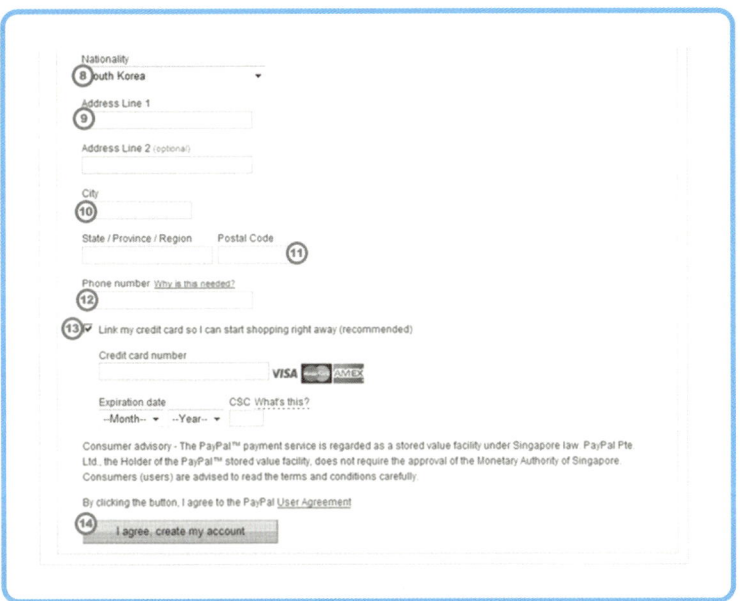

⑧ 국적을 확인한다.
⑨ 시(또는 군)을 제외한 영문 주소를 입력한다.
⑩ 영문으로 도시(또는 군)명을 입력한다.
⑪ 우편번호를 입력한다.
⑫ 연락처를 입력한다.
⑬ 신용카드를 등록(해외사용가능카드만 가능하다. CVC는 카드 뒷면 번호 4자리 뒤 3자리)한다.
⑭ 가입양식이 완료되었으며, 다음단계로 이동한다.

다음 화면으로 일단 계정은 만들어졌으나 몇 가지 추가 가입조건을 수행해야 정상적으로 계좌 사용이 가능하다.

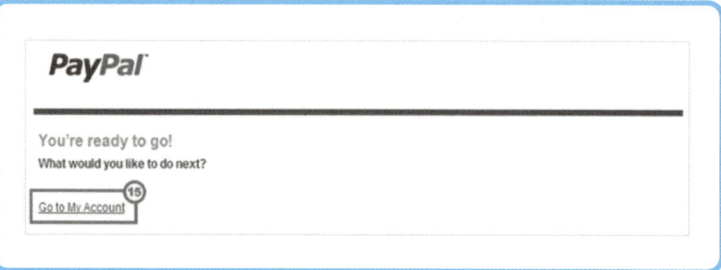

⑮ 가입절차가 완료되었다.

　　Go to my Account를 클릭하면 메인 페이지로 이동이 가능하다.

Tip

A부분이 정상적으로 나오지 않는 경우 B를 클릭하면 동일하게 가입 진행된다.

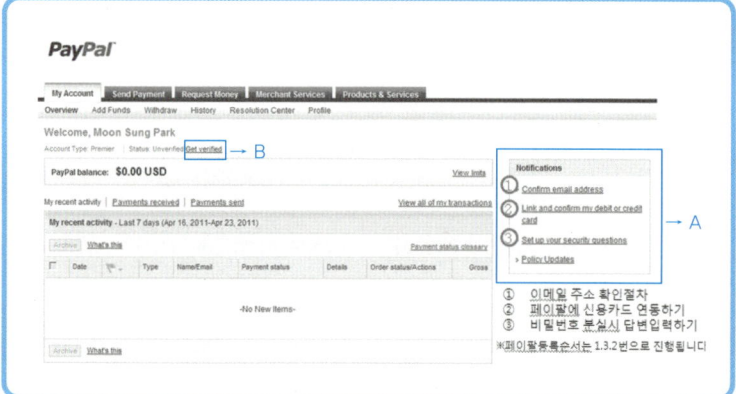

① 이메일 주소 확인 절차
② 페이팔에 신용카드 연동하기
③ 비밀번호 분실시 답변 입력하기

　※ 페이팔 등록 순서는 ①, ②, ③번으로 진행된다.

가입 후 메인화면이다. Status: UnVerified로 되어 있다. 위 화면의 우측 3가지 가입 미션을 수행해야 Verified로 바뀌고 정상적으로 계정을 사용할 수 있게 된다. 우측 미션이 보이지 않는 경우 Get verified를 클릭해서 진행하자.

①번을 클릭해서 자신이 등록한 이메일 주소를 통해 이메일 인정이 이루어진다.

페이팔 신용카드 등록 관련 1

페이팔 가입시 신용카드 등록과정은 가입양식에서 해제 후 다음 페이지에서도 가능하며, 간혹 가입양식에 카드정보 입력란이 나오지 않더라도 그런 경우에는, 다음 페이지에 신용카드 등록란이 나온다.

페이팔 신용카드 등록 관련 2

페이팔에 등록 가능한 카드는 해외에서 사용이 가능한 카드여야 한다. 비자, 마스터 카드, 아메리칸 익스프레스, 일부 체크카드(하나비자체크카드) 등 해외사용 가능 여부를 확인 후 등록하기 바란다.

상황에 따라 이메일로 핀번호를 주고 페이팔에 가서 번호를 넣고 확인해야 하는 경우도 있다. 그러므로 메일정보확인이 매우 중요하다.

Tip
가입 이후에는 이메일을 통해서 페이팔이나 이베이에 로그인을 하지 말자. 피싱메일을 통해 자신의 정보가 나갈 수 있으니 가능하다면 페이팔과 이베이 메인 화면에서 로그인하자.

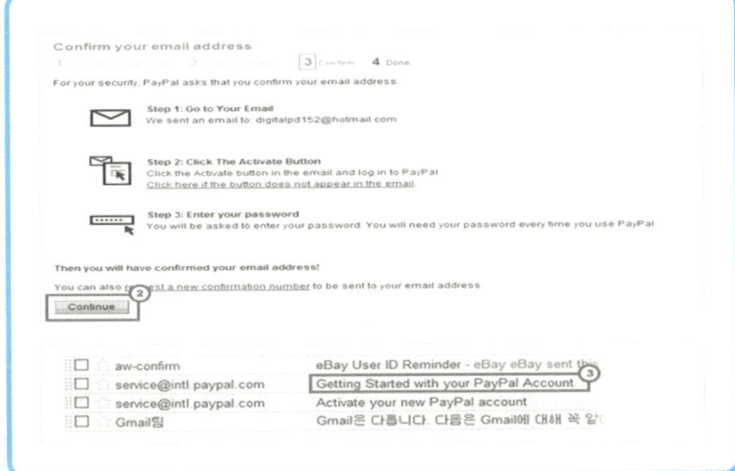

Tip
최근 이메일 인증에서 메일로 받은 코드를 페이팔에 접속해서 입력해야 인증이 끝나는 경우도 있다. 당황하지 말고 가입하자.

② 이메일 주소가 정상적인지 확인하고 Continue 버튼을 클릭한다.
③ 이메일을 확인한다.

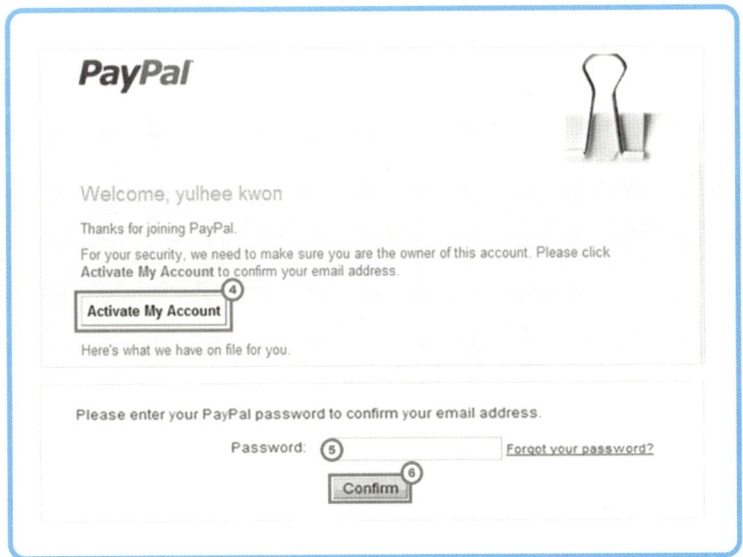

④ 해당 메뉴를 클릭하여 다음 단계(비밀번호 입력)로 이동한다.
⑤ 비밀번호를 입력한다.
⑥ Confirm을 클릭하여 절차를 마친 후, 다음단계로 이동한다.

이메일 확인을 하고 로그인해서 들어오면 비밀번호 분실에 필요한 문답 입력화면이 나온다. 자신이 기억하기 쉽게 설정하면 된다. 해외사이트이므로 기본적으로 아이디와 비밀번호를 메모해서 잊어버리지 않도록 주의하자.

국내사이트의 경우 신분 확인 절차나 여러 가지 의사소통 수단에 있어 문제가 없으나 해외사이트의 경우 많은 부분에서 문제가 될 수 있다. 스스로가 익숙해지기 전까지는 주의를 기울이고 신중하게 진행하는 것이 현명하다.

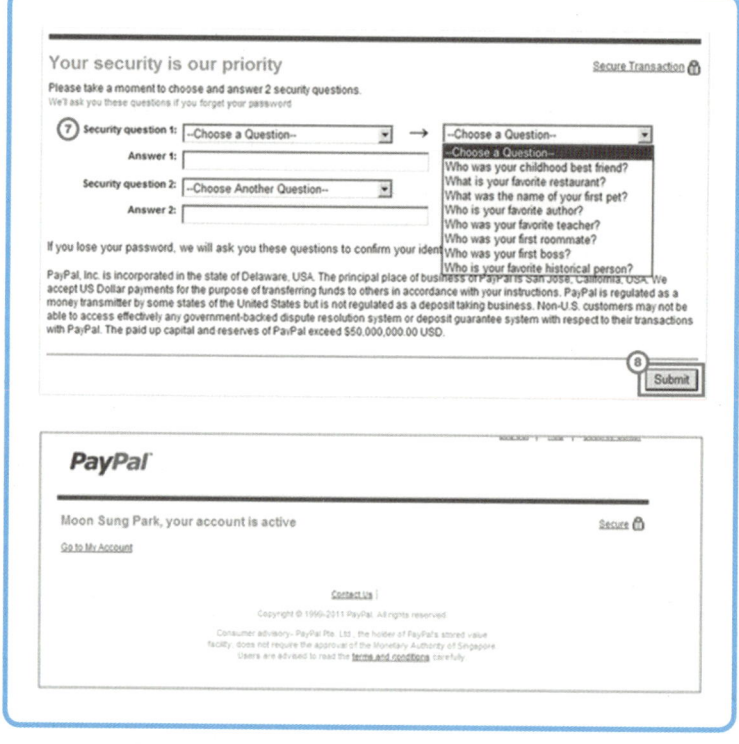

⑦ 질문을 선택한 뒤 답을 기재합니다(질문 2개 선택이 필수이다).
⑧ Submit를 클릭하면 회원가입이 완료된다.
⑧ 클릭 후 비밀번호 분실등록이 완료된다.

이제 마지막 자신의 신용카드(체크카드) 연동확인 절차가 남았다. 카드 사용 문자메시지 서비스를 이용하고 있다면 빠르고 쉽게 처리가능하다. 문자서비스를 이용하지 않는 분은 해당 카드사에 전화해서 페이팔 코드 4자리를 확인하거나 카드홈페이지 가서 사용정보 확인으로 페이팔인증 코드번호를 확인한 후 기재하자.
아래 화면의 ①번을 누르고 신용카드 연동을 시작하자.
자신의 가입정보를 확인하고 Continue를 클릭하면 1.95달러가 결제되며 코드번호 4자리가 결제청구서에 발급된다.
이 4자리를 확인해서 입력하면 1.95달러는 자신의 페이팔 계좌에 환불된다.

① Link and confirm my debit or credit card를 클릭하면 다음페이지로 넘어간다.

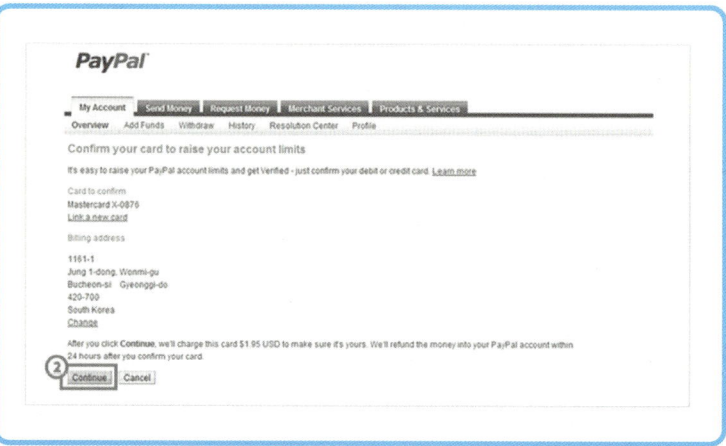

② 신용카드를 인증하는 과정이다. Continue버튼을 클릭한다.
- 등록한 신용카드에서 1.95달러가 인출되면서, 사용내역에 페이팔 코드(숫자4자리)가 발급된다.
- 페이팔 코드를 확인 후, 페이팔에서 입력하면 페이팔 계좌로 1.95달러가 환급된다.

페이팔 코드 확인방법
- 카드 사용내역을 핸드폰 문자로 수신시 바로 확인가능함
- 카드사 웹사이트>해외사용내역에서 확인(1일~2일 소요)
- 카드 상담원에게 유선으로 문의(1일~2일 소요)

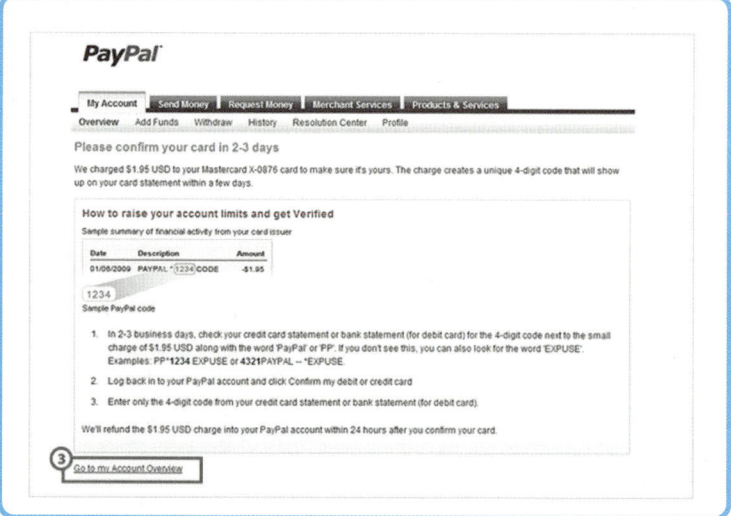

③ Go to My Account Overview를 클릭해서 페이팔 메인화면으로 이동한다.

④ 페이팔 코드를 확인하고 4자리 숫자를 입력한다.

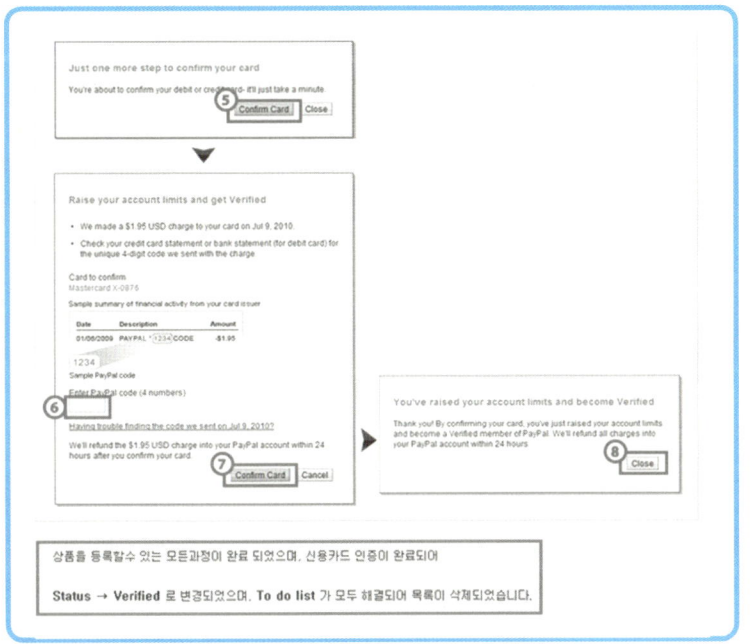

⑤ Confirm Card버튼을 클릭한다.
⑥ 페이팔 코드를 입력한다.
⑦ Confirm Card를 클릭한다.
⑧ Close를 클릭한다.

페이팔 가입이 모두 완료되었다. Status: Verified와 1.95달러가 환불된 것을 확인할 수 있다.
페이팔 코드 입력은 일정 시간을 두고 진행해도 무방하다.

이베이나 페이팔 연동하기

마지막으로 이베이 계정과 페이팔 계정을 연동하면 모든 가입과정이 완료된다. 다음으로 이베이에 로그인 해서 우측 상단에 My ebay로 가자. My ebay에서 Account로 들어가면 페이팔과 연동할 수 있는 클릭버튼이 있다.

Link My Paypal Account를 클릭하고 페이팔에 로그인해서 링크에 동의를 하면 연동이 완료된다. 이제 페이팔 결제 시스템으로 이베이에서 정상적으로 구매활동과 판매활동이 가능하다.

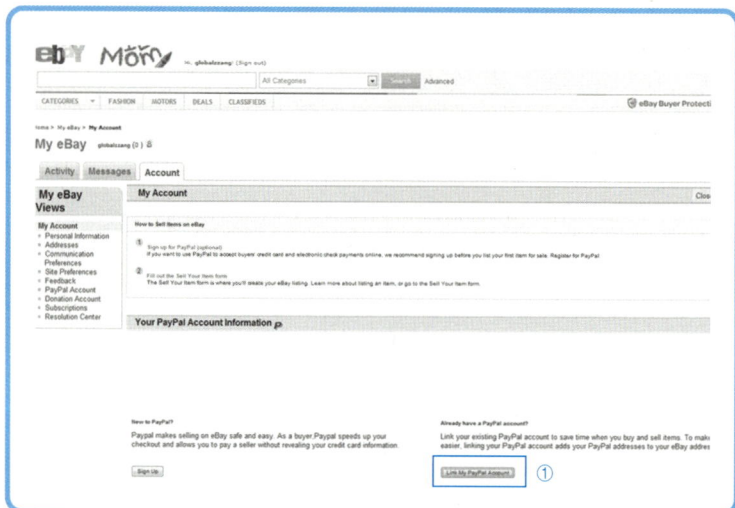

① Link My Paypal account를 클릭하여 진행한다.

② 페이팔 가입시 등록한 이메일 주소를 확인한다.
③ 페이팔 계정의 비밀번호를 입력한다.
④ Link Your Account 링크를 클릭하여 이동한다.
⑤ Return to ebay 클릭시 이베이-페이팔 계정 연결 작업이 완료된다.

판매자 계정 만들기(Seller account 만들기)

이베이에서 판매를 진행하기 위해서는 판매자 계정(Seller account)을 만들어야 판매를 할 수 있는 자격을 획득한다고 생각하면 된다.

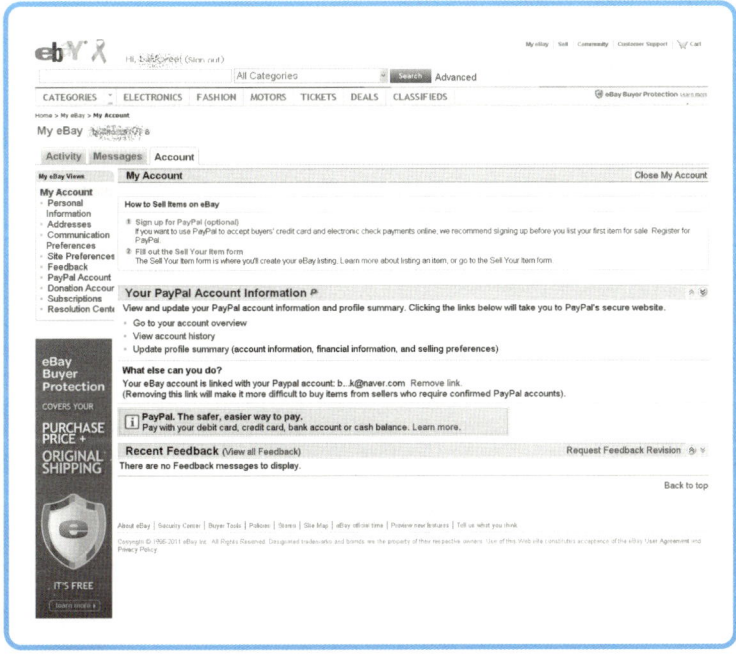

이베이에 로그인해서 어카운트 페이지를 확인해 보면 위와 같이 페이팔과 연동이 된 것을 확인할 수 있다.

이제 판매자 계정을 만들면 판매 진행이 가능하다. 하지만 이 책을 읽고 있는 독자라면 판매자 계정을 만들고 난 후 구매활동을 먼저 진행하고 판매활동 하기를 권유한다. 이베이에 자신의 활동 내역을 남기는 기능도 되고 구매를 해 봄으로서 여러 가지 이베이 시스템도 이해하고 배울 뿐아니라 팔고 싶은 아이템 관리 및 포장에 관한 정보도 얻을 수 있다.

판매자 계정을 만들기 위해서는 어카운트 메뉴에서 Personal Information(개인정보)를 클릭해 보자.

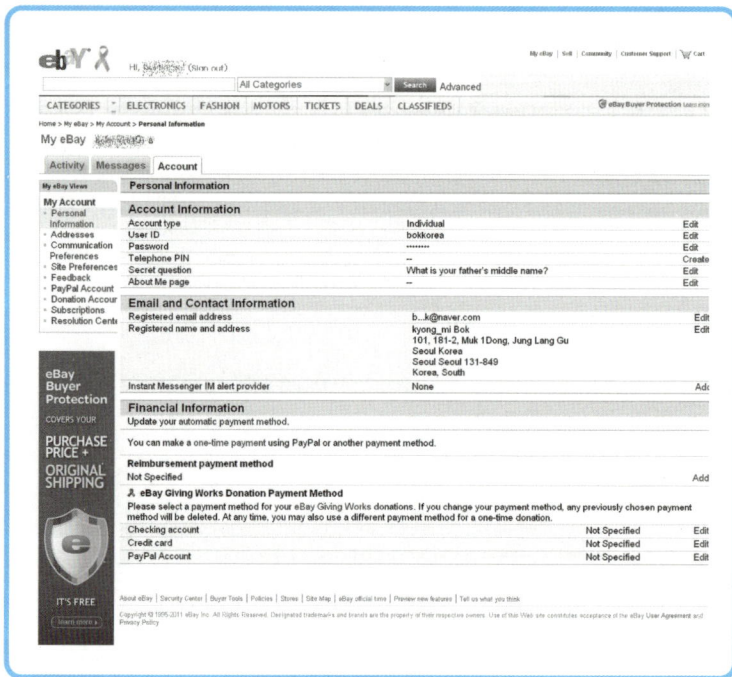

Financial Information(재정정보)에서 Automatic Payment method(자동결제방식)를 찾을 수 있다. 판매자로 활동을 한다면 당연히 이베이에 시스템 사용에 관한 수수료를 지불해야 한다. 수수료를 지불하는 방법을 자동으로 설정하는 것이다.

Automatic Payment method를 클릭하면 다음 화면이 나온다.

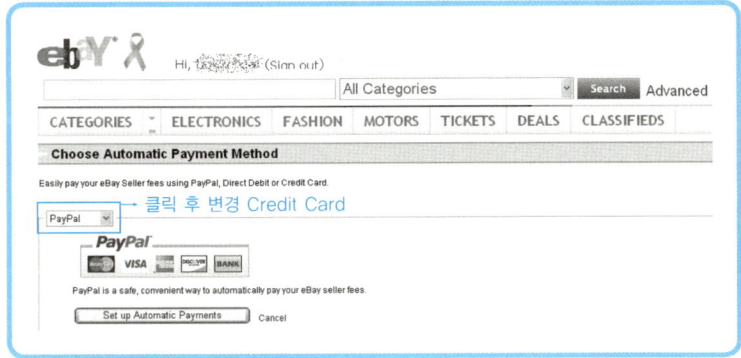

자동으로 수수료를 지불하는 방법을 선택할 수 있다.
아래 메뉴박스를 클릭해서 신용카드(등록된 카드가 신용카드이든 체크카드이든 상관없이 선택)로 지불한다를 선택하자.

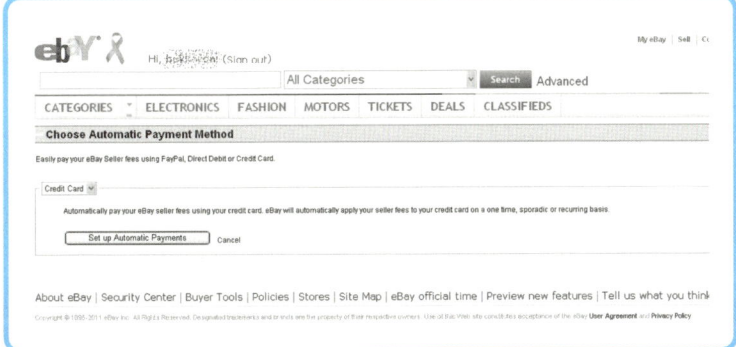

> **Tip**
> 자동으로 지불하는 방식을 설정하는 방식에서 판매자 계정 만들기가 연동되어 있다. 이때 페이팔 자동결제를 선택하면 판매자 계정 만들기 버튼을 찾기가 까다로워진다. 수수료결제는 다음 페이지에서 페이팔로 가능하다.

위 화면이 나오면 자동결제 박스를 클릭해서 진행한다.

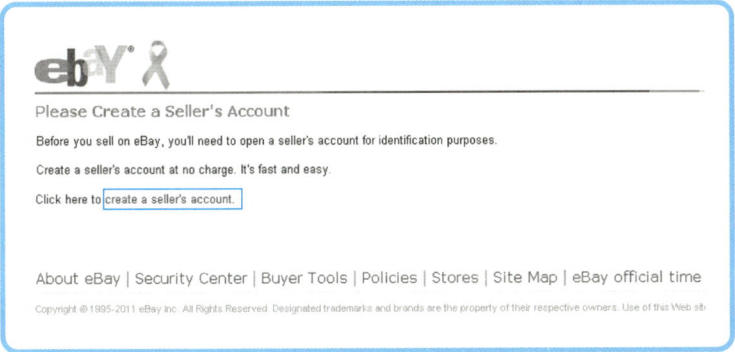

제 2 장 해외오픈마켓 이베이 & 페이팔 가입과 연동 _ **51**

다음 화면에서 "판매자 계정을 만들어라"는 페이지를 확인할 수 있다.
판매자 계정 만들기(Create a seller's account)를 클릭하면 판매자 계정이 만들어지면서 수수료 결제 페이지 설정을 확인할 수 있다.

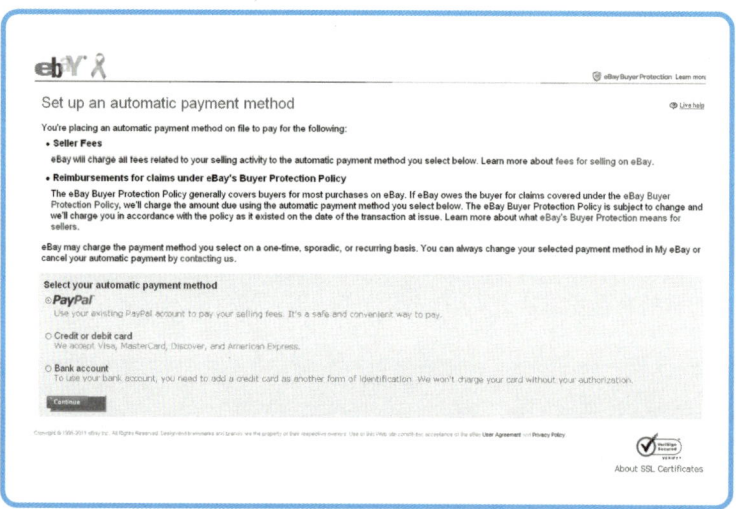

이제는 수수료 자동 결제 방식을 페이팔로 설정하자.

이 과정이 나오지 않는 경우 ▶
도 있다.

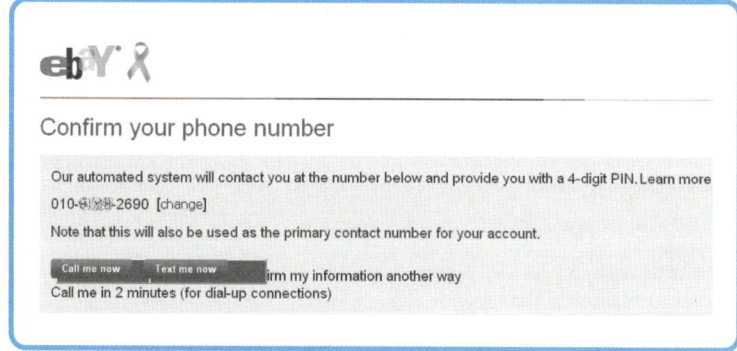

Tip

이베이 화면은 익스플로어 버전이 낮을 경우 깨지거나 조금 다르게 나올 수 있다. 그리고 가입하는 방식과 나오는 화면은 상황에 따라 조금 바뀔 수 있다. 중요한 것은 가입하는 시스템과 어떤 절차가 나오는지를 이해하고 진행하면 된다.

신원 확인으로 핀번호가 제공되는 경우가 있다. 위 화면에서는 4자리 핀번호를 전화로 받을 것인지 문자로 받을 것인지 물어보고 있다. 전화로 받으면 자동응답 전화기로 핀번호를 말해 준다. 대다수

의 사람들이 문자로 받는 것이 편할 것이라 생각한다. Text me now
를 클릭하면 된다.

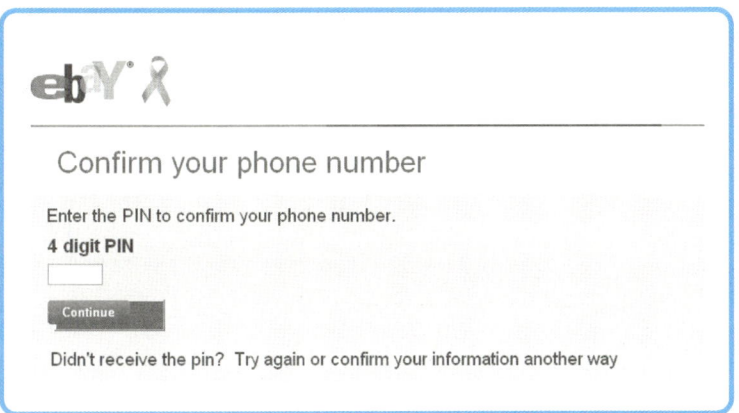

문자로 받은 4자리 핀번호를 입력하고 Continue(다음)를 누르자.
다음화면에서 페이팔에 로그인을 해야 한다. 페이팔로 수수료를
결제하는 것을 동의하는 절차가 남아 있기 때문이다.

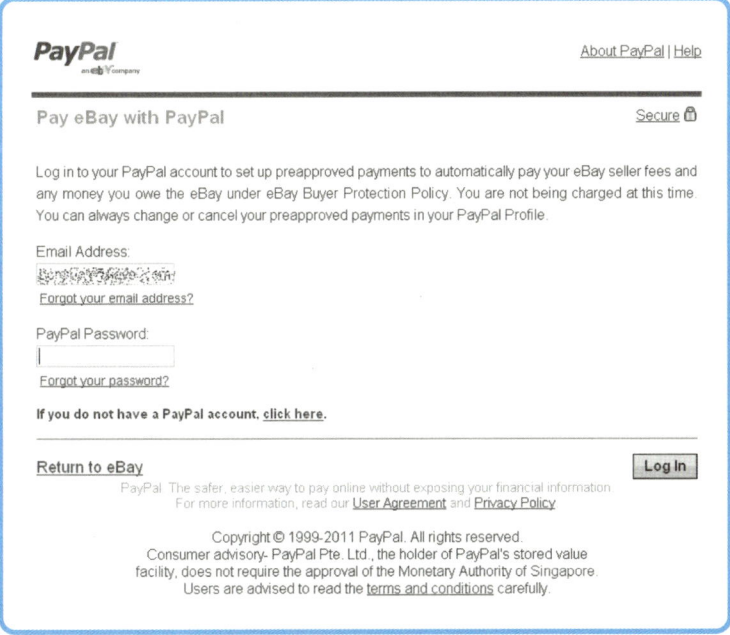

페이팔 아이디는 가입한 이메일 주소이다. 물론 자신의 계좌 번호 이기도 하다. 다시 한번 강조하지만 이베이 아이디와 비밀번호 그리고 페이팔 아이디와 비밀번호는 잊어버리지 않게 주의하자. 페이팔에 로그인하면 다음 화면을 확인할 수 있다.

이베이 수수료를 페이팔로 결제하는 것에 대한 동의 내용을 담고 있다. I Agree 동의 버튼을 클릭하면 이베이 판매가 가능해진다.

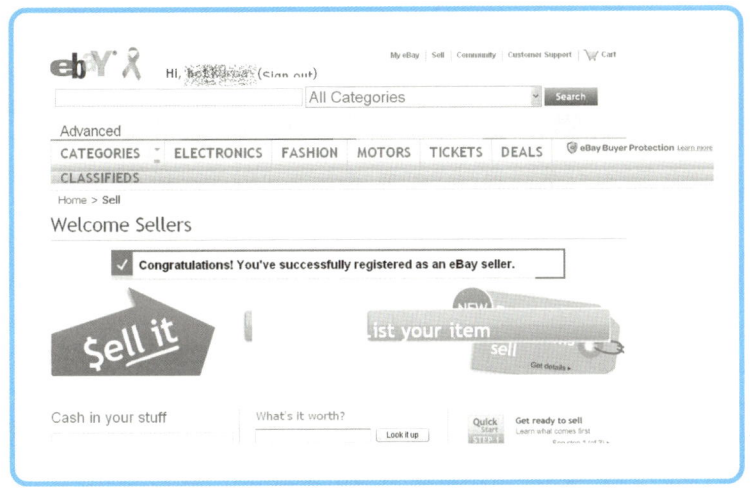

이베이로 화면이 돌아오면서 판매 시작화면을 확인할 수 있다. 그런데 현재 화면이 조금 이상한 것을 확인할 수 있다. 인터넷 사용 프로그램 버전이 낮아서 나타나는 현상이다. 간혹 익스플로어에서 이베이 화면이 이상하게 나오는 경우가 있다. 버전을 업그레이드하면 대부분 해결된다. 하지만 버전을 업그레이드 했는데도 문제가 있는 경우는 파이어폭스(Fire fox)나 구글 크롬(Google chrome)을 사용하면 대부분 해결된다.

바로 판매를 진행하는 것보다는 이베이 구매활동을 실제 체험해 보고 판매를 진행하기를 다시 한번 권유한다.

이베이 구매활동

이베이 쇼핑은 편안하게 집안에서 인터넷을 통해 전 세계 판매자들이 판매하는 상품을 구매할 수 있다. 특히 외국 유명브랜드나 외국 특산물의 경우 이베이를 통한 구매가 가격이나 기타 서비스부분에서도 메리트가 크다.

Tip

많은 이베이 판매자를 교육해 왔다. 실제 경험상 구매를 먼저 체험해 보고 이베이 판매를 하는 경우가 이베이로부터 제제가 훨씬 적음을 확인할 수 있었다. 가입해서 판매를 진행하자마자 아이디를 정지당하거나 제제를 받으면 시작 하기 전에 의욕이 무너질 수 있다. 구매는 판매하기 전 이베이 시스템을 이해하기도 좋고 판매에 관한 팁을 배우기에도 좋은 활동이다. 물론 이베이 쇼핑이 가장 좋은 것은 좋은 아이템을 저렴하게 구입할 수 있는 기회를 준다는 것이다.

저가품을 비롯해서 자동차나 선박까지도 거래되는 시장이 이베이인 만큼 다양한 물품을 구매할 수 있으며 이베이 판매방식 중 하나인 경매는 적절히 활용하게 되면 좋은 상품을 저렴하게 구매할 수 있는 기회를 제공한다.

이베이에서 구매하고픈 상품을 검색하고 적절히 쇼핑을 한다면 국제적으로 쇼핑을 즐길 수 있다. 다만 국제배송이라 조금의 기다림이 필요하다. 상품에 따라 2~3주 배송이 걸리기도 하고 고가품의 경우 판매자가 빠른 배송 수단을 사용하게 되면 보통 일주일여 정도면 받을 수 있다. 이러한 배송정보는 상품판매페이지에 공지되어 있으니 확인하고 구매하면 된다.

스노우보드 고글을 예를 들어 이베이 쇼핑을 진행해 보겠다.
스노우보드 고글로 검색을 해 보았다. 3230개의 물품이 검색되었다. 세계 각국에서 스노우보드 고글을 판매하고 있다. 가격대도 다양하고 브랜드도 다양하다. 관련 검색단어 중에는 오클리, 일렉트릭, 드래곤 고글 등이 많이 검색되고 있다.

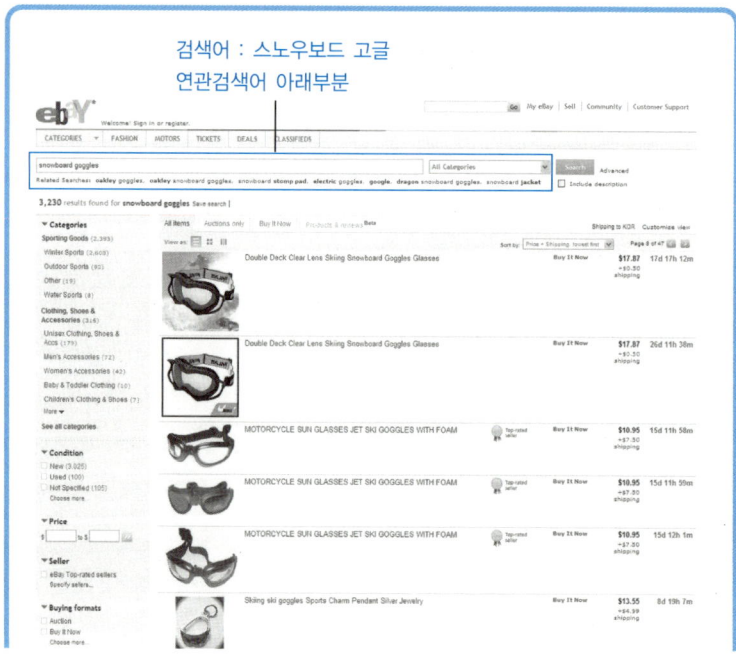

제 2 장 해외오픈마켓 이베이 & 페이팔 가입과 연동 _ 57

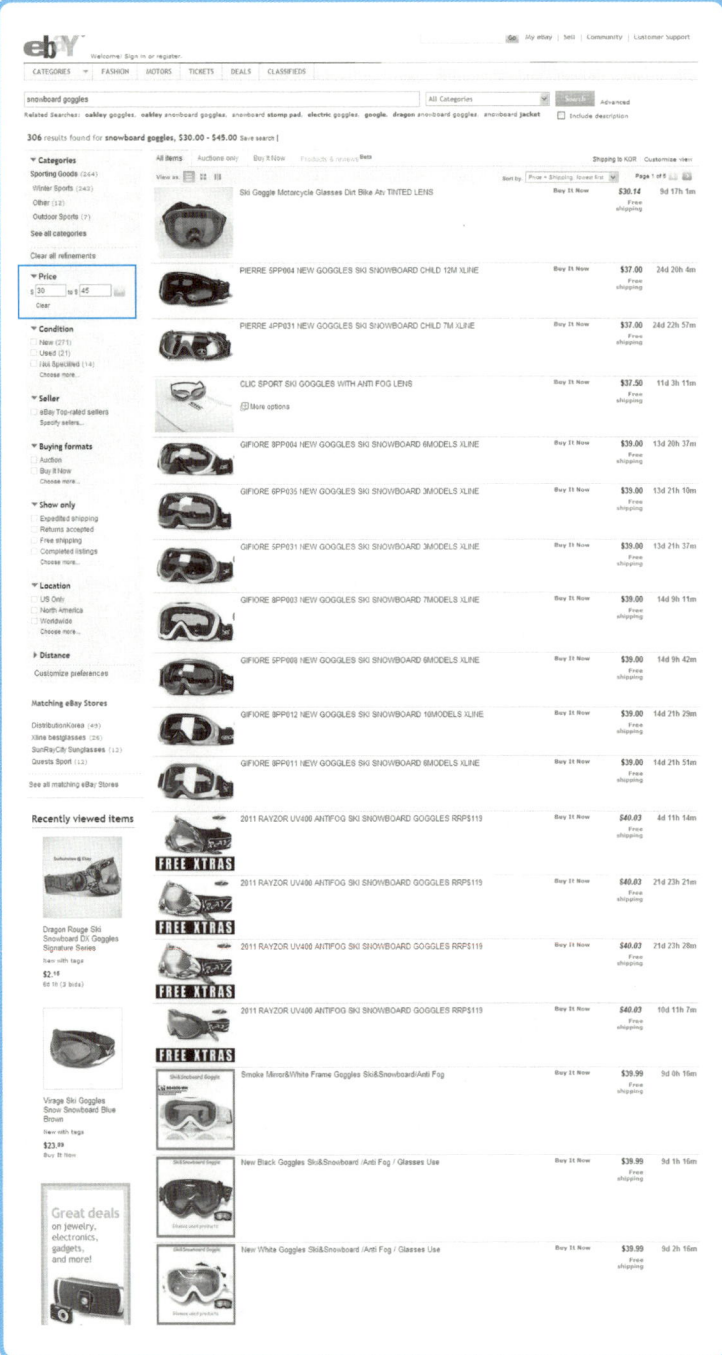

30~45달러 사이의 스노우보드 고글을 검색해 보았다. 이베이에서는 다양한 검색방법을 통해 구매를 할 수 있다. 306개의 상품이 검색되었다. 원하는 디자인, 좋아하는 브랜드, 원하는 가격대 등등의 방법으로 검색을 해서 좋은 아이템을 구매하면 된다.

현재 경매가 진행중인 드래곤 고글을 클릭해 보았다. 0.99달러에서부터 경매가 시작되었고, 배송료는 34.99달러이다.
경매시간은 6일 1시간이 남아있다. 이처럼 자신이 마음에 드는 경매 상품을 적절하게 이용하면 즐거운 쇼핑을 할 수 있다.
상품과 판매자에 대한 정보를 신중하게 알아보고 결정하는 것도 이베이 구매 노하우이다.

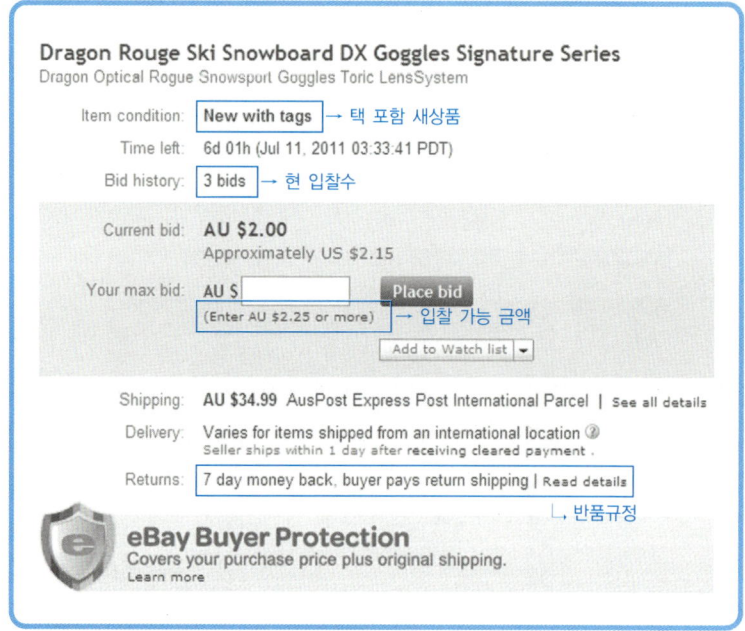

아이템 컨디션에서 택을 포함한 새상품이라는 정보를 알 수 있고 현재 입찰자는 3명인 것도 알 수 있다.
현재 이 상품의 입찰에 참여를 하기 위해서는 2.25달러나 그 이상을 작성해야(배팅해야) 입찰이 가능하다.
배송료 34.99달러는 호주 우체국 상품으로 배송이 시작된다. 상품 구매후 반품을 할 경우는 7일 이내에 반품을 신청해야 한다.

이베이에서 구매한 상품은 이베이 소비자보호정책에 의해 문제가
생길 경우 보상을 받을 수 있다.
우측 셀러 정보를 자세히 보자.

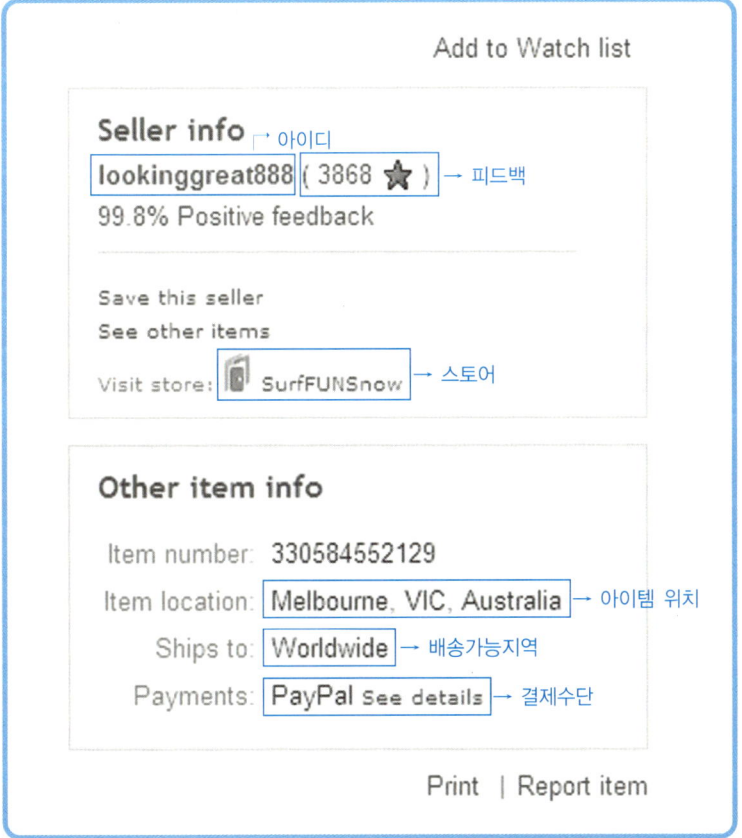

lookinggreat888이라는 아이디를 사용하고 있으며 현재 피드백이 3868점이다.

99.8%의 긍정정인 피드백을 받은 것으로 보아 이베이에서 신뢰가 있는 판매자라고 평가할 수 있다.

스토어 마크를 가지고 있는 것으로 보아 이베이 안에 스토어를 운영하고 있음을 알 수 있고 판매자의 위치는 오스트레일리아이며 배송은 전 세계로 보내고 있다. 결제 수단은 페이팔로 받고 있다.

현재 고정가로 판매되고 있는 아논 고글을 검색해 보았다.

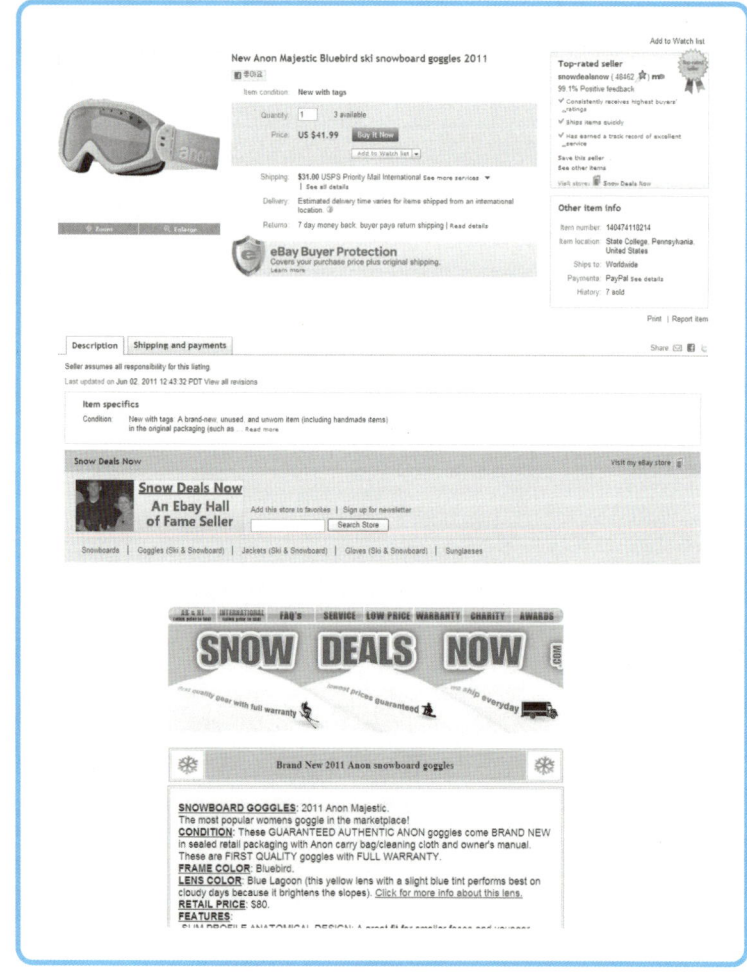

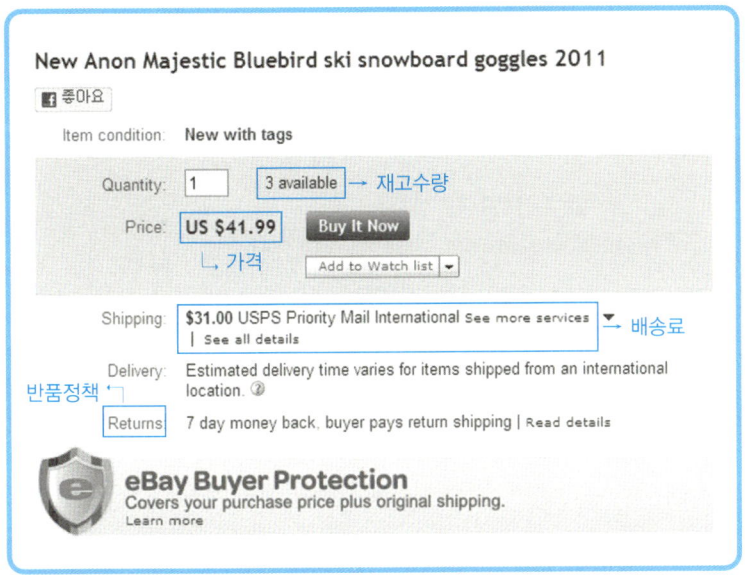

택을 포함하고 있는 새상품이며 수량은 3개까지 구매가 가능하다. 상품가격은 41.99달러이고 배송료는 31달러이고 미국 우체국으로 발송이 시작된다. 상품을 받은 후 7일 이내 반품을 신청할 수 있다. 현금으로 환불을 해 주며 반품시 배송료는 구매자가 부담해야 한다.

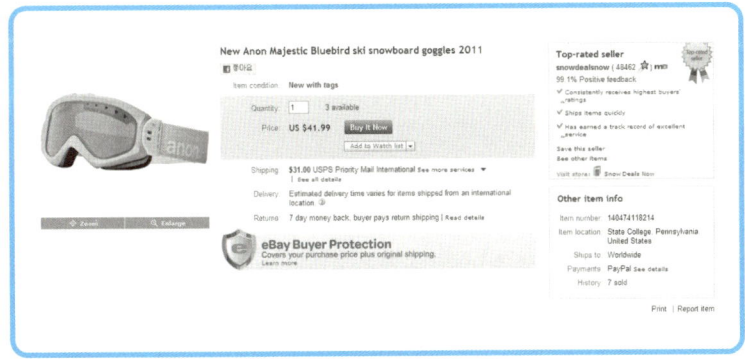

이베이 소비자 보호시스템을 적용받을 수 있다.

판매자에 관한 정보를 알아보자.

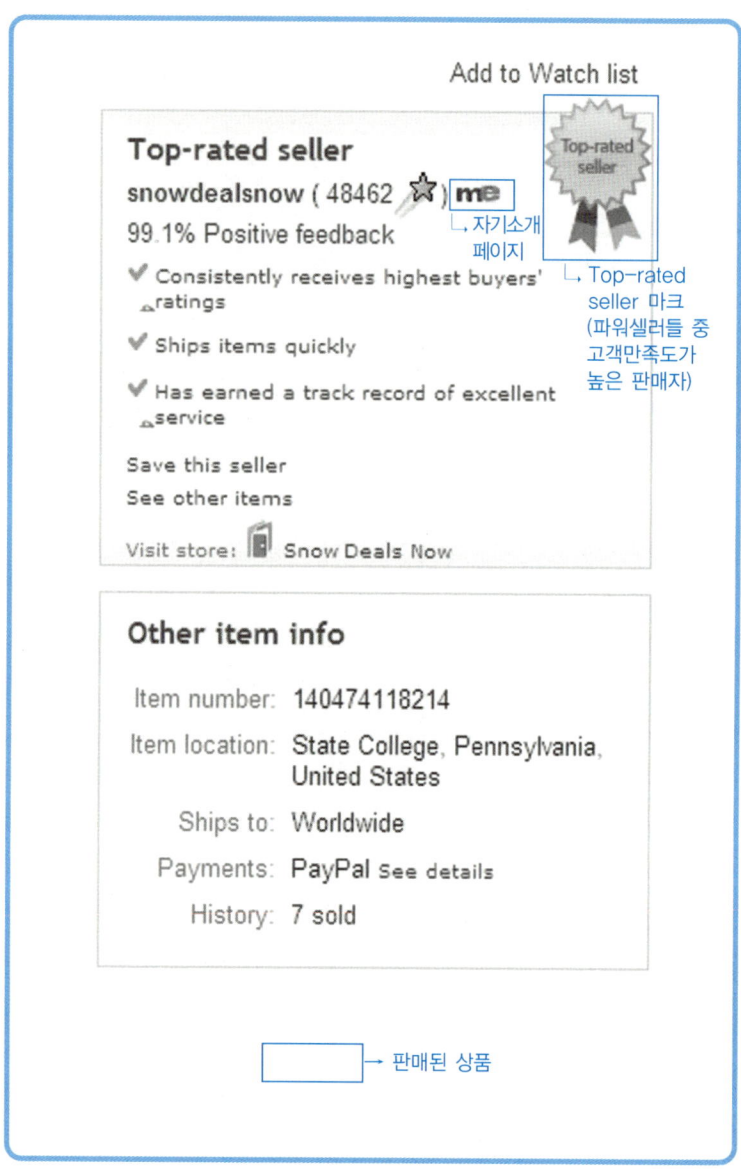

이베이에서 부여하는 Top-rated seller 마크를 보유하고 있는 셀러다. 국내 G마켓을 예로 든다면 Trust seller와 비슷하다. 소비자들과의 문제가 거의 없으며 상품을 잘 판매하는 파워셀러를 말한다.

snowdealsnow 아이디를 사용하고 있으며 피드백은 48462점이고 99.1%가 긍정적인 피드백이다. About me 페이지를 만들어 자신의 소개를 하고 있다. 이베이 스토어를 운영중이며 미국 펜실베이아에서 판매하는 셀러이다. 결제 수단으로 페이팔 결제를 받고 있으며 현재 이 상품은 지금까지 7개가 팔렸다.

고정가 상품은 Buy it Now(바이앤나우)를 눌러서 구매를 하면 된다. 결제를 할 때는 페이팔에 로그인 화면이 나오고 연동해서 결제가 이루어진다. 한국인들의 경우 페이팔에 등록되어 있는 신용카드로 페이팔 결제가 이루어 진다.

Chapter 3

이베이 판매 활동

Ebay Open Market

이베이 상품 판매하기

sell 메뉴에서 sell an item을 누르면 아래 화면이 나온다. List your item을 누르면 리스팅을 시작하게 된다.

상품판매 전에 What's it worth? 아래 빈 칸을 주목하자.

팔고 싶은 아이템을 입력해서 검색하면 최근 3주간 이베이에서 그 아이템이 몇 개가 팔렸고 평균 단가가 얼마이며 리스팅된 가격이 얼마부터 얼마까지인지 알 수가 있다.

> **Tip**
> 최근 What's it with? 부분은 최근 1주일간의 검색 결과를 보여주고 있다.

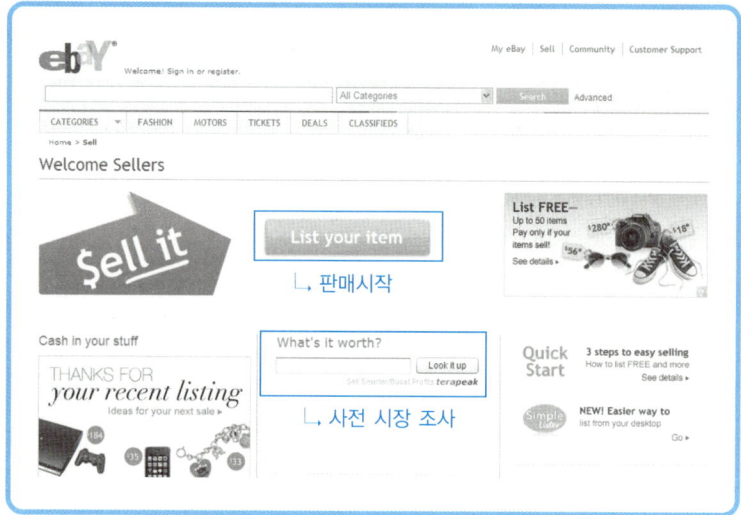

이베이 화면은 사람마다 조금씩 다른 화면이 나올 수 있고 가끔 오류도 존재한다. sell on item에서 위 화면이 바로 나오지 않는 경우는 Seller Information Center 화면으로 들어가서 화면에서 Sell 부분을 클릭하면 된다.

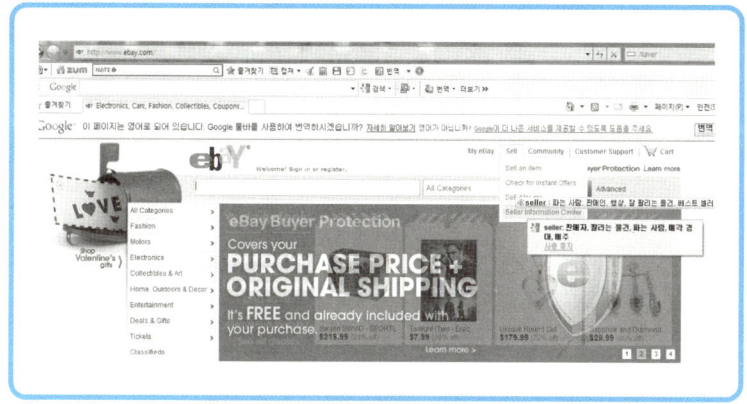

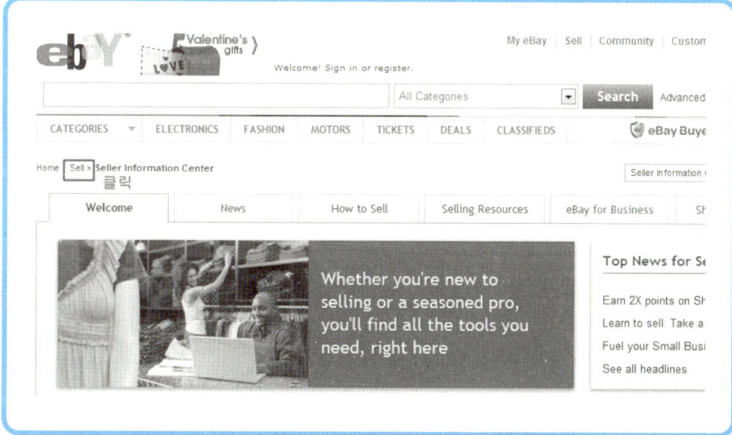

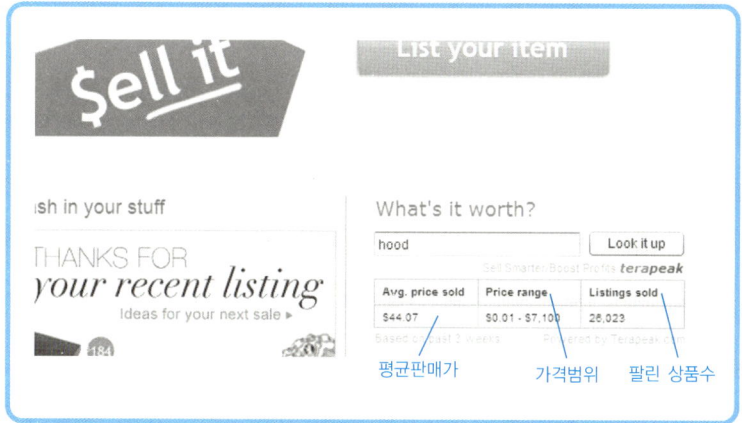

hood라는 아이템을 입력했을 때 평균 판매된 가격이 44.07달러이고 가격대는 0.01~7,100달러까지이고 판매된 아이템 수는 26,023개임을 알 수 있다.

검색을 통해 내가 팔고자 하는 아이템 가격 결정에 참고할 수 있으며 수요도 파악할 수 있다.

가격 결정은 제품의 특성이나 브랜드 등에 따라 다르겠지만 비슷한 제품의 평균가격 정도로 설정하는 것이 바람직하다.

List your item을 클릭해서 상품판매를 시작한다.

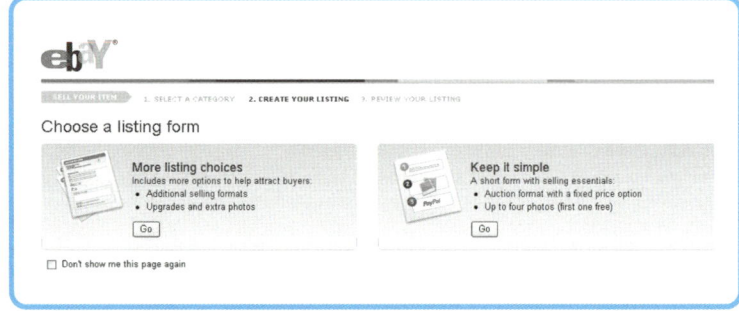

Tip

카테고리는 가장 적합한 곳에 올리는 것이 판매에 좋은 영향을 미친다. 전혀 상관없는 카테고리로 설정하는 경우 이베이로부터 제재를 받을 수 있다. 전략적으로 두 개의 카테고리를 설정하여 상품판매페이지를 만들 수 있으며 추가 수수료를 내야 한다. 비슷한 아이템이 어느 카테고리에서 거래가 잘 되는지 확인하고 설정하는 것이 노하우이다.

위 화면에서 판매하고자 하는 물품을 검색해서 판매등록할 카테고리를 설정한다.

판매페이지 등록을 자세하게 설명할 예정이니 More Listing Choice를 선택하여 판매페이지를 만든다.

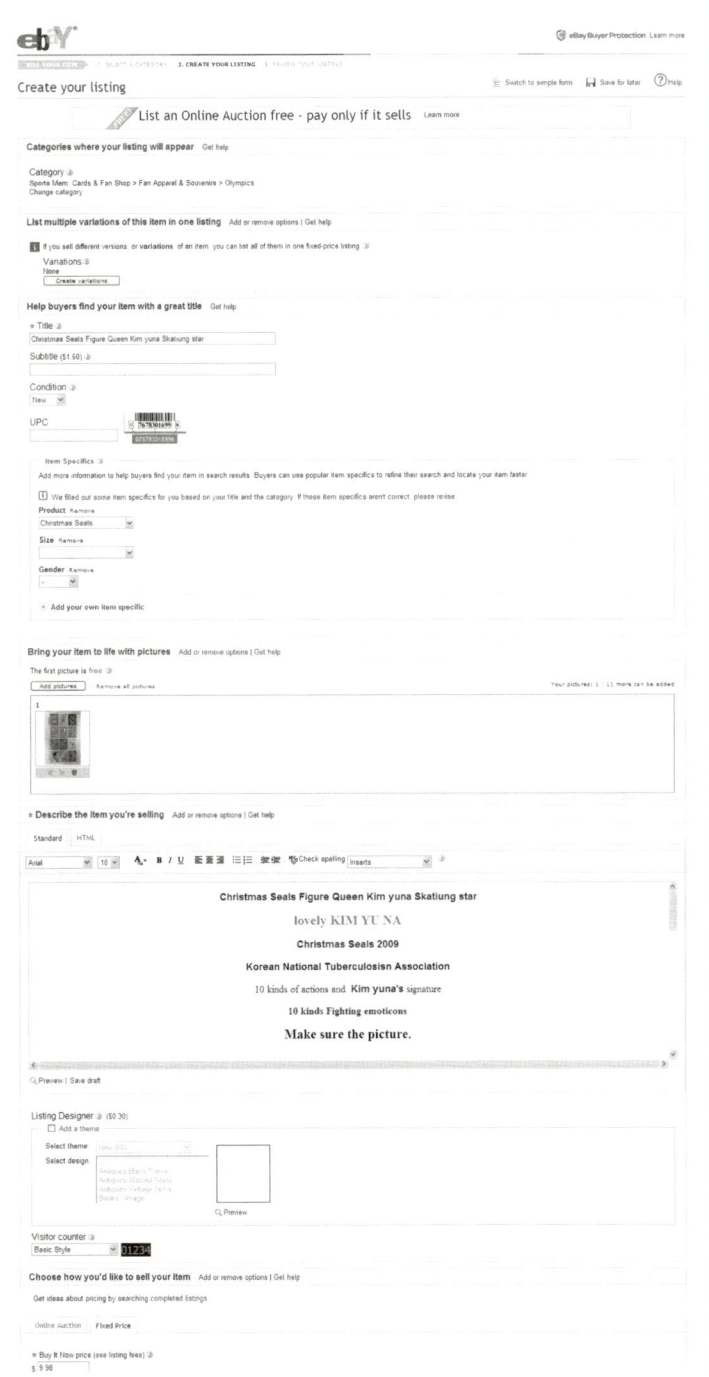

이베이 리스팅은 위와 같은 화면으로 시작한다.

영어로 되어 있는 점을 제외한다면 크게 어려운 점 없이 누구나가 판매를 진행할 수 있다.
주요 단락별로 상세하게 알아보자.

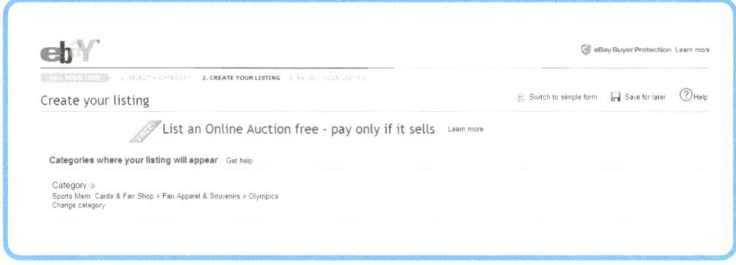

> **Tip**
> 카테고리는 자세하게 검토되어야 한다.
> 판매자 입장에서는 가장 잘 팔리는 카테고리를 찾아 메인으로 올리고 판매 가능성이 있는 카테고리들도 활용해야 한다.

> **Tip**
> 단 전혀 상관없는 카테고리를 선택할 경우 이베이의 제제를 받을 수 있다.

가장 먼저 내가 리스팅할 아이템의 카테고리를 설정해야 한다. 아이템 검색을 하면 여러 카테고리 중 선택을 할 수 있다. 한 개 카테고리는 무료이지만 2개를 선택하면 수수료가 들어간다. 전략적으로 노출을 많이 하고픈 상품은 2개 카테고리를 설정하는 것도 나쁘지 않다.

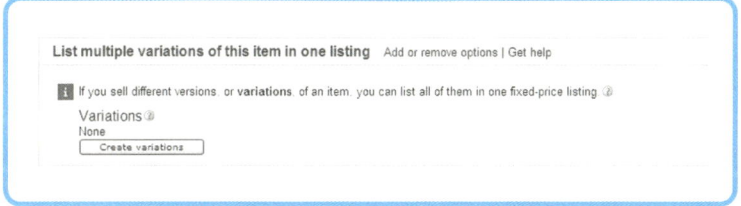

리스팅 베리에이션 설정할 수 있다. 우리나라 오픈마켓으로 본다면 옵션기능이라 할 수 있다. 이베이 초보판매자의 경우 리스팅 제한이 많이 있으므로 베리에이션을 사용하면 리스팅 수량에도 제제를 받고 노출도 불리하다. 초보일 경우에는 베리에이션보다는 사이즈나 칼라에 따라 각각 리스팅 하는 것이 유리하다고 볼 수 있다. 다만 소비자 입장에서는 적절한 베리에이션이 있는 상품은 소비자가 선택하는 메리트가 있고 전문 판매인으로 신뢰를 느끼는 부분도 있다는 것을 참고해서 어느 정도 판매가 이루어지면 베리에이션을 적절히 사용하자.

베리에이션을 사용할 경우 외국인들의 경우 복잡한 선택은 어려워 하니 사이즈나 색상정도 1~2가지 옵션 정도만 사용하는 것이 좋다.

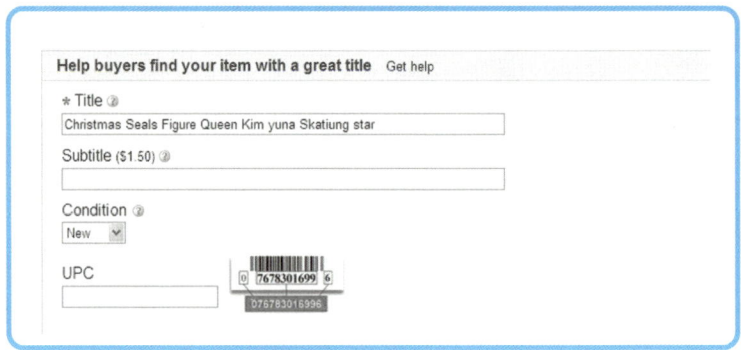

Tip

타이틀 공간은 최대한 검색에 용이한 키워드를 찾아 조합하는 것이 중요하다. 비슷한 제품의 검색 화면을 참고하거나 연관검색어 활용 또는 ebay pluse 자료를 참고하는 것도 좋다.

영문으로 80자 이내로 제목을 입력할 수 있다. 이베이 사이트에서 키워드 검색할 때 정보가 되니 적절하게 소비자들이 많이 검색하는 단어를 조합하는 것이 좋다. 미리 비슷한 아이템을 조사해서 잘 판매하는 셀러의 제목을 어느 정도 벤치마킹하는 것도 노하우라 할 수 있다. 다만 판매 권한이 없는 브랜드 이름 사용과 같은 지적재산권 침해 단어는 이베이 VeRO시스템이나 기타 관련 정책에 의해 제제를 받을 수 있으니 주의해야 한다.

판매하는 아이템에 따라 상세 정보를 입력해야 한다. 이 부분은 판매 아이템에 따라 나오는 입력사항이 달라진다. 아이템의 상태나 브랜드, 색상, 제조사 등등의 정보를 입력할 수 있으며 꼭 공지하고픈 내용을 만들어서 넣을 수도 있고 불필요한 내용은 제거할 수도 있다. 아이템에 따라 꼭 입력해야 하는 사항도 있으니 카테고리별로 필수 입력사항을 체크하자. 내용을 정확하게 잘 입력하면 소비자들로부터 신뢰를 얻을 수 있다.

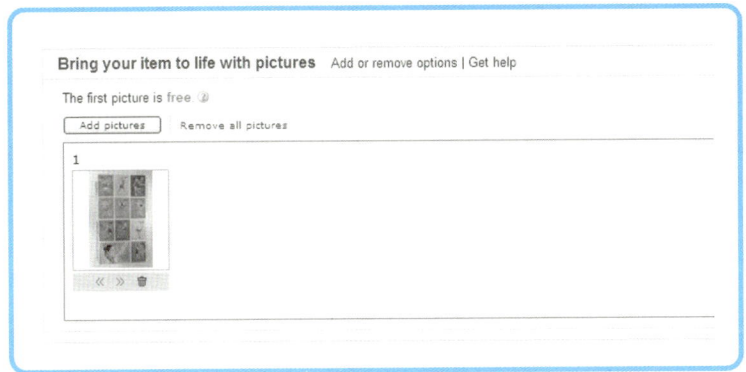

대표사진(썸네일) 1장은 이베이에 무료로 등록이 가능하다. 애드픽처를 누르고 사진을 등록할 수 있다. 이베이 리스팅 화면에서 좌측 상단에 나오는 대표사진이 바로 이 부분에서 등록하는 것이다. 여러 장의 사진도 등록이 가능하나 추가 수수료를 내야 하며 이베이 스토어를 구매하면 추가 사진을 무료로 등록할 수 있다.

이베이에서는 사진의 크기를 현재 1,000픽셀까지 허용하고 있으나 실제 크게보기 기능을 사용해도 큰 효과가 없으므로 300~700픽셀 사이의 사진을 등록하는 것이 바람직하다. 1,000픽셀보다 큰 사진을 등록할 경우 사진이 보이지 않는 경우(에러)가 있으니 주의하자. 이베이에서의 이미지는 전 세계인들이 접속해서 이용하므로 픽셀이나 이미지 용량을 적당하게 올리는 것이 유리하다.

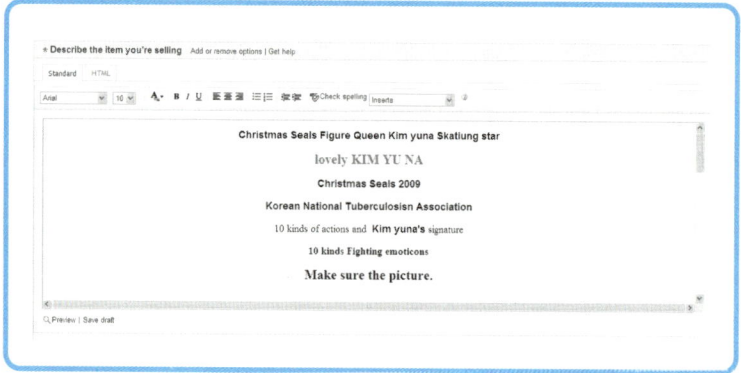

제품설명이나 기타 모든 정보를 입력할 수 있는 상세페이지 작업 공간이다. 기본적으로 텍스트 입력과 HTML 입력을 지원한다. 이미지나 동영상을 바로 올릴 수 있는 공간은 제공하지 않는다. 추가 상세이미지를 올리고자 할 때는 웹호스팅를 미리 해두고 HTML용어를 사용하여 상세페이지에 이미지가 보여지도록 한다.

한국 오픈마켓 사업자들의 경우 모든 설명과 이미지 정보를 웹호스팅해서 올리는 경우가 많은데 이베이에 리스팅할 때는 꼭 필요한 이미지만 리스팅해서 올리고 상품설명이나 추가 공지사항은 등등의 내용은 텍스트로 직접 입력하는 것이 좋다. 한국 포털사이트의 서치 방식과 구글이나 야후의 서치 방식이 다르기 때문이다. 상세페이지에 텍스트로 입력되어 있는 내용도 외국 포털사이트 검색 대상이 된다는 점을 참고하자.

HTML 정보
- 중앙정렬 〈div align="center"〉
- 새로운 페이지로 링크 걸기〈A href="링크주소" target=_blank〉
- 이미지 넣기〈img src="이미지 주소"〉
- 줄바꾸기〈br〉

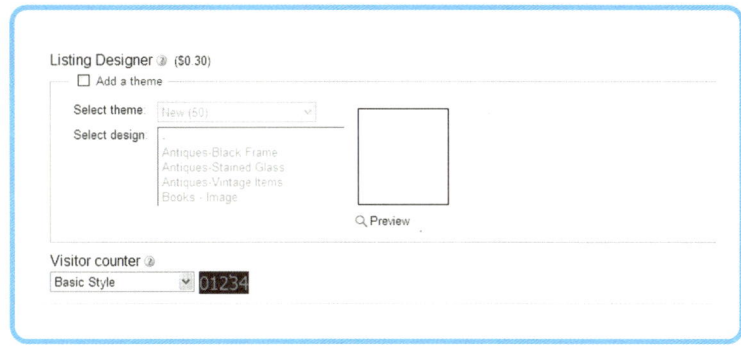

만들어진 상세페이지를 다양하게 꾸밀 수 있다. 한국 판매자들의 경우는 추가 수수료를 내야 사용할 수 있기 때문에 많이 사용하지는 않는다.

방문자 수를 보여주는 기능을 사용할 수 있으며 방문자 수 미표기로 설정도 가능하다.

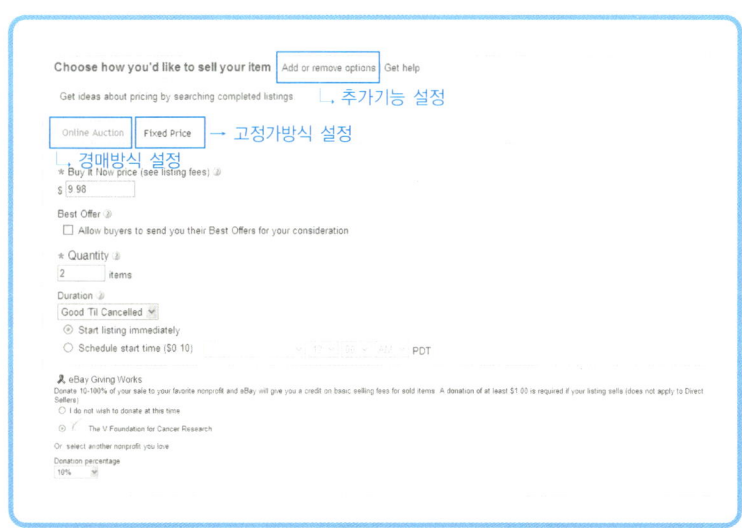

판매가격을 경매방식이나 고정가방식으로 설정할 수 있다.

기본적으로 이베이는 광고가 없다고 보아야 하며 전반적으로 모든 판매자들의 노출이 공평한 편이다.

다만 판매방식에 따라 노출도에 큰 차이가 있다. 경매방식의 경우 시간임박순으로 노출이 이루어지므로 노출도가 높으며 이에 비해 고정가방식은 노출도가 낮다.

경매 시작가를 판매자가 설정할 수 있으며 시작가격에 따라 이베이 등록 수수료가 달라진다. 시작가격을 낮게 등록할 경우 많은 소비자들이 관심을 가지고 노출도 높아질 가능성이 크나 제 가격을 받을 수 있을까에 대한 고민이 생기게 된다. 반대로 시작가격을 높게 등록하면 팔릴 경우 적정가격을 받을 수 있으나 소비자들로부터 무관심한 상품이 될 수 있다.

고정가의 경우 기간을 정해서 등록할 수도 있고 스스로 내릴 때까지 계속 등록해 둘 수도 있다. 기본적으로 고정가 등록은 수수료가 경매에 비해 비싸고 노출도의 경우도 경매보다 낮다. 다만 재고가 많은 상품이나 기타 상품관리가 용이하고 판매수량이 기록되므로 많이 팔 경우 고정가 상품도 상위노출이 가능하다.

경매와 고정가격 판매방식을 적절하게 사용하는 것이 노하우라고 할 수 있다.

추가하기 기능을 통해서 경매방식으로 등록시에 최저가를 설정하여 그 가격 이상으로만 판매할 수 있다. 다만 이 방법의 경우 추가 수수료가 들어가며 소비자들의 경매진행 의욕을 저하시킬 수 있으니 잘 생각해서 사용하자.

고정가격 등록방식에는 흥정하기 기능이 있다. 고정가로 등록되어 있는 상품에 "소비자가 얼마면 구입하겠다."의 내용으로 흥정을 걸 수 있다. 판매자가 판매 최종 결정을 내릴 수 있다. 이 기능에는 자동으로 흥정제의 받아들이기 기능과 자동으로 흥정 거절하기 금액을 설정해서 등록이 가능하다. 정확한 판매가격을 모르는 경우나 재고 상품, 기타 전략적으로 이 기능을 사용하는 것도 노하우다.

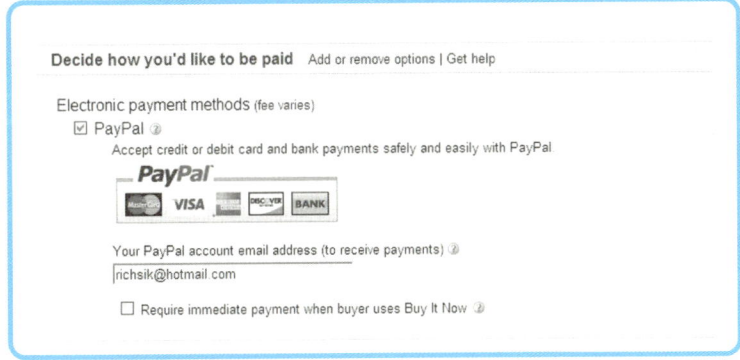

이베이 판매자들의 95% 이상은 페이팔을 통해서 결제를 받는다. 특히 미국이 아니라 다른 국가에서 판매하는 판매자들에게 페이팔은 필수라 할 수 있다.

페이팔로 결제를 받는 부분에 체크를 하고 혹시 페이팔 계좌번호가 맞는지 확인을 하자. 잘못되어 있을 경우 결제가 제대로 이루어지지 않는 경우가 있다. 페이팔을 사용하면 거래에 있어서는 추가수수료가 들어가지만 국가간 결제를 손쉽게 할 수 있으며 페이팔에 가지고 있는 돈은 개인간 거래에서 수수료 없이 이용이 가능하다.

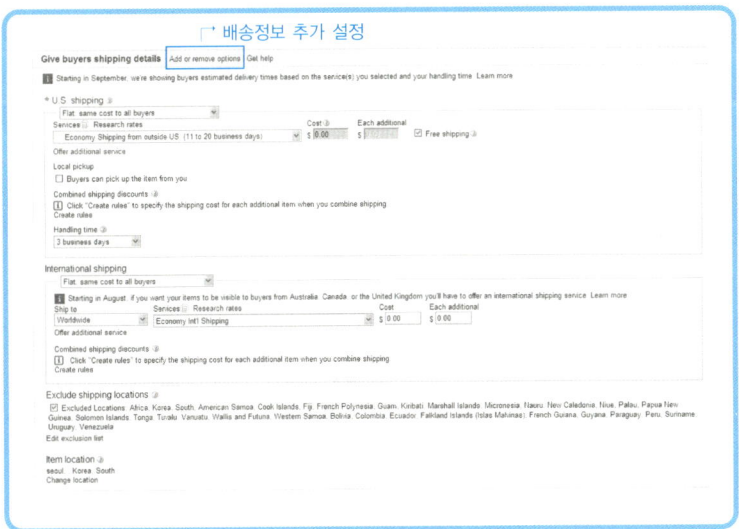

배송정보와 배송비를 설정해서 입력할 수 있다.

국내에서는 배송비는 단순 택배비로 인식되는 경우가 많으나 이베이에서 배송비는 택배비와 물건을 포장해서 배송하기까지의 모든 비용을 포함한 개념이다. 배송비의 경우 우리나라는 우체국 상품 소형포장물에서부터 추적가능한 RR 등기 부착, EMS 상품까지 다양하게 이용가능하고 경쟁력이 높다. 이베이 진출 후 판매량이 늘어나면 우체국과 할인 계약도 가능하며 기타 다른 회사와도 계약이 가능하다.

첫판매를 하는 판매자 화면에는 US배송정보만 나오고 International Shipping정보가 없을 수 있다. 이 경우 Add or remove options을 클릭해서 International Shipping을 선택하면 세계 배송 정보란이 나온다. 배송비는 모든 바이어에게 같은 가격을 받는 것으로 설정하고 국가 간 배송임을 고려해서 11~20 비지니스데이가 걸리는 배송을 선택하자. 적절한 배송비를 기재하면 되고 무료배송일 경우 프리 쉬핑을 선택하면 된다(EMS, DHL, Fedex의 경우 빠른 배송으로 체크). International Shipping에도 배송정보를 선택하고 배송비를 기재하자. 다만 무료배송이라도 0.00을 직접 적어주어야 한다. 이베이 화폐단위는 $이므로 항상 소수점 둘째 자리까지 기재하자.

```
Exclude shipping locations
  ☑ Excluded Locations: Africa, Korea, South, American Samoa, Cook Islands, Fiji, French Polynesia, Guam, Kiribati, Marshall Islands, Micronesia, Nauru, New Caledonia, Niue, Palau, Papua New
  Guinea, Solomon Islands, Tonga, Tuvalu, Vanuatu, Wallis and Futuna, Western Samoa, Bolivia, Colombia, Ecuador, Falkland Islands (Islas Malvinas), French Guiana, Guyana, Paraguay, Peru, Suriname,
  Uruguay, Venezuela
  Edit exclusion list

Item location
  seoul, , Korea, South
  Change location
```

전 세계국가를 대상으로 판매를 할 경우 판매제외 국가를 설정할 수 있다. 오세아니아지역의 섬 국가들은 배송이 너무 오래 걸리고 반송에도 문제가 많아서 제외시키는 경우가 많다. 제외국가는 판매자가 선택할 수 있으므로 배송과 기타 판매상품을 고려해서 선택할 수 있다. 보통은 아프리카와 오세아니아지역의 섬 국가 그리고 남아메리카의 잘 알려지지 않은 국가들을 많이 제외한다.

이베이 판매자들의 경우 한국 판매를 할 경우 피드백 작업 등등의 이베이 정책을 위반하는 오해의 소지가 존재한다. 한국 판매를 하지 않는 것이 좋으나 거래가 발생하고 배송정보에 정확한 트래킹 넘버가 입력된다면 한국에서의 거래도 무방하다.

> **Tip**
> 사실 국제 판매에서 배송비가 차지하는 부분이 크고 배송기간이나 기타의 문제로 반품은 잘 일어나지 않는다. 다만 배송수단에 따라 전액 환불을 해 주어야 하는 경우는 존재한다. 국내 전자상거래에 비해 반품이 없다는 것은 큰 장점이고 환불 부분은 처음 소비자 가격을 설정할 때 분실률을 고려해서 측정하면 된다.

Sales tax 부분은 미국 판매자들에게 적용되는 부분이라 설정하지 않아도 무방하다.

환불정책을 입력할 수 있다. 구매자 입장에서는 구매 후 상품을 환불할 수 없다면 구매를 망설일 수도 있다. 해외판매의 경우 특별한 문제가 없는 한 반품은 거의 없다. 이유는 배송일이 오래 걸리며 반품시 일정 금액을 손해보아야 하며 반품 배송비를 보통 구매자가 지불해야 하기 때문이다. 14일 이내 반품을 허용한다고 설정하고 반품배송비는 구매자 부담으로 설정한다. 이 부분은 판매자에게 적합하게 설정하면 된다(기본적으로 이베이 정책 변화로 14일 이상 허용을 선택하자).

리스팅 수수료를 확인하고 Continue를 누르면 리스팅이 진행된다. Continue를 누르면 다음와 같이 리스팅을 최종 마무리하는 화면이 나온다.

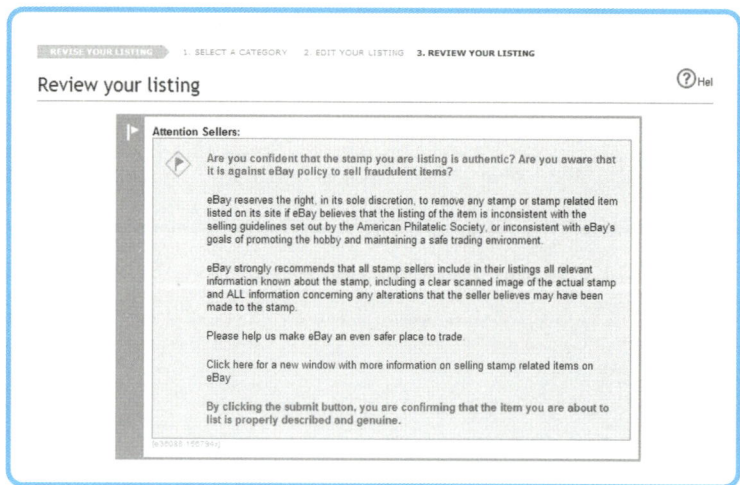

이베이 리스팅에서 문제가 있거나 주의사항 경고 등등의 화면이 나올 수 있다.

위 화면의 경우 우표판매를 위한 리스팅 화면에서 위조우표나 이베이 정책을 위반하는 리스팅을 해서는 안된다는 경고주의 화면이 나왔다. 자신의 우표가 문제가 없다면 계속 진행하면 된다. 초보 판매자의 경우 리스팅 제한에 걸려서 더 이상 리스팅이 안된다는 경고 화면이 나올 수도 있으며 카테고리별로 다양한 주의나 경고 화면이 나올 수 있다. 잘 확인해서 리스팅을 진행하면 된다.

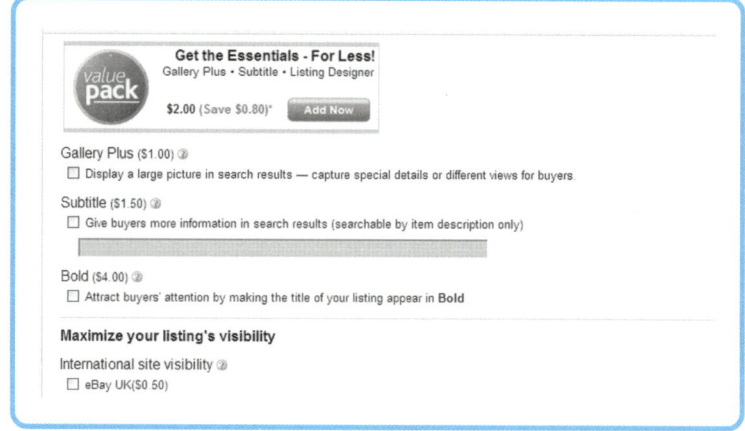

리스팅을 도와주는 옵션들을 선택할 수 있다. 추가 비용이 들어가므로 전략적인 상품외에는 잘 이용하지 않는다. 이베이 UK에는 리스팅과 동시에 영국 이베이에도 올라간다. 유럽쪽에 전략적으로 노출을 원할 경우 선택하면 유용하다.

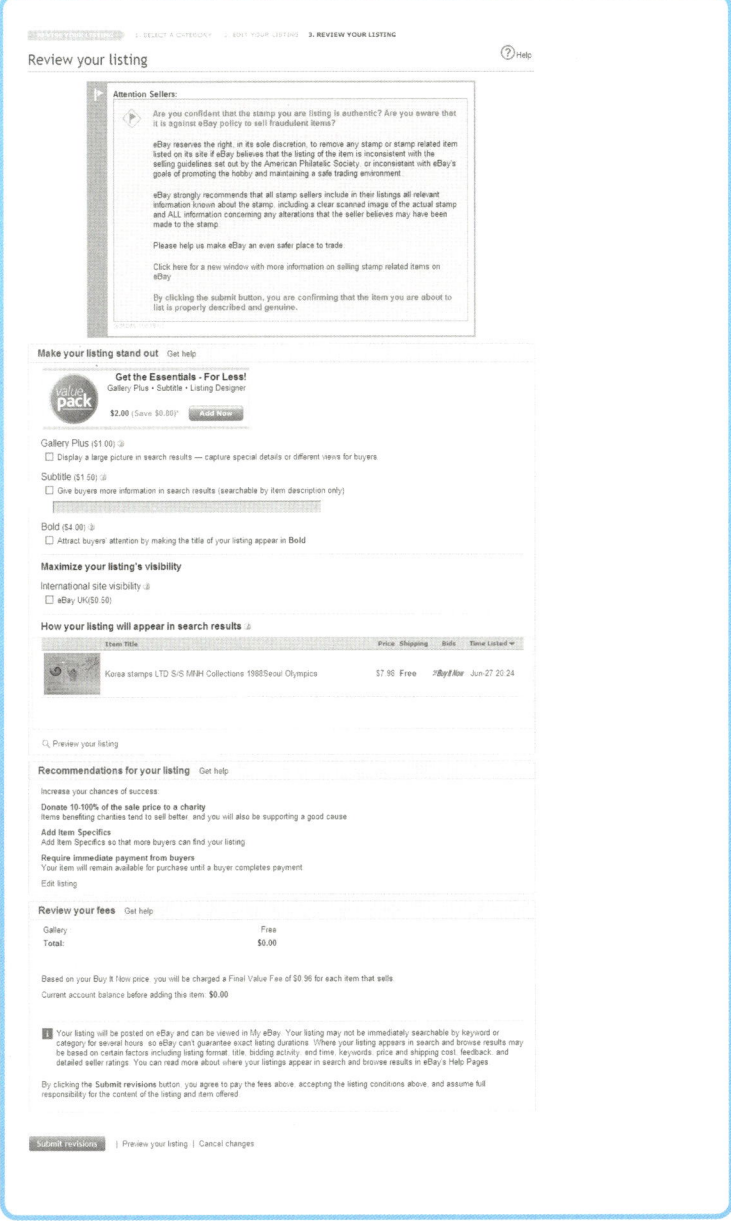

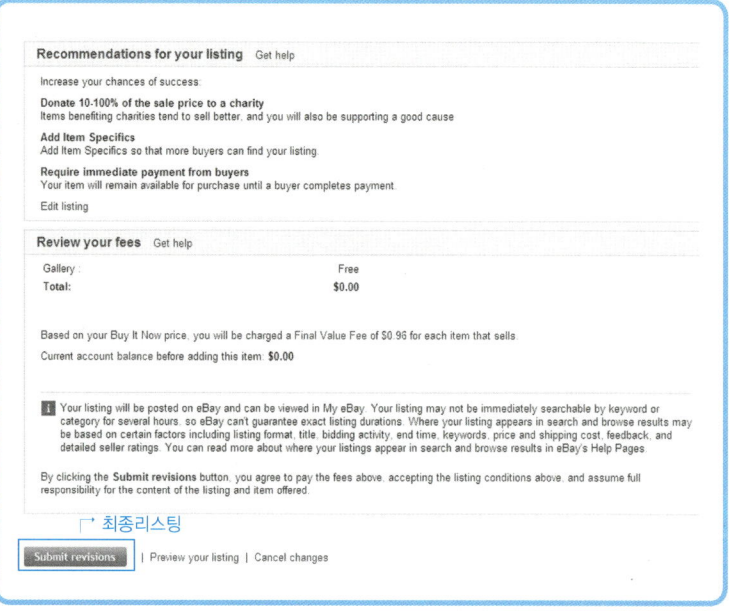

기타 정보와 수수료를 확인하고 파란색 버튼을 클릭하면 리스팅이 최종적으로 마무리 된다. 이제 이베이에 상품 판매가 시작된 것이다.

한국판매자들이 다양하고 많은 제품들을 이베이를 통해 전 세계에 판매하고 많은 성공자들이 나오기를 기대해 본다.

무료 웹호스팅 정보(인터넷 저장 창고 무료로 이용하기)

현실에서 물건을 진열하거나 보관할 때는 공간이 필요하다. 인터넷에서는 어떠할까? 당연히 인터넷에서도 진열할 공간도 필요하고 저장할 공간도 필요하다. 웹호스팅의 개념은 단순 저장이 아니라 진열 공간으로 생각하면 된다.

상품 상세페이지나 홈페이지 기타 게시판 등등에 사진이나 화면을 보이게 하기 위해서는 웹호스팅이 필요한 것이다.

웹호스팅의 경우 메인 서버에서 정보가 제공되기 때문에 메인서버가 어디에 위치하느냐에 따라 전 세계 인터넷 접속자가 보는 화면에 속도가 다를 수 있다. 한국 인터넷 이용자가 보는 화면이라면 한국에 있는 웹호스팅 회사를 이용하는 것이 좋다. 미국의 인터넷 이용자가 많이 보는 화면이라면 당연히 미국에 서버를 둔 웹호스팅 회사를 이용하는 것이 좋다.

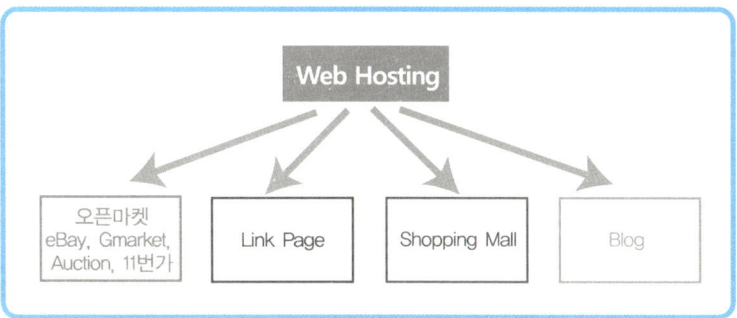

지금 소개하는 무료 호스팅 회사는 미국쪽 회사이다. 이베이나 기타 해외판매를 하는 분들에게 좋은 정보이다.
물론 판매나 홍보 이외의 용도로 사용해도 무방하다.

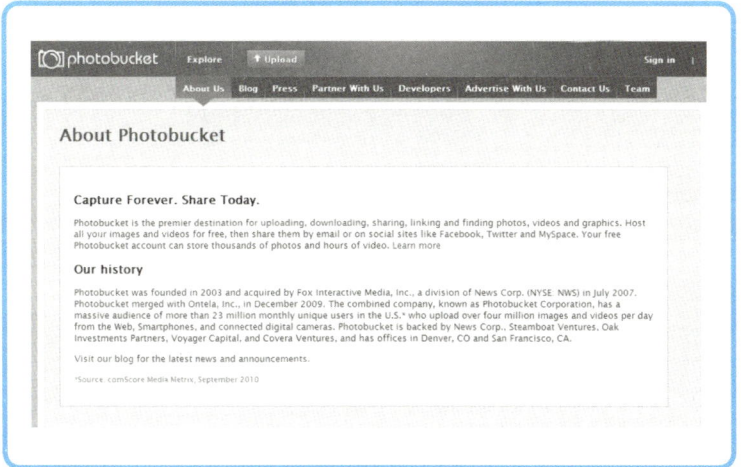

◀ http://photobucket.com/

포토 버킷은 사진이나 비디오 이미지 등등을 다운로드하고 연결하고 공유하는 다양한 툴을 제공하는 회사다. 호스팅된 이미지나 사진 비디오 등등을 이메일이나 페이스북 트위터 등과 공유가 가능하다. 무료로 사용 가능하다. 그리고 위 화면을 확인하면 포토 버

Tip

사진이나 이미지를 상세페이지나 홈페이지에 올릴 경우 검색엔진은 파일명을 인식해서 어떤 내용인지를 저장한다. 따라서 001.jpg보다는 bbcream01.jpg로 작성해서 이미지 내용이 무엇인지 명확하게 해 주는 것이 좋다.

킷에 대한 간략한 소개를 확인할 수 있다.

포토 버킷의 장점은 타 무료 웹호스팅 제공회사들보다 엄청나게 많은 공간을 무료로 이용할 수 있다는 점이다. 그리고 자신이 정한 파일명이 호스팅 주소에 그대로 나타나기 때문에 SEO를 통한 검색엔진 최적화 작업에도 도움이 된다.

자, 이제 가입해서 실제 사용해 보자.

photobucket 첫 화면이다. Sing up을 클릭하면 가입이 가능하다. 당연히 Sing in은 로그인을 뜻한다. 이 책을 읽고 있는 독자들은 이제 영문 사이트에 어느 정도 적응을 했을 것이라 생각한다. 사실 필자도 영어실력은 중학생 정도이다. 하지만 겁내지 않고 하나하나 확인하고 진행해 나가보면 국내 사이트랑 거의 비슷하다. 언어만 영어일 뿐 그리고 영어도 대부분 반복되는 단어가 많아서 나중에는 이해가 다 되는데 말로는 표현을 못하는 시기가 온다. TV 한 광고처럼 참 좋은데 뭐라고 표현을 할 수 없다. 이해는 했는데 뭐라고 말할 수는 없다.

사용할 아이디를 User name에 작성하고 비밀번호를 설정한다. 다음으로 이메일 주소를 입력하고 성별을 선택한다. 생년월일을 입력하고 국가를 설정해 준다.

화면에 보이는 코드를 빈 공간에 똑같이 작성하고 파란박스를 클릭하면 가입이 된다.

> **Tip**
>
> 사이트 업그레이드에 따라 회원가입 페이지는 조금 달라질 수 있다. 기본정보 요구부분은 바뀌지 않으니 참고해서 가입하자.

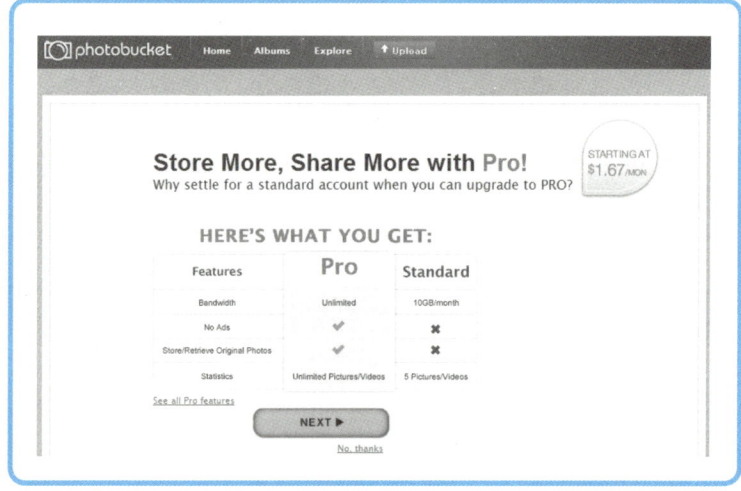

위와 같은 화면이 나온다. 바로 NEXT를 누르지 말고 화면을 자세히 보자. 위 화면에서 바로 NEXT를 누르면 유료 회원 가입이다. 많은 금액은 아니지만 월 1.67달러가 지불된다. 우리는 무료 서비스만으로도 충분하다. 포토버킷에서는 무료 웹호스팅 공간을 10G 제공한다. 정말 고마운 사이트이다. 더구나 미국에 있는 회사이기 때문에 이베이 판매에도 국내 웹호스팅 회사보다 유리하다. 유료로 가입하면 무한하게 사용할 수 있지만 10G만으로도 충분하다. 따라서 NEXT 바로 아래 조그마한 글씨로 있는 No thanks를 클릭해서 가입을 완료하면 된다.

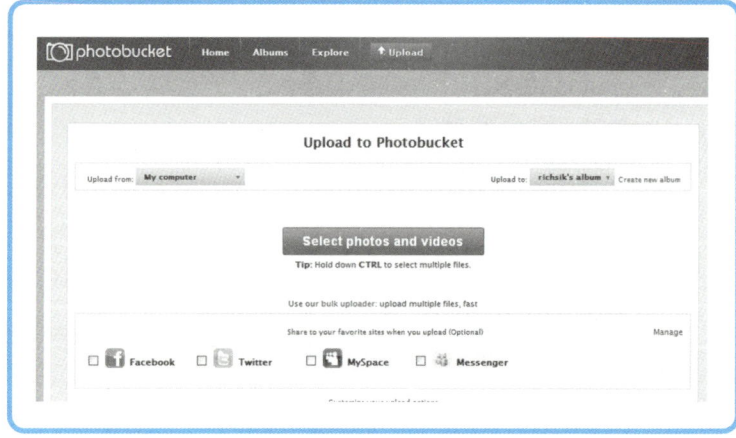

정말 심플하게 다음화면에서 바로 업로드가 가능하다. 자료를 가져올 곳을 내 컴퓨터나 기타 웹 이메일 폰 등으로 설정이 가능하다.

보통 컴퓨터에서 작업을 많이 하기 때문에 컴퓨터로 설정하고 원하는 사진을 업로드하면 된다.

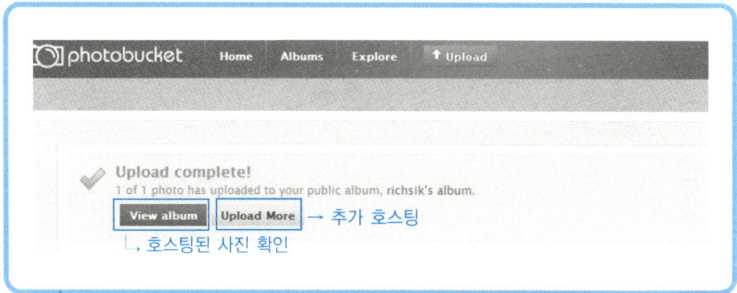

업로드가 완료되었다는 화면을 볼 수가 있다. 자신의 앨범으로 가서 호스팅된 정보나 주소를 확인할 수도 있고 업로드를 더 진행할 수도 있다.

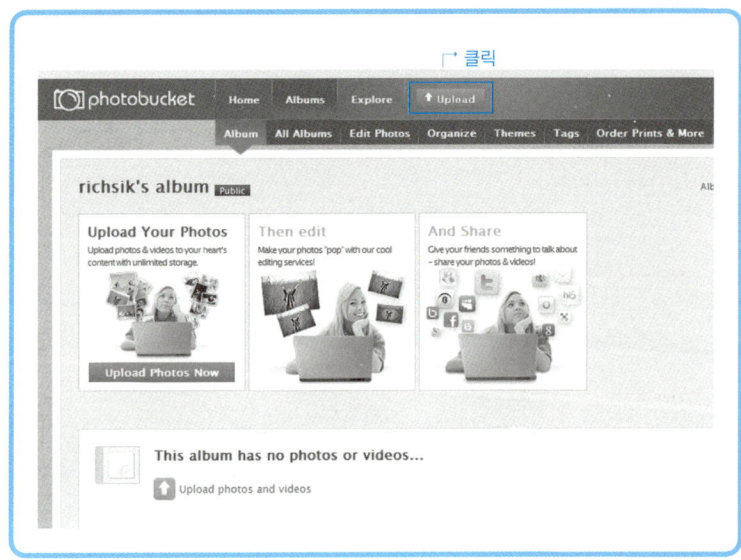

로그인 화면에서는 상단 녹색 업로드 박스를 클릭하면 위 과정을 진행할 수 있다.

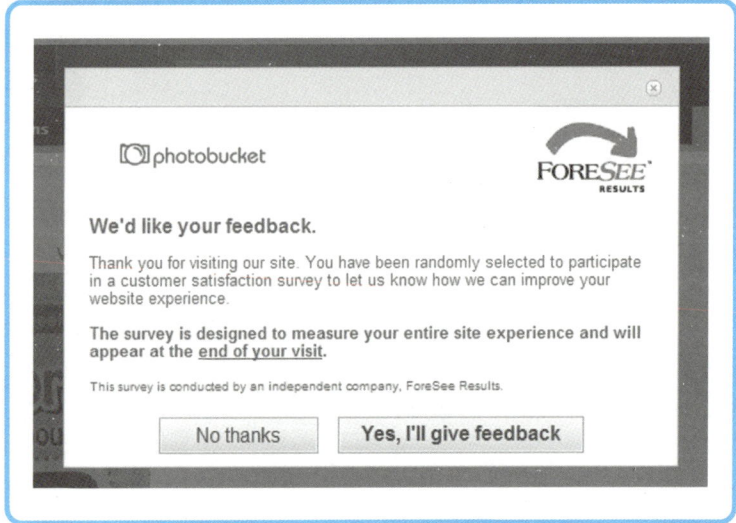

포토버킷에 관한 설문조사 화면이 나오는 경우가 있다. 사용해 보면서 자유롭게 작성해도 되고 작성하지 않아도 무방하다.

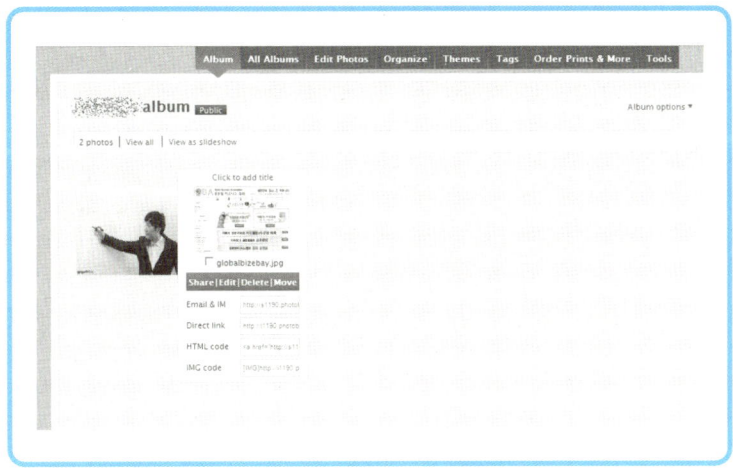

자신의 앨범에서 업로드된 사진들을 확인할 수 있으며 사진 위에 마우스를 올려두면 호스팅 주소를 확인할 수 있다. 보통 HTML에 필요한 주소는 Direct link 주소를 복사하면 된다. 복사 또한 원클릭 자동복사 기능이 있어 편리하다.

포토버킷 사이트는 웹호스팅을 이용하기에 아주 편리하고 좋은 사이트다. 꼭 온라인 판매용 페이지를 만들시 않더라도 이미지나 비디오 등등의 업로드가 필요한 경우 가입해서 이용한다면 좋을 것이다.

Chapter

해외배송의 이해

Ebay Open Market

우체국 배송 정보(인쇄물, 서장, 소장포장물, EMS)

http://www.koreapost.go.kr ▶

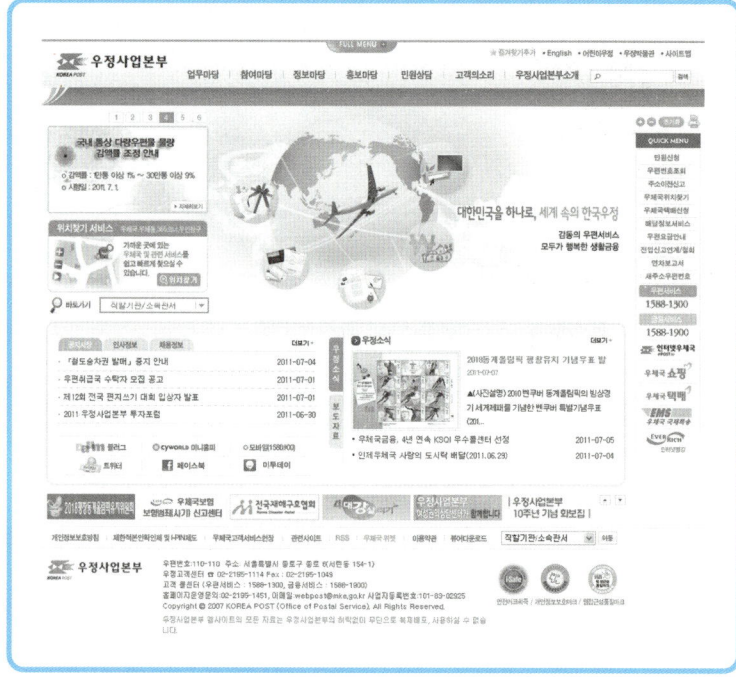

우정사업본부 홈페이지를 이용하면 해외배송 정보를 상품별로 확인할 수 있다.

우정사업본부 홈페이지에서는 우체국과 관련된 다양한 정보를 검색할 수 있으며, 배송업무에서부터 민원상담까지 가능하다. 우편번호조회, 우체국위치찾기, 택배신청, 우편요금안내 등등의 서비스를 이용하면 많은 도움이 된다.

기본적으로 항공으로 배송이 이루어지는 상품만 소개하겠다. 선편의 경우 요금은 저렴하지만 배송기간이 너무 길어 경쟁력이 없다.

업무마당을 클릭해서 국제우편으로 들어가 보면 해외판매를 위한 배송 정보들이 잘 정리되어 있다.

해외우편상품의 경우 거리별 무게별로 가격이 결정된다. 배송 방법의 결정에 앞서 몇 지역 국가 무게가 어느 정도 나가는지 확인하자.

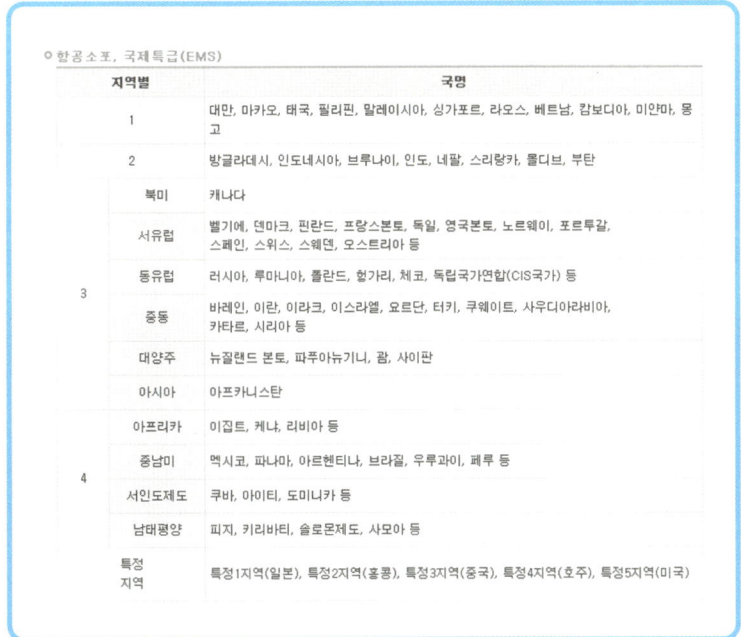

항공소포나 국제특급(EMS) 상품의 경우 위 표를 참조하자.

◦ EMS 프리미엄 표

지역별		국명
1		대만, 마카오, 중국, 홍콩
2		라오스, 말레이시아, 베트남, 브루나이, 싱가포르, 캄보디아, 태국
3	아시아	인도, 아제르바이잔, 부탄, 그루지아, 인도네시아, 몰디브, 몽골, 필리핀 등
	북미	미국, 캐나다
	동유럽	루마니아, 슬로바키아, 슬로베니아, 우크라이나, 체코, 헝가리 등
	북유럽	노르웨이, 스웨덴, 핀란드, 덴마크, 아이슬란드
	서유럽	영국, 아일랜드, 프랑스, 벨기에, 네덜란드, 독일, 스위스, 스페인 등
	중동	아랍에미레이트연합, 시리아, 바레인, 터키
	오세아니아	호주, 뉴질랜드, 파푸아뉴기니
4	아시아	일본
	중남미	과테말라, 멕시코, 온두라스, 자메이카, 칠레, 콜롬비아, 파라과이 등
	유럽	러시아
	중동	오만, 요르단, 이스라엘, 이집트, 쿠웨이트 등
	오세아니아	피지 등
	아프리카	가이아나, 나이지리아, 니제르, 르완다, 모잠비크, 보츠와나, 앙골라, 에티오피아, 우간다, 차드, 카메룬, 카보베르데 등
5	아시아	네팔, 방글라데시, 스리랑카, 미얀마, 아프가니스탄, 카자흐스탄, 투르크메니스탄, 우즈베키스탄, 예멘 등
	아메리카	도미니카 연방, 도미니카 공화국, 베네수엘라, 브라질, 수리남, 세인트 루시아, 아르헨티나, 쿠바, 페루 등
	유럽	안도라, 리투아니아, 모나코, 몰타 등
	중동	리비아, 모로코, 이란, 이라크, 사우디 아라비아 등
	오세아니아	나우루, 바누아투, 투발루, 마샬 제도, 미국령 사모아, 솔로몬 제도 등
	아프리카	가나, 가봉, 기니, 나미비아, 남아프리카 공화국, 마다가스카르, 부룬디, 세네갈, 세이셸, 스와질랜드, 시에라리온, 중앙아프리카, 짐바브웨, 콩고 등

* 자세한 사항 (규격, 요금, 중량 등 접수조건, 통관, 우편물 종추적(행방)조회, 손해배상 등)은 TEL : 1588-1300번으로 문의 바랍니다. (국외에서 문의할 때에는 +82-1588-1300로 문의)

EMS 프리미엄 상품의 경우는 위 표를 참조하자.

이베이나 해외판매자들의 경우 유럽이나 북미쪽이 3지역에 속하므로 3지역을 기준으로 배송비를 설정하는 경우가 많다. 물론 국가별로 세부적으로 배송비를 설정해서 판매할 수도 있지만 그렇게 하면 업무량이 많아지고 관리가 힘들어진다.

○ 인쇄물
항공인쇄물우편요금표

중량단계 (g)	지역별요금 (원)			
	1	2	3	4
20까지	400	450	560	610
40 〃	560	610	710	810
60 〃	710	760	910	1,120
80 〃	860	910	1,120	1,420
100 〃	1,020	1,070	1,320	1,730
120 〃	1,170	1,220	1,530	2,040
140 〃	1,320	1,370	1,730	2,340
160 〃	1,470	1,530	1,930	2,650
180 〃	1,630	1,680	2,140	2,950
200 〃	1,780	1,830	2,340	3,260
300 〃	2,290	2,600	3,060	4,590
400 〃	2,800	3,360	4,080	6,120
500 〃	3,310	4,130	5,100	7,650
600 〃	3,820	4,890	6,120	9,180
700 〃	4,330	5,660	7,140	10,710
800 〃	4,840	6,420	8,160	12,240
900 〃	5,350	7,190	11,730	13,770
1,000 〃	6,370	7,950	12,950	15,300
1,200 〃	6,880	9,480	15,400	18,360
1,400 〃	7,390	11,010	17,850	21,420
1,600 〃	7,900	12,540	20,290	24,480
1,800 〃	8,410	14,070	22,740	27,540
2,000 〃	8,920	15,600	25,290	30,600
2,200 〃	9,430	17,130	27,740	33,660
2,400 〃	9,940	18,660	30,190	36,720
2,600 〃	10,450	20,190	32,640	39,780
2,800 〃	10,960	21,720	35,080	42,840
3,000 〃	11,470	23,250	37,530	45,900
3,200 〃	11,980	24,780	39,980	48,960
3,400 〃	12,490	26,310	42,430	52,020
3,600 〃	13,000	27,840	44,980	55,080
3,800 〃	13,510	29,370	47,430	58,140
4,000 〃	14,020	30,900	49,870	61,200
4,200 〃	14,530	32,430	52,320	64,260
4,400 〃	15,040	33,960	54,770	67,320
4,600 〃	15,550	35,490	57,220	70,380
4,800 〃	16,060	37,020	59,670	73,440
5,000 〃	16,570	38,550	62,220	76,500

해외로 보내는 배송상품 중 가장 저렴한 상품은 항공인쇄물이다.

우리가 일반적으로 생각하는 모든 인쇄물을 취급할 수 있다. 가격만 거리별 무게별 배송으로 이루어지며 20g 이하 상품에서부터 5kg 상품까지 배송할 수 있다. 기본적으로 상품추적이 안되는 상품이며 +1800원을 추가하면 트래킹 넘버를 붙일 수 있다. 트래킹 넘버가 있는 상품을 RR등기라고 부른다.

○ 통상우편물
통상우편요금 특수취급수수료

구 분		금 액 (원)
국제반신 우표권	판매	1,100원
	교환 (우표)	740원
등 기 료		1,800원
기록배달우편료		900원
속 달 료		1,500원
통관회부료	통관대상 발송우편물	1,000원
	관세부과 도착우편물	1,000원
	우편자루배달인쇄물	2,500원
행방조사 청구료	항공우편청구	무 료
	국제특급우편(EMS)청구	해당요금
	팩스청구	3,000원
배달통지 청구료(A.R.) : 등기한		1,000원
주소변경 및 환부청구료	외국으로 발송준비 완료전	국내우편기본료
	외국으로 발송준비 완료후 항공우편청구	1,800원
	외국으로 발송후 팩스청구	4,800원
등기우편물 반송료 (반송취급료)		국내우편등기료 (무료등기는 제외)
보험료	추가요금(보험가액 65.34 SDR 또는 98,000원 초과마다)	450원
국제우편요금수취인 부담취급수수료	인쇄물	950원
	엽 서	400원

RR등기를 비롯한 특수 우편물의 경우는 위표를 참조하면 된다.

항공서장우편물이라는 상품이 있다.

항공서장우편물 요금표

중량단계 (g)	지역별요금 (원)			
	1	2	3	4
10까지	500	540	610	630
20 〃	540	600	680	740
30 〃	600	730	880	950
40 〃	720	860	1,080	1,210
50 〃	840	980	1,280	1,480
60 〃	970	1,110	1,480	1,740
70 〃	1,090	1,230	1,680	2,010
80 〃	1,220	1,360	1,880	2,270
90 〃	1,340	1,480	2,080	2,530
100 〃	1,510	1,610	2,280	2,800
150 〃	1,980	2,370	3,120	3,960
200 〃	2,450	3,120	3,960	5,130
250 〃	2,920	3,880	4,810	6,400
300 〃	3,390	4,630	5,650	7,670
350 〃	3,860	5,390	6,490	8,940
400 〃	4,330	6,140	7,330	10,200
450 〃	4,800	6,900	8,180	11,470
500 〃	5,270	7,650	9,020	12,640
550 〃	5,740	8,410	9,860	13,800
600 〃	6,210	9,160	10,700	14,970
650 〃	6,680	9,920	11,550	16,130
700 〃	7,150	10,670	12,390	17,290
750 〃	7,620	11,430	13,230	18,460
800 〃	8,090	12,180	14,070	19,620
850 〃	8,560	12,940	14,920	20,780
900 〃	9,030	13,690	15,760	21,950
950 〃	9,500	14,450	16,600	23,110
1,000 〃	9,910	15,210	17,440	24,280
1,050 〃	10,330	15,830	18,290	25,230
1,100 〃	10,750	16,460	19,130	26,180
1,150 〃	11,170	17,090	19,970	27,130
1,200 〃	11,580	17,720	20,810	28,080
1,250 〃	12,000	18,350	21,660	29,040
1,300 〃	12,420	18,980	22,500	29,990
1,350 〃	12,840	19,610	23,340	30,940
1,400 〃	13,250	20,240	24,180	31,890
1,450 〃	13,670	20,870	25,020	32,850
1,500 〃	14,090	21,500	25,870	33,800
1,550 〃	14,510	22,130	26,710	34,750
1,600 〃	14,920	22,760	27,550	35,700
1,650 〃	15,340	23,390	28,390	36,650
1,700 〃	15,760	24,020	29,240	37,610
1,750 〃	16,180	24,650	30,080	38,560
1,800 〃	16,590	25,280	30,920	39,510
1,850 〃	17,010	25,910	31,760	40,460
1,900 〃	17,430	26,530	32,610	41,420
1,950 〃	17,850	27,160	33,450	42,370
2,000 〃	18,270	27,790	34,290	43,320

> ■ 서장(Letters)
>
> • 의의
> - 서장은 "특정인에게 보내는 통신문(Correspondence)을 기재한 우편물(타자한 것을 포함한다)과 봉함한 통상우편물"을 말합니다. 다만, 창구에서 접수한 시각장애인용 점자우편물과, 국제우편규정 제21조제3항에 규정에 의거 접수우체국장에게 승인서를 제출하여 승인을 얻어 봉함 발송하는 다량발송인쇄물 또는 소형포장물은 서장에서 제외합니다.
>
> - 일반적으로 서장이라 할 때에는 통신문의 성질을 갖는 서류를 말하나 국제우편에 있어서는 그 이외에 ① 서장 이외의 종류로 정하여진 조건을 충족시키지 못한 것, 즉 타종에 속하지 아니하는 우편물, ② 멸실성 생물학적물질(Perishable biological substance)이 들어있는 서장 및 방사성 물질이 들어있는 우편물도 포함됩니다.
>
> • 서장에 관한 조건
> - 서장은 우편물의 포장에 관한 일반적인 조건에 맞아야 하며
> - 봉합서장인 경우에는 취급중 곤란하지 않도록 직사각형이어야 합니다.
>
> • 서장으로 취급하는 것의 예시
>
> 법규위반의 서
> - 엽서로서의 형태, 지질, 규격을 갖추지 못한 것
> - 표면의 우측반부에 수취인 주소,성명, 우표, 우편물취급에 관한 지시사항 등 이외의 것을 기재하거나 붙인 것
> - Carte postale(Postcard)임을 분명히 표시하지 않은 엽서 (그림엽서는 제외)
> - 상품견본 또는 이와 유사한 물대, 사진, 접힌 종이 등을 붙인 것
>
> 기타 서장으로 취급하는 것
> - 법규위반의 소형포장물과 인쇄물
> - 법규위반 항공서간 (규정 제15조제5항)
> - 수표, 증권 및 귀금속이 들어있는 것
>
> - 자료출처: 우정사업본부

서장의 경우 2kg 이하의 인쇄물과 소형포장물을 보낼 수 있다. 봉합되어 있는 상품만 취급이 가능하며 무게별로 요금이 세분화 되어 있어 사용하기에 편리하다.

보통 70g 이하의 상품까지만 서장으로 보내고 그 이상의 상품인 경우는 소형포장물로 많이 보낸다. 이유는 요금이 저렴하기 때문이다. 이 상품도 1,800원을 지불하고 RR등기로 발송이 가능하다.

○ 소형포장물
항공 소형포장물 우편요금표

중량단계 (g)	지역별요금 (원)			
	1	2	3	4
100까지	1,080원	1,630원	1,730원	1,950원
250까지	1,950원	2,710원	3,470원	4,130원
500까지	2,710원	4,340원	5,970원	6,300원
1,000까지	4,890원	6,520원	9,780원	11,730원
1,500까지	6,520원	9,780원	14,670원	16,840원
2,000까지	7,600원	13,040원	19,560원	21,740원

해외판매에 가장 많이 이루어지는 배송 상품은 바로 소형포장물이다. 100g 이하 상품부터 2kg 이하 상품까지 발송이 가능하고 요금이 저렴한 것이 특징이다. 지역별로 배송기간이 조금 다르지만 보

통 7~15일 정도가 걸린다(휴일제외).

기본적으로 추적이 안 되는 상품이지만 우체국 공지에서 1% 미만의 분실률을 자랑하고 있으며 1,800원을 추가하면 RR등기로 발송이 가능하다. 이베이 판매의 경우 트래킹 넘버를 중요시 하므로 가능하면 RR등기 배송을 하는 것이 좋고 저렴한 상품의 경우 분실율을 생각해서 가격을 측정하고 판매하는 것이 좋다.

해외판매자들의 경우 포장 후 무게가 요금을 결정하기 때문에 전자저울을 소장하고 체크해서 해외발송하는 경우가 많아 효율적이다. 전자저울은 국내오픈마켓에서 다양한 가격대로 판매되고 있다.

상품에 따라 항공인쇄물과 서장 그리고 소형포장물을 적절히 사용하여 배송한다면 해외배송이 어렵지 않을 것이다. 그리고 가능하다면 RR등기를 부착해서 배송정보를 이베이와 페이팔에 트래킹넘버를 남기는 것이 현명한 선택이다.

EMS 요금
서류

중량단위(kg)	지역별 요금(원)							
	1지역	2지역	3지역	4지역	특정 1지역 (일본)	특정 2지역 (홍콩, 싱가포르)	특정 3지역 (중국)	특정 4지역 (호주)	특정 5지역 (미국)	특정 6지역 (영국, 스페인, 프랑스)
0.3	13,200	12,200	15,700	16,400	10,200	10,200	10,200	15,400	17,900	15,600
0.5	15,200	14,100	17,800	19,700	11,800	11,800	11,800	17,600	20,500	17,700
1	18,000	18,700	24,900	26,400	14,100	14,100	14,100	24,700	23,900	24,700
1.5	21,300	24,800	34,300	36,400	17,100	17,100	17,100	34,100	32,900	34,100
2	25,000	32,300	44,700	46,100	20,000	20,000	20,000	44,100	39,600	44,400

> **Tip**
> 소형포장물과 EMS의 경우 가로×세로×높이 부피 제한이 있으므로 부피가 큰 상품은 미리 우체국에 문의를 해 보고 배송 상품을 결정하자.

고가의 상품이나 빠른 배송을 요구하는 경우 EMS배송을 이용하자. EMS배송의 경우 소비자 만족도를 높일 수 있고 기본적인 트래킹 추적에서부터 분실, 보험 문제 등을 한 번에 해결 가능한 상품이기 때문에 이용가치가 높다. 다만 배송료를 일정금액 이상 받아야 하므로 소비자가 충분히 그 가치를 느끼는 상품에 사용하는 것이 중요하다.

품질이 좋고 우수한 대한민국 가전이나 기타 상품을 EMS 특송으로 발송한다면 해외소비자의 마음을 훔치기에 좋지 않을까 생각한다.

반복해서 강조하자면 배송상품은 판매상품에 맞게 적절하게 사용해서 효율적으로 배송하는 것이 중요하다.

비서류

중량단계 (kg)	1지역	2지역	3지역	4지역	특정 1지역 (일본)	특정 2지역 (홍콩, 싱가포르)	특정 3지역 (중국)	특정 4지역 (호주)	특정 5지역 (미국)	특정 6지역 (영국, 스페인, 프랑스)
0.5	16,000	16,500	21,700	24,800	15,500	15,700	15,700	18,600	23,900	21,600
1	18,400	19,900	27,900	31,400	17,100	17,400	17,600	24,800	32,600	27,800
1.5	21,400	25,100	36,400	40,100	19,200	19,800	19,900	33,000	41,700	36,200
2	24,300	30,200	45,000	48,700	21,800	22,500	22,600	40,300	52,000	44,700
2.5	26,100	32,900	48,200	55,400	23,000	24,000	24,000	46,700	55,800	47,800
3	27,900	35,700	51,200	62,200	24,100	25,500	25,300	49,500	59,600	50,900
3.5	29,700	38,300	54,400	68,900	25,300	27,100	26,700	52,200	63,400	54,000
4	31,400	41,000	57,400	75,500	26,400	28,600	28,000	54,800	67,200	57,000
4.5	33,200	43,700	60,500	82,300	27,600	30,100	29,500	57,500	71,000	60,200
5	34,900	46,400	63,600	89,000	28,700	31,600	30,900	60,200	74,800	63,200
5.5	36,600	49,000	66,700	95,800	29,900	33,200	32,200	62,900	78,600	66,300
6	38,400	51,700	69,800	102,400	31,000	34,900	33,600	65,500	82,400	69,300
6.5	40,200	54,500	72,900	109,100	32,100	36,200	34,900	68,300	86,200	72,500
7	42,000	57,100	76,000	115,900	33,300	37,700	36,300	71,000	90,000	75,500
7.5	43,700	59,800	79,100	122,600	34,300	39,200	37,700	73,600	93,800	78,600
8	45,400	62,500	82,200	129,200	35,500	40,800	39,000	76,300	97,600	81,600
8.5	47,200	65,100	85,300	136,000	36,600	42,300	40,400	79,000	101,400	84,800
9	48,900	67,800	88,400	142,700	37,800	43,800	41,700	81,600	105,200	87,800
9.5	50,700	70,500	91,500	149,500	38,900	45,300	43,200	84,400	109,000	90,900
10	52,500	73,300	94,600	156,100	40,100	46,800	44,600	87,100	112,800	94,000
10.5	54,200	75,900	97,700	162,800	41,200	48,400	45,900	89,800	116,600	97,100
11	56,000	78,600	100,800	169,600	42,400	49,900	47,300	92,400	120,400	100,100
11.5	57,700	81,300	103,900	176,300	43,500	51,400	48,600	95,100	124,200	103,200
12	59,500	83,900	107,000	182,900	44,600	52,900	50,000	97,800	128,000	106,300
12.5	61,200	86,600	110,100	189,700	45,800	54,500	51,400	100,400	131,900	109,400
13	63,000	89,400	113,200	196,400	46,800	56,000	52,700	103,200	135,700	112,400
13.5	64,800	92,000	116,300	203,200	48,000	57,500	54,100	105,900	139,500	115,600
14	66,500	94,700	119,400	209,800	49,100	59,000	55,400	108,500	143,300	118,600
14.5	68,300	97,400	122,500	216,500	50,300	60,500	56,900	111,200	147,100	121,700
15	70,000	100,100	125,500	223,300	51,400	62,100	58,300	113,900	150,900	124,700
15.5	71,700	102,700	128,700	230,000	52,600	63,600	59,600	116,600	154,700	127,900

16	73,500	105,400	131,700	236,600	53,700	65,100	61,000	119,200	158,500	130,900
16.5	75,300	108,200	134,900	243,400	54,800	66,600	62,300	122,000	162,300	134,000
17	77,100	110,800	137,900	250,100	56,000	68,200	63,700	124,700	166,100	137,100
17.5	78,800	113,500	141,100	256,900	57,100	69,700	65,100	127,300	169,900	140,200
18	80,500	116,200	144,100	263,500	58,300	71,200	66,400	130,000	173,700	143,200
18.5	82,300	118,800	147,300	270,200	59,400	72,700	67,800	132,700	177,500	146,300
19	84,000	121,500	150,300	277,000	60,500	74,200	69,100	135,300	181,300	149,400
19.5	85,800	124,200	153,500	283,700	61,600	75,800	70,500	138,000	185,100	152,500
20	87,600	127,000	156,500	290,300	62,800	77,300	72,000	140,800	188,900	155,500
20.5	89,400	129,600	159,700	297,100	63,900	78,800	73,300	143,500	192,700	158,700
21	91,100	132,300	162,700	303,800	65,100	80,300	74,700	146,100	196,500	161,700
21.5	92,800	135,000	165,900	310,600	66,200	81,900	76,000	148,800	200,300	164,800
22	94,600	137,600	168,900	317,200	67,300	83,400	77,400	151,500	204,100	167,800
22.5	96,300	140,300	172,100	323,900	68,500	84,900	78,800	154,100	207,900	171,000
23	98,200	143,000	175,100	330,700	69,600	86,400	80,100	156,900	211,700	174,000
23.5	99,900	145,700	178,300	337,400	70,800	87,900	81,500	159,600	215,600	177,100
24	101,600	148,400	181,300	344,000	71,900	89,500	82,800	162,200	219,400	180,100
24.5	103,400	151,100	184,500	350,800	73,000	91,000	84,200	164,900	223,200	183,300
25	104,600	152,700	187,500	357,600	74,000	92,300	85,300	167,500	227,500	186,300
25.5	105,900	154,400	190,700	364,500	75,100	93,600	86,400	170,100	231,900	189,400
26	107,100	156,000	193,700	371,200	76,100	94,900	87,500	172,600	236,200	192,500
26.5	108,400	157,700	196,900	378,100	77,200	96,200	88,600	175,200	240,600	195,600
27	109,600	159,400	199,900	384,900	78,200	97,500	89,600	177,800	244,900	198,600
27.5	110,800	161,000	203,100	391,600	79,200	98,800	90,700	180,400	249,200	201,700
28	112,100	162,600	206,100	398,500	80,200	100,100	91,700	182,900	253,600	204,800
28.5	113,300	164,200	209,200	405,300	81,300	101,400	92,800	185,600	257,900	207,900
29	114,600	166,000	212,300	412,100	82,300	102,700	93,900	188,200	262,300	210,900
29.5	115,800	167,600	215,400	418,900	83,400	104,000	95,000	190,800	266,600	214,100
30	117,000	169,200	218,500	425,800	84,400	105,300	96,100	203,500	271,000	217,100

자세한 사항 (규격, 요금, 중량 등 접수조건, 통관, 우편물 종추적(행방)조회, 손해배상 등)은 TEL : 1588-1300번으로 문의 바랍니다. (국외에서 문의할 때에는 +82-1588-1300로 문의)

EMS 상품의 경우 기본 0.5kg부터 시작해서 30kg까지 배송이 가능하다. 배송가격은 타배송상품에 비해 비싸지만 기본적으로 트래킹추적이 가능하며 타배송상품보다 배송시간이 빨라 만족도가 높다.

우편물 종적조회

해외로 보낸 우편물의 종적조회는 인터넷우체국에서 가능하다. 기본적으로 인쇄물이나 서장 소형포장물로 바로 보낸 상품은 추적이 불가능하다. 국제등기(보통 RR이라고 부름)를 추가하거나 EMS로 발송한 상품은 다음과 같이 종적조회가 가능하다.

http://www.epost.go.kr/ ▶

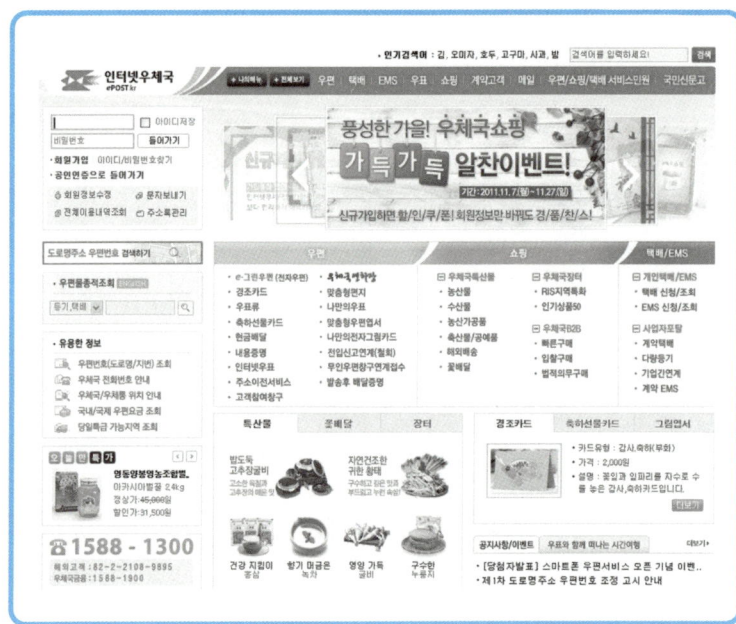

국내우편물의 경우 좌측 분홍색으로 체크한 부분에서 바로 네모박스에 등기번호를 넣어서 추적하면 된다. 해외배송상품의 경우 우편물종적조회 옆에 있는 ENGLISH를 클릭하여 진행하면 된다.

해외 우편물종적은 기본적으로 우편물 전산화가 되어 있는 국가들만 가능하다. EMS 발송 상품의 경우 종적조회나 추적이 좀 더 간편하고 국제등기우편물의 경우는 시간이 조금 걸리거나 각 국가 우편사이트에서 추적이 되지 않을 경우 가까운 우체국에서 종적조회를 따로 신청해야 가능하다.

ENGLISH를 클릭해서 종적조회를 진행해 보겠다.

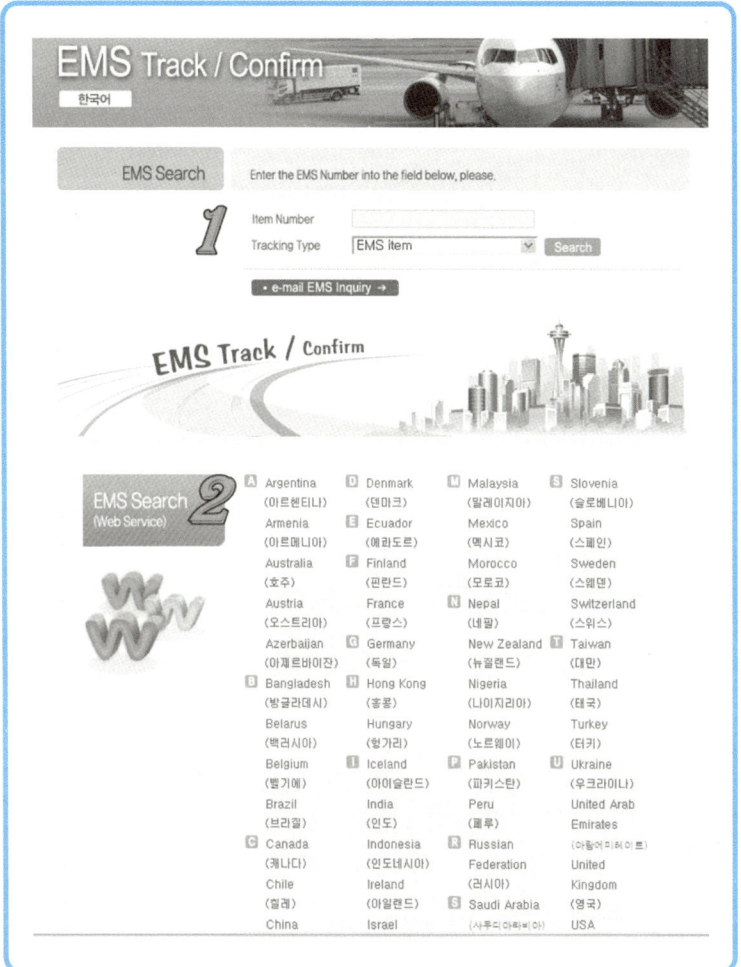

ENGLISH를 클릭하면 위와 같은 화면을 확인할 수 있다. 1번 우측 분홍색 박스에서는 국내에서 어떻게 이동하여 배송이 진행되었는지를 확인할 수 있다. 2번 우측 분홍박스에서는 해외 각 국가의 우편사이트로 바로 연결이 되어서 해외로 도착했을 경우 종적 추적이 그 곳에서 다시 진행되는 것을 확인할 수 있다.

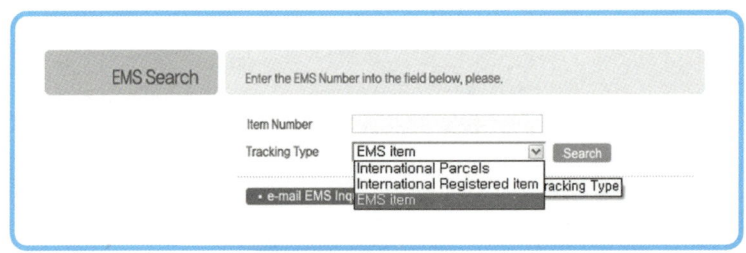

1번 종적조회 기능을 사용할 경우 국제등기일 경우는 International Registered item을 선택해서 진행하면 된다. 기본적으로는 EMS로 설정되어 있다.

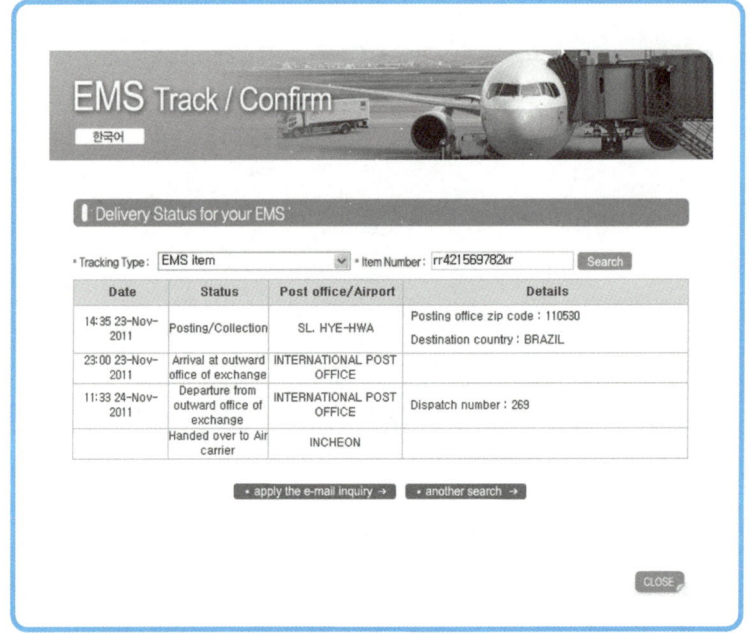

국내에서 국제등기(RR등기)를 추가하여 발송한 상품을 1번 국내 종적조회를 해 보았다. 혜화 지역에서 접수된 우편물이 인천공항을 통해 나간 것을 확인할 수 있다.

해외로 나간 상품의 종적을 조회할 경우 해외 각 우편 사이트로 가서 조회를 진행해야 한다.

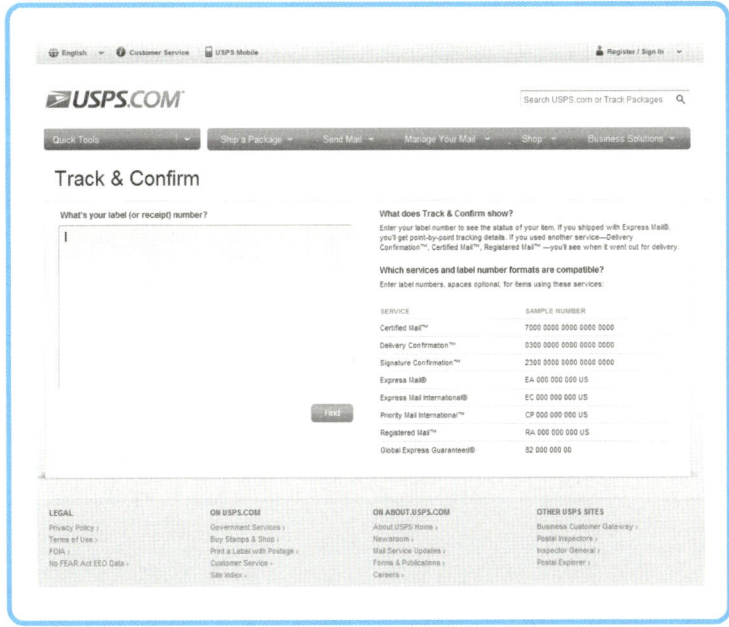

미국의 경우 2번 우측에서 미국을 선택하여 위와 같은 화면에서 부여받은 등기번호를 넣고 종적조회를 진행하면 된다.

국제우편물의 경우 추적이 시작되기 위해서는 각 국가 우편취급소에서 우편물 정보를 전산에 입력해야만 추적이 진행된다. 일정시간이 지나서 바이어(소비자)의 문제제기가 들어온 경우 해외사이트에서 종적조회를 해 보았는데 안 나오는 경우가 있다. 초보판매자의 경우 당황할 수도 있는데 당황하지 말고 EMS의 경우 우체국에 전화를 해서 종적조회를 진행하면 되고 국제등기의 경우 가까운 우편물 취급소에 방문하여 종적조회를 신청하면 우체국에서 종적조회를 해서 본인에게 연락을 준다.

바이어에게 지금 종적조회 진행 중이니 1~2주일 기다려 달라고 이야기 하고 문제가 있을 경우 환불해 준다고 메시지를 보내면 된다. 국제등기로 발송을 한 경우 우체국 배송에서 문제가 발생하여 분실이 된 경우는 우체국에서 일정금액을 보상해 준다.

배송 문제에서 발생하는 다양한 문제들은 해외판매를 진행함에 따라 스스로 노하우나 관리 방법이 생길 것이다. 배송 시스템과 이베이 정책을 잘 이해해서 처리하는 것이 중요하다.

정부 관계자에게 건의

해외판매는 국내 상품을 해외로 판매를 진행하여 외화를 벌어들이고 국내 상품의 우수함을 알릴 수 있는 일석이조의 효과를 만들 수 있다. 국내 우체국과 해외 우체국들과의 전략적인 제휴가 절실한 시점이다. 과거 무역이라는 것은 전문화된 인재와 전문화된 시스템 그리고 자본금과 절차가 많은 일이었다. 전자상거래가 발전에 발전을 거듭하면서 이제 내 안방에서 전 세계로의 판매가 가능해 졌다. 이러한 해외로 판매하는 사업자에게 정부 관계자와 우체국 관계자가 해 줄 수 있는 최고의 방법은 종적조회가 되는 우편 시스템을 저렴하게 제공하는 것이다. 해외판매자가 많아진다면 우편물이 많아져서 우체국도 좋을 것이고 국가 입장에서는 수출이 많아져서 부유해 질 것이다. 한국의 많은 기업들은 내수 시장뿐만 아니라 해외시장도 손쉽게 진출할 수 있는 계기가 될 것이다.

특히 품질 좋은 상품을 생산하고도 홍보비가 없고 판로가 없어 어려움이 있는 많은 기업들의 판로를 개척할 수 있고 취업이나 창업에 목말라 있는 많은 사람들에게 새로운 직업을 새로운 창업의 길을 열어 줄 수 있다.

이러한 비전을 이루어 가기 위해서는 더 좋은 해외우편 시스템이 판매자들에게 제공된다면 큰 힘이 될 것이다.

이 시간에도 항상 노력하시는 우체국 관계자들에게 감사의 인사를 드리며 더 전략적이고 좋은 우편 시스템을 만들어 주실 것을 건의한다.

Chapter 5
이베이 주요 메뉴 활용

Ebay Open Market

이베이 메뉴 주요기능

고객지원 메뉴를 알아보자.

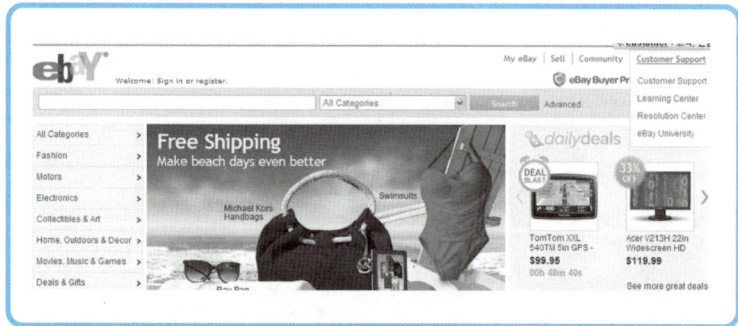

고객지원, 배움센터, 고객센터, 이베이유니버시티까지 4가지 메뉴로 구성되어 있다.

한국사람 입장에서는 영문으로 된 것만 빼고 모든 정보가 다 있다고 해도 과언이 아니다. 앞으로 이베이 활동을 잘 해 보겠다 결심한 분들은 이 4개의 메뉴를 잘 활용해서 좋은 성과를 이루길 바란다.

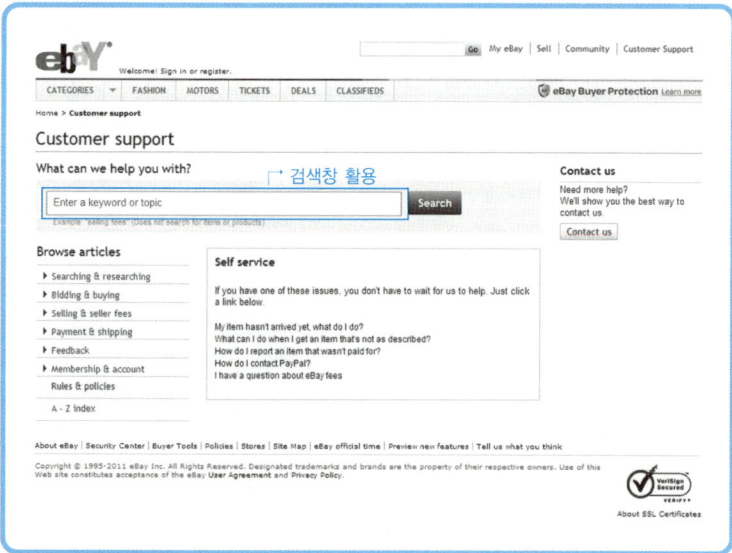

처음 메뉴는 Customer support이다. 이곳에서는 검색하는 방법, 경

매에 참여하고 구매하는 방법, 리스팅을 하고 판매를 진행하고 수수료를 지불하는 법, 지불과 배송에 관한 정보, 피드백(고객 및 판매자평가)정보 등 이베이에 관한 정보를 지원받을 수 있는 곳이다(검색창을 이용하면 빠르게 찾을 수 있다).

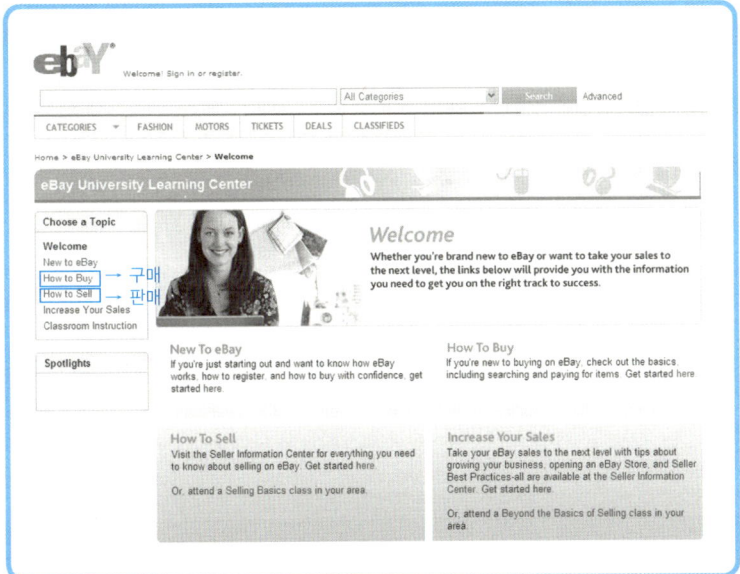

두 번째 메뉴는 이베이 Learning Center이다. 첫 번째와 중복되는 부분도 있지만 새로 이베이를 시작하는 분들을 위한 정보에서부터 구매하는 법, 판매하는 법 그리고 판매를 증대하는 법 등 많은 정보를 배울 수 있는 곳이다.

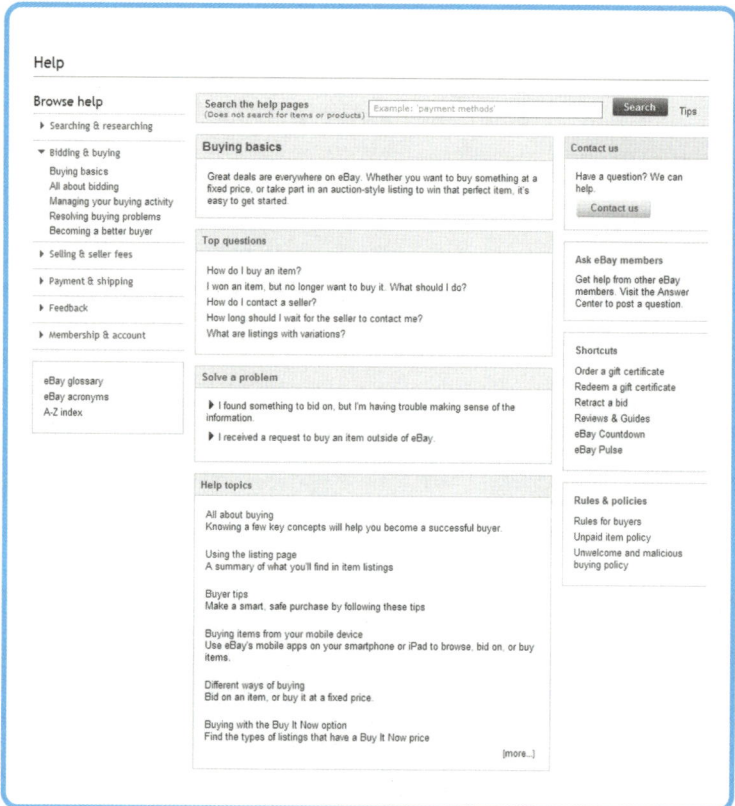

Tip

최근 무료 툴바들은 번역기능을 잘 지원하고 있기에 번역기를 사용해서 이베이 화면을 보는 것도 좋은 방법이다. 다만 번역이 100% 정확한 것은 아니므로 확실히 알고 넘어가야 하는 부분은 사전을 활용해서 해석을 해 보는 것이 좋다.

좌측 메뉴 중 구매하는 법을 클릭해 보았다. 구매하는 법에 대한 정보와 판매자와 연락하는 법 등 많은 정보를 보여주고 있다. 이베이 구매가 힘든 사람들이라면 이 페이지를 적극 활용해서 이베이를 알아가자.

좌측 메뉴 중 판매하는 법을 클릭한 화면이다. 좌측에 빠르게 판매 시작하는 가이드와 초보자를 위한 비디오, 이베이 유니버시티 같은 메뉴가 있고 중앙 하단에 셀러가입과 판매정보, 기타 법규 등의 메뉴가 있다. 이베이 판매를 잘 진행하려면 미리 판매에 관한 정보를 이해하고 활동하는 것이 도움이 많이 된다.

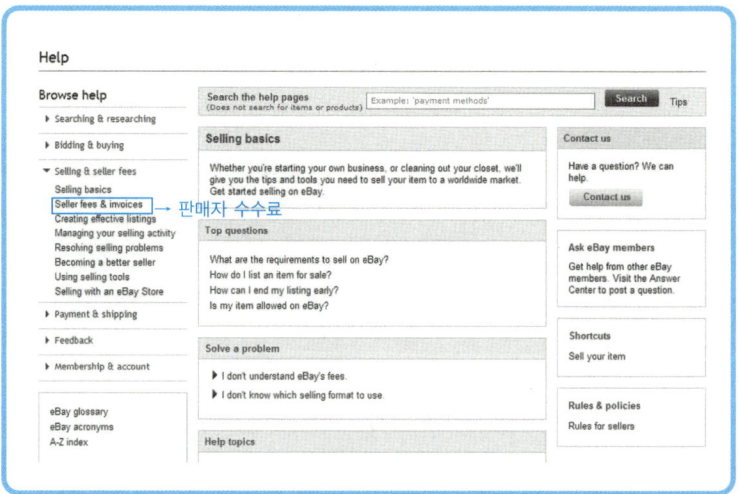

중앙 하단의 판매기본 정보를 클릭하면 위와 같은 페이지가 나온다. 판매에 대한 기본적인 정보부터 효율적인 리스팅 방법, 이베이 스토어를 활용하는 방법까지 다양한 정보를 접할 수 있다.

이 페이지에서 좌측 메뉴 중 판매자 수수료 부분을 자세히 알아보자.

Help topics

About our fees

Fees for selling on eBay
Find out what it costs to list and sell items.

- Insertion fees
- Final value fees

Fees for selling on eBay Motors
Selling a vehicle, part, or accessory? Learn about the fees for selling on eBay Motors.

Fees for eBay Stores
For a monthly subscription fee, you get an online Store and qualify for lower listing fees and free pictures.

Fees for Classified Ads
Find out what it costs to place an ad for an item, service, or property.

Fees for Real Estate
Learn about our fees for listing properties, land, timeshares, or other real estate.

Paying your fees

Paying your seller fees
Find out how to pay your fees and when payments are due.

Looking at your seller account activity
See your current balance, along with any fees, credits, or payments applied to your account.

Making sense of your invoice
Find out what your invoice means and how to get more detail.

- Choosing between detailed and summary invoices
- Viewing your invoice
- Downloading invoice details

Payment due dates
Learn about your invoice billing cycle and automatic payment cycle.

Making a one-time payment
Even with an automatic payment method on file, sellers can use Pay Pal or another method to make a one-time payment.

Setting up automatic payments
Learn how to set up or change your automatic payment method.

[more...]

이베이 수수료 정보가 세분화 되어 설명된 페이지를 확인할 수 있다. 이 중 판매에 관한 기본적인 수수료를 클릭해 보자. 아래와 같은 수수료가 잘 정리된 화면이 나온다.

Insertion fees for auction-style format listings

Auction-style format listings	
Starting or reserve price	Insertion fee
$0.01–$0.99	$0.10
$1.00–$9.99	$0.25
$10.00–$24.99	Free for 50 listings per month $0.50
$25.00–$49.99	$0.75
$50.00–$199.99	$1.00
$200.00 or more	$2.00

To learn more and see an example of an insertion fee calculation, visit our insertion fees page.

위쪽의 표는 경매방법으로 상품을 등록했을 경우 등록 수수료를 보여준다. 매달 50개를 무료로 경매방식으로 상품등록이 가능하다. 기본적으로 시작가에 따라 경매로 상품등록할 경우 수수료가 달라진다는 점을 알 수 있다.

다음 표는 경매방식으로 상품이 판매되었을 경우 낙찰 수수료를 보여준다.

Final value fees for auction-style format listings

Auction-style format listings	
Total cost to buyer (less any sales tax)	Final value fee (Based on the total amount of the sale, including the cost of the item, shipping, and any other fees a seller may charge, excluding any sales tax)
Item not sold	No fee
$0.01–$50.00	9.0% of the item's total cost to buyer with a maximum charge of $100.00.
$50.01–$1,000.00	
$1,000.01 or more	

To learn more and see an example of a final value fee calculation, visit our final value fees page.

판매금액에 9%의 수수료를 받고 있으며 최고 100달러를 넘지 않는다. 오픈마켓을 처음 시작하는 판매자의 경우 수수료가 비싸다고 생각할 수 있다. 인터넷을 제외하고 오픈마켓 상점을 오픈해서 사업을 한다고 생각하면 임대비용과 기본 유지비 등 많은 비용이 지출된다. 인터넷 쇼핑몰의 경우도 기본적인 유지비 이외에 광고비 등 많은 비용이 필요하다. 오픈마켓의 경우 소비자를 확보하고 있는 시장이고 기본적인 판매툴이 다 제공된다. 바라보는 시각에 따라 수수료의 경중이 달라진다.

Insertion fee for fixed price format listings

Buy It Now price	Fixed price insertion fee
$0.99 or more	$0.50

Note: The insertion fee applies to each listing, regardless of the quantity of items in the listing.

To learn more and see an example of an insertion fee calculation, visit our insertion fees page.

위 표는 고정가로 상품을 등록할 때 등록 수수료이다. 판매 가격에 상관없이 한 개의 아이템에 0.50달러가 필요하다.

Final value fees for fixed price format listings

Fixed price final value fees
(Based on the total amount of the sale, including the cost of the item, shipping, and any other fees a seller may charge, excluding any sales tax)

Total cost to buyer	Electronics*	Clothing, Shoes and Accessories	Books, DVDs & Movies, Music, Video Games	All other categories
Item not sold	No fee	No fee	No fee	No fee
$0.99–$50.00	7.0% of the total cost to buyer	10.0% of the total cost to buyer	13.0% of total cost to buyer	11.0% of the total cost to buyer
$50.01–$1000.00	7.0% of the initial $50.00, plus 5.0% of the remaining balance ($50.01–$1,000.00)	10.0% of the initial $50.00, plus 8.0% of the remaining balance ($50.01–$1,000.00)	13.0% of the initial $50.00, plus 5.0% of the remaining balance ($50.01–$1,000.00)	11.0% of the initial $50.00, plus 6.0% of the remaining balance ($50.01–$1,000.00)
$1000.01 or more	7.0% of the initial $50.00, plus 5.0% of the next $50.01–$1,000.00, plus 2.0% of the remaining balance ($1,000.01–total cost to buyer)	10.0% of the initial $50.00, plus 8.0% of the next $50.01–$1,000.00, plus 2.0% of the remaining balance ($1,000.01–total cost to buyer)	13.0% of the initial $50.00, plus 5.0% of the next $50.01–$1,000.00, plus 2.0% of the remaining balance ($1,000.01–total cost to buyer)	11.0% of the initial $50.00, plus 6.0% of the next $50.01–$1,000.00, plus 2.0% of the remaining balance ($1,000.01–total cost to buyer)

*This category includes Consumer Electronics, Computers & Networking, Cell Phones & Smartphones, PDAs and Pocket PCs, Video Game Systems, Pro Audio Equipment, Cameras & Photo, and Car Electronics.

To learn more and see an example of a final value fee calculation for a fixed price listing, visit our final value fees page.

Business & Industrial equipment fees

Certain Business & Industrial* capital equipment categories have the following fees:

Business & Industrial Capital Equipment category specific fees	
Insertion fee	$20.00
Reserve fee	$5.00
Final value fee	1.0% of the final sale price (maximum charge $250.00)

고정가 상품의 경우 판매 수수료가 카테고리별, 가격별로 다름을 알 수 있다. 가전제품의 경우 7% 수수료부터 금액에 따라 2% 수수료까지 부과가 된다. 의류나 신발 악세사리의 경우 판매금액에 따라 10%~2%까지 수수료가 부과된다. 책이나 음반 카테고리의 경우 판매금액에 따라 13%~2%까지 수수료가 부과된다. 기타 나머지 카테고리는 판매금액에 따라 11%~2%까지 수수료가 부과된다.

예를 들어 1650달러에 가전제품을 판매했다면
50달러까지는 7% + 50달러 ~ 1000달러까지는 5% + 1000달러 이상은 2%로 수수료가 계산된다.

$$\$50.00 \times 0.07 + \$950 \times 0.05 + \$650 \times 0.02$$
$$= \$3.50 + \$47.50 + \$13.00 = \$64$$

이베이의 경우 고가의 상품을 판매할수록 수수료는 적게 지불한다는 점을 기억하자.

판매하는 법 페이지에서 이번에는 규칙, 정책을 클릭해 보자.
기본적으로 판매자 규칙, 구매자 규칙, 모든 사람의 규칙이 나오고 10개의 정책정보도 나와 있다.
판매를 원하는 사람이라면 꼭 확인해 보아야 할 부분 중 하나는 금지되거나 제한된 상품 정책이다.
금지 & 제한된 상품 정책을 클릭해 보자.

Help topics

Basics

Rules for sellers
Learn what items you can sell, what's allowed in your listing, and other guidelines for selling.

Rules for buyers
Buyers have obligations too. Be sure to bid responsibly, always pay for purchases, and follow our buyer guidelines.

Rules for everyone
These policies apply to all eBay members.

A-Z index of policies

Top 10 policies

Invalid bid retraction policy
Did you bid on an item by mistake? Learn when you're allowed to cancel a bid.

Unpaid item policy
We require buyers to pay for items that they commit to purchase.

All about Feedback policies
Our guidelines are designed to encourage open and honest Feedback about experiences with eBay members.

Prohibited and restricted items
Before listing an item for sale, make sure it's allowed on eBay. Get an overview of items that are prohibited or subject to restrictions, or click a link below to learn about items we're frequently asked about.

- Adult Only category
- Alcohol
- Animals and wildlife products
- Drugs and drug paraphernalia
- Firearms, weapons, and knives
- Hazardous materials
- Offensive material
- Replica, counterfeit items, and unauthorized copies
- Tobacco

Rules for listings
These guidelines cover how you describe your item, what you can include in your listing, and other listing practices.

Seller performance standards
When selling an item, buyer satisfaction is important. Learn about our seller performance standards and what you can do to stay in compliance.

[more...]

Prohibited and restricted items

- Adult Only category
- alcohol (see also wine)
- animals and wildlife products – examples include live animals, mounted specimens, and ivory
- art
- artifacts, grave-related items, and Native American arts and crafts
- catalytic converters and test pipes
- cell phone (wireless) service contracts
- charity or fundraising listings
- clothing, used
- contracts
- cosmetics, used
- counterfeit currency and stamps
- credit cards
- currency, selling
- drugs and drug paraphernalia
- drugs, describing drugs or drug-like substances
- electronics equipment – examples include cable TV de-scramblers, radar scanners, and traffic signal control devices
- electronic surveillance equipment – examples include wiretapping devices and telephone bugging devices
- embargoed goods and prohibited countries – examples include items from Cuba
- event tickets
- firearms, weapons, and knives – examples include pepper spray, replicas, and stun guns (see also military items)
- food and healthcare items
- gift cards
- government documents, IDs, and licenses
- government, transit, and shipping-related items – examples include airplane operations manuals, subway employee uniforms, and U.S. Postal Service (USPS) mailbags
- hazardous materials – examples include batteries, fireworks, and refrigerants
- human parts and remains
- importation of goods into the United States – examples include CDs that were intended only for distribution in a certain country
- international trading
- items encouraging illegal activity – examples include an eBook describing how to create methamphetamine
- lockpicking devices
- lottery tickets
- mailing lists and personal information
- manufacturers' coupons
- medical devices – examples include contact lenses, pacemakers, and surgical instruments

- military items (see also firearms, weapons, and knives)
- multi-level marketing, pyramid, and matrix programs
- offensive material – examples include ethnically or racially offensive material and Nazi memorabilia
- pesticides
- plants and seeds
- police-related items
- political memorabilia (reproduction)
- postage meters
- prescription drugs
- prohibited services
- real estate
- recalled items
- slot machines
- stamps
- stocks and other securities
- stolen property and property with removed serial numbers
- surveillance equipment
- tobacco
- travel
- weeds (see plants and seeds)

이베이에서 판매가 금지되거나 제한된 상품에 대한 페이지이다.

성인물을 클릭해 보면 다음과 같은 페이지가 나온다.

성인에 관련된 상품의 경우 허용은 하지만 꼭 성인 카테고리에만 등록하라는 내용과 상품에 따른 더 자세한 사항은 아래를 참조하고 정책을 위반할 경우 제제를 받을 수 있다는 내용을 보여주고 있다.

이베이는 국내에서 전 세계인에게 판매를 할 수 있는 시장이다. 판매자는 기본적으로 이베이 정책을 숙지하고 활동해야 한다. 이베이 정책에 위반되는 상품을 등록해서 아이디정지를 당한다면 판매의 기회를 잃어버릴 수 있다. 모든 정책을 이해하고 있다면 좋겠지만 현실적으로 불가능한 부분도 있으므로 잘 모른다거나 의심스러울 때는 꼭 관련 페이지를 확인하고 진행하도록 하자.

Policy overview

Most countries strictly prohibit the sale of counterfeit currency and stamps as well as equipment designed to make them. Therefore, these types of items can't listed on eBay.

However, we do allow replica stamps, coins, and paper money to be listed as long as sellers follow certain guidelines. These guidelines are explained below.

In addition, all other stamps, coins, and paper money must be accurately described. Make sure your listing follows these guidelines. If it doesn't, it may be removed, and you may be subject to a range of other actions, including limits of your buying and selling privileges and suspension of your account.

What are the guidelines?

Coins and paper money

Keep the following guidelines in mind when you're listing coins and paper money:

- Include all relevant information that you know about the item, such as origin, date of issue, and condition.
- Include a clear picture of the actual item being sold—don't use only stock pictures.
- Include all information about any alterations that may have been made to the item.
- Individually identify every item listed to avoid misunderstandings about what is for sale.
- Don't list the item if you're unsure of its origin or authenticity.

For advice or information from other coins or paper money enthusiasts, visit eBay's Coins & Paper Money discussion board.

Allowed	- Replica coins that are clearly marked. - Replica paper currency that is the correct size. - Certified coins - Uncertified (raw) coins
Not allowed	- Counterfeit coins - Counterfeit bank notes - Counterfeit bonds - Counterfeit money orders - Counterfeit securities - Equipment used to make counterfeit items - Reproduction or replica versions of any Canadian currency

stamps를 클릭해 보았다. 우표나 화폐, 동전에 관한 정책이 잘 나와 있다. 우표, 동전, 화폐와 관련된 상품판매를 허용하지만 정확하게 설명이 되어야 한다. 위조 동전, 위조 지폐, 위조 채권 등 위조된 상품과 관련 기계는 판매를 할 수가 없다. 상품에 따른 정책을 잘 이해하고 이베이 판매를 한다면 좋은 결과를 만들 수 있다.

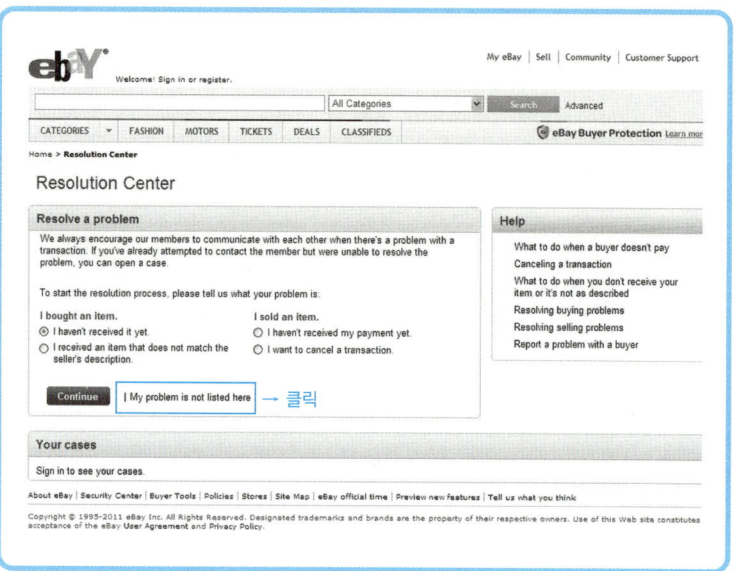

메인화면 고객지원에서 3번째 메뉴인 고객센터(Resolution Center)를 클릭해 보자.

위와 같은 화면을 확인할 수 있다. 기본적으로 이베이에 가입해서 판매나 구매활동을 하다 보면 여러 가지 문제나 어려움이 발생할 수 있다. 이러한 문제들을 이베이 고객센터를 통해 해결할 수 있다. 이 페이지에는 구매자와 판매자로 나누어서 진행할 수 있으며 언어가 가능한 분이라면 고객센터에 전화를 통해서 더 빠른 해결을 할 수 있다.

위 화면에는 구매자 입장에서 상품을 받지 못했을 경우와 아이템 설명과 다른 물품을 받았을 경우를 선택해서 상담할 수 있고 판매자 입장에서는 지불을 받지못했을 경우와 거래 취소를 원할 경우를 선택해서 상담을 진행할 수 있다. 선택 내용이 없을 경우는 Continue옆에 내 문제는 없다를 클릭해서 진행이 가능하다.

이베이에서 발생하는 다양한 문제들은 이베이 고객센터를 통해서 해결하는 것이 빠르고 안전하다.

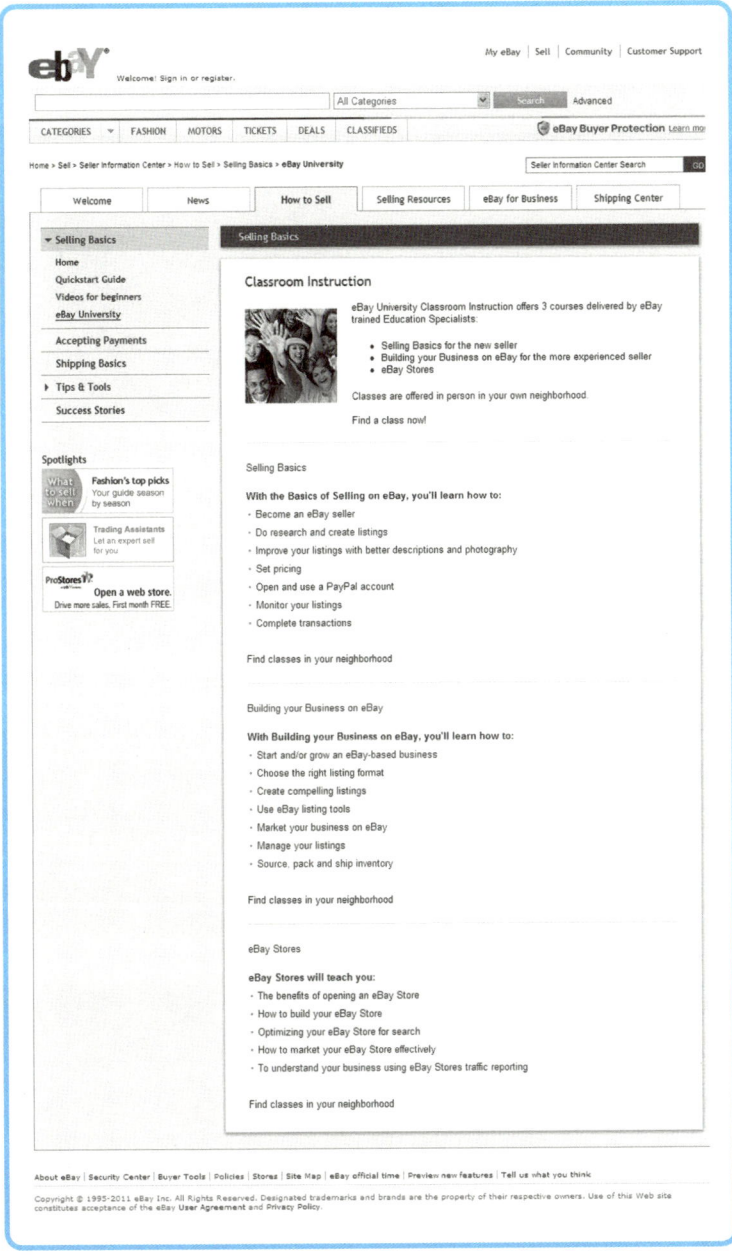

마지막 메뉴는 이베이 유니버시티이다. 러닝센터와 중복되는 부분도 있지만 전반적으로 자세하게 이베이에 대해서 공부할 수 있다.

이처럼 이베이 사이트에서 이베이에 관한 정보가 많이 있으니 자신에게 맞게 잘 활용한다면 좀 더 쉽게 이베이 활동을 할 수 있다.

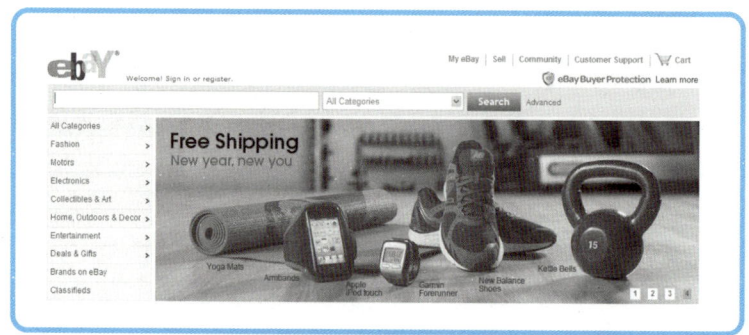

관심있는 상품의 경우 카트에 넣어서 차후에 쉽게 구매할 수 있다. 국내 쇼핑몰의 장바구니와 비슷한 기능이다.

꼭 알아야 하는 이베이 주요기능

MY eBay 메뉴

이베이 첫 화면 우측 상단에 마이 이베이 메뉴가 있다.

이베이에서 쇼핑을 해도 가장 많이 이용하는 메뉴이고 판매를 할 경우에는 수시로 활용하는 메뉴가 바로 마이 이베이이다.
마이 이베이에서는 기본적으로 구매활동 & 판매활동에 관한 모든 정보를 확인할 수 있다.
마이 이베이를 클릭하면 다음과 같은 화면이 나오고 좌측 메뉴를 이용하면 다양한 내 활동을 한눈에 파악하고 진행할 수 있다. 액티

비티(Activity) 요약 아래쪽으로 구매에 관한 메뉴 입찰/흥정 구매실패 삭제함이 있고, 리스트 부분에서 관심상품이나 관심 셀러 등을 확인할 수 있으며 Sell 메뉴에서 전체 셀링 활동, 예약스케줄, 현판매 중, 판매, 미판매, 배송주소 등 다양한 정보를 확인할 수 있다. 마이 이베이 메뉴 중 액티비티 우측 옆에 있는 메시지를 클릭해 보자.

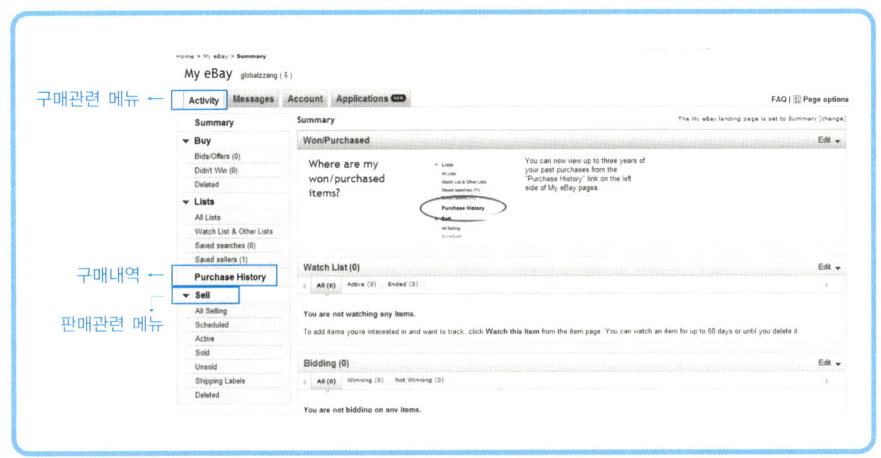

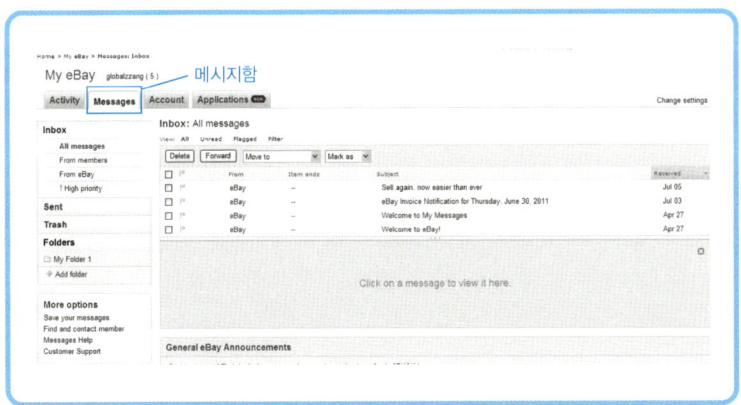

메시지 메뉴에서는 이베이로부터 오는 메일과 함께 이베이 활동 중 서로 주고 받는 모든 메시지를 확인하고 관리할 수 있다. 이베이 활동을 하다 보면 사기성의 피싱 메일이 내 이메일로 오는 경우가

Tip

이베이 도매 요청이나 개인 판매 요청이나 요청을 받았을 경우 이베이는 이베이 밖으로의 링크나 이베이를 제외한 거래를 허용하지 않는다. 이 경우 문제가 발생할 수 있다. 고객으로부터 도매나 기타 개인판매 요청을 받았거나, 요청을 할 때는 자신의 이메일 주소를 남기고 서로 개인 이메일로 주고 받아서 거래를 하는 것이 좋다. 물론 내가 구매자일 경우 판매자의 신용도를 충분히 확인하고 거래에 임해야 한다. 이 경우 페이팔로 바로 입금을 하고 물건을 받거나 페이팔로 바로 결제를 받고 물건을 보낸다. 국내에서 온라인 상 개인 간 거래 선입금 배송과 비슷하다고 생각하면 된다.

많다. 이 경우 진위를 확인하고 싶다면 꼭 이베이 메시지 메뉴를 확인하자. 이베이에서 보낸 모든 메일은 내 이메일로도 오고 이 메시지함으로도 온다. 가능하다면 메일을 통한 로그인은 첫 가입 이후는 절대 안하는 것이 좋으며 의심스러운 메일은 꼭 메시지함을 확인하자. 이베이 안에서 판매자나 고객과의 메시지도 이곳에서 다 확인이 가능하다.

어카운트 메뉴에 대해서 알아보자.

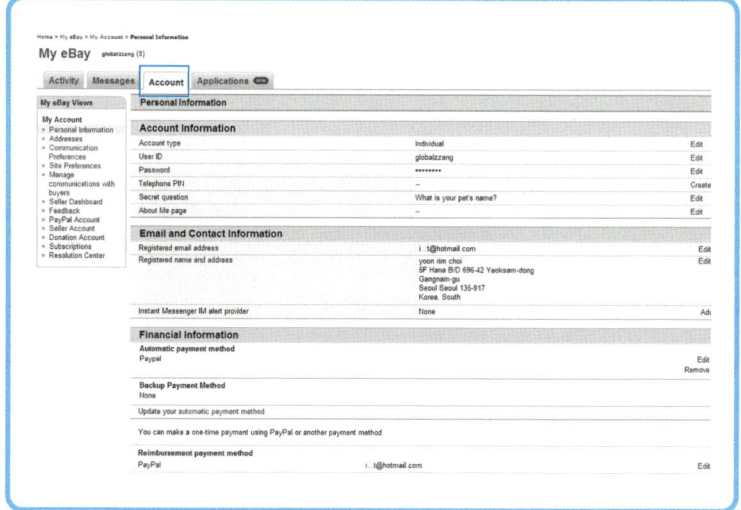

어카운트 메뉴는 개인정보 관리에서부터 가입자의 모든 것을 확인하고 설정할 수 있는 곳이라 생각하면 된다.
어카운트 메뉴 중에서 많이 활용하는 중요한 메뉴를 하나 하나 알아보자.

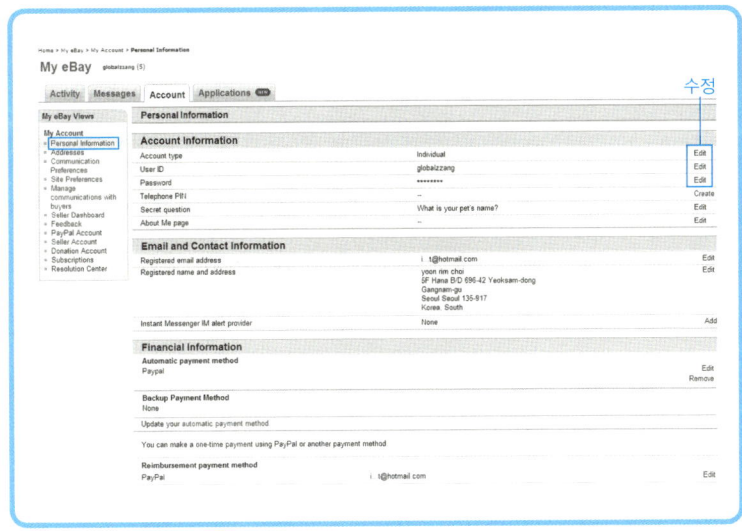

수정

개인 정보를 확인하고 수정할 수 있는 곳이다. 이베이에서는 아이디도 일정 기간이 지나면 변경이 가능하고 개인정보나 기타 가입 정보도 수정이 가능하다. 수정을 해야할 정보가 있다면 edit를 누르고 수정을 하면 된다(상황에 따라 다시 한번 로그인 창이 뜨고 수정하기 페이지가 나오기도 한다).

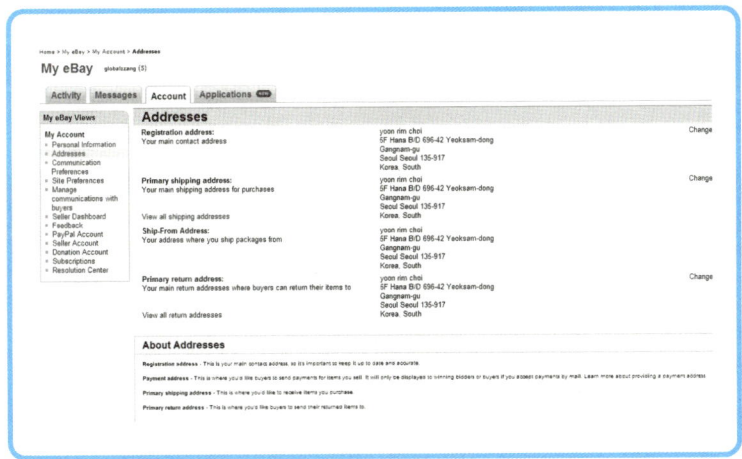

어드레스(Addresses)에서는 가입주소와 물품 구매시 배송주소와 물품을 반송받을 때 반송주소 등을 확인할 수 있고 설정, 변경이 가

능하다.

Communication Preferences에서는 구매, 판매 기타 커뮤니케이션에 대한 설정을 자유롭게 할 수 있다.

이러한 설정은 구매나 판매를 좀 더 원활하게 할 수 있도록 도와준다.

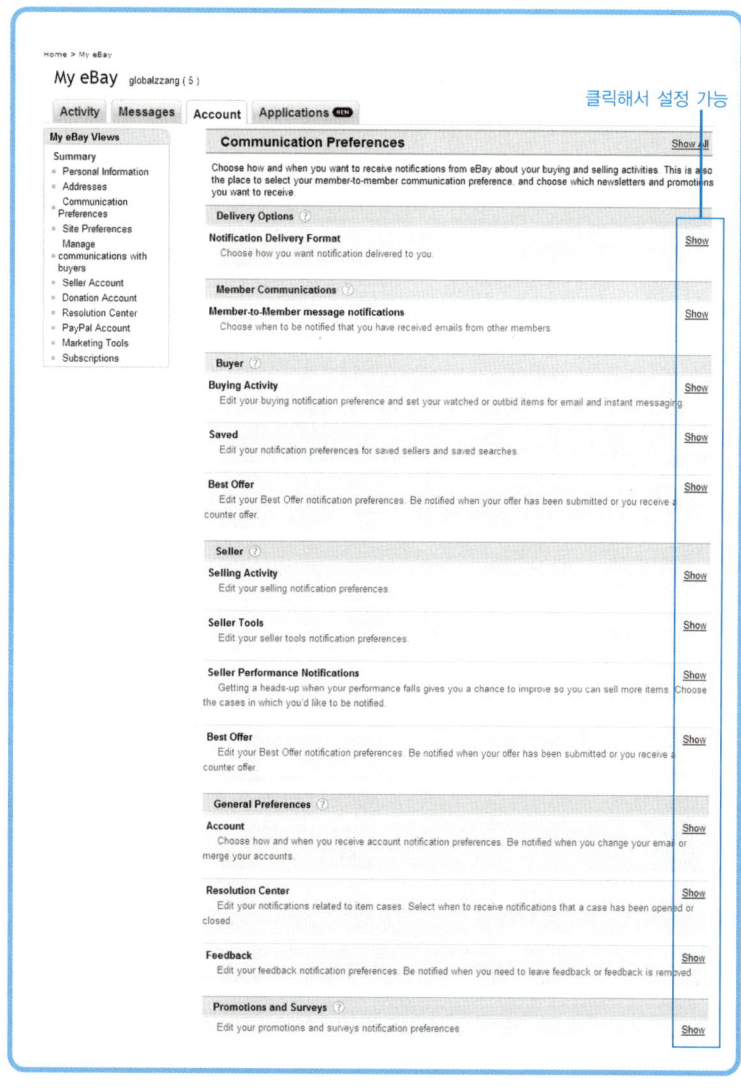

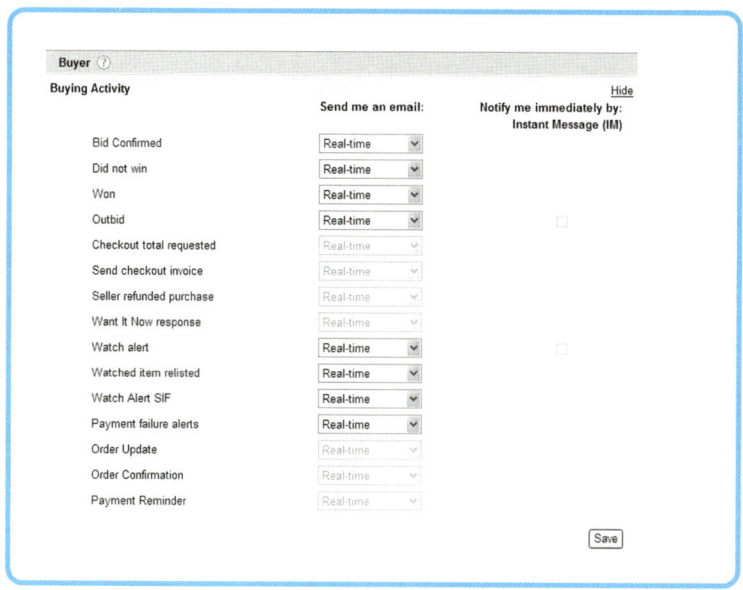

구매자 입장에서 입찰과 구입 기타 다양한 정보 이메일 수신을 설정 변경할 수 있다. 꼭 경매로 구입하고픈 물건의 경우 Outbid일 때 실시간으로 메일이 온다면 확인해서 재입찰을 할 수 있다. 자신의 구매취향에 맞게 설정하면 된다.

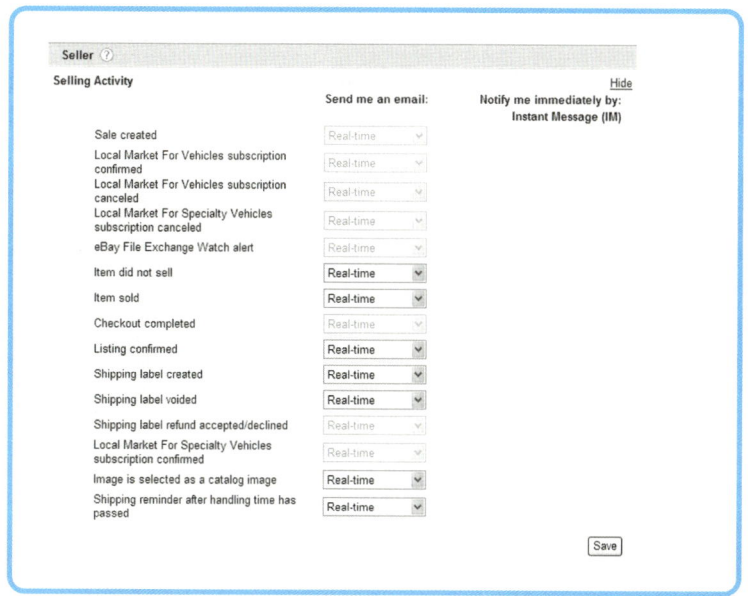

판매자 활동 사항도 자유롭게 설정이 가능하다. 판매를 진행하다 보면 많은 이메일을 접하게 된다. 그 중에는 꼭 필요한 메일도 있지만 단순 전달이나 설명 메일도 많다. 적절하게 관리를 하지 않으면 엄청난 메일을 확인해야 한다. 예를 들어 경매방식으로 250개의 물품을 리스팅했고 이번주에 끝난다고 가정하자. 기존 이메일 수신 형태에서는 팔린 상품과 안 팔린 상품을 구분해서 250통의 이메일이 기본적으로 발송된다. 여기에 결제된 상품, 결제 대기중인 상품, 배송이 필요한 상품 등의 정보도 이메일 수신을 한다면 엄청난 메일을 받게 된다. 자신이 꼭 확인하고 처리해야 하는 정보나 커뮤니케이션을 설정해 두는 것이 관리하고 판매하기에 편리하다.
그러므로 효율적으로 관리할 수 있게 설정해서 이용하자.

Site Preferences에서는 이베이 활동 전반적인 사항에 대해 설정 변경을 할 수 있다.
판매설정이나 결제방식 기타 배송 관련 설정 및 변경 등 한번쯤은

살펴보고 자신에게 맞게 설정해 둔다면 이베이 활동에 도움이 된다.

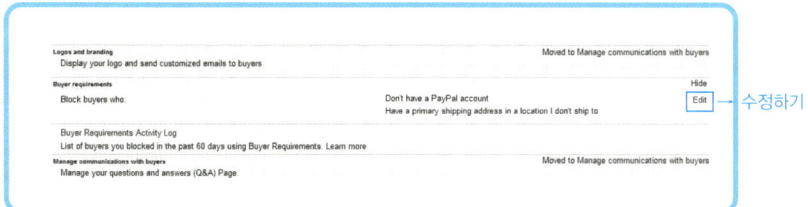

이 부분에서는 구매자를 블록할 수 있다. 기본적으로 페이팔 어카운트를 가지고 있지 않는 사람은 자신의 물건을 구입하지 못하게 할 수가 있고 자신이 배송하지 않는 지역의 입찰자들을 미리 블록할 수 있다. 기타 메뉴를 살펴보고 자신에게 맞게 설정이 가능하다.

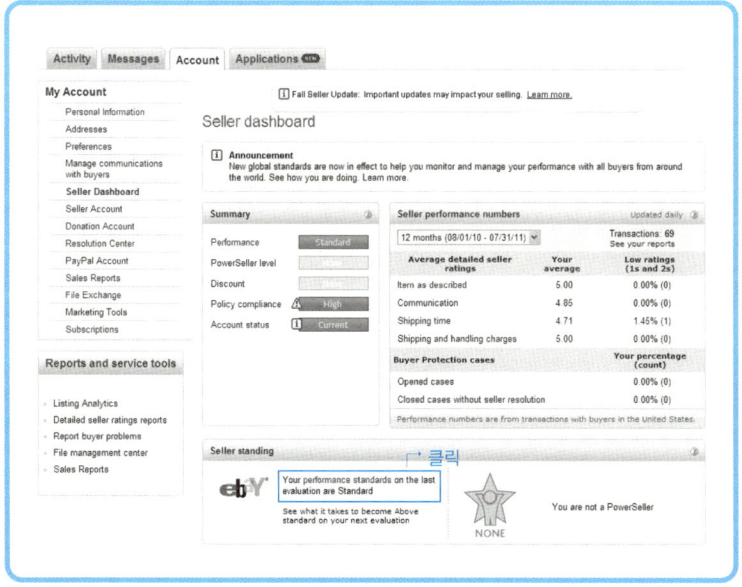

Seller Dashboard에서는 자신의 활동사항을 이베이 기준에 맞추어 살펴볼 수 있다.

Performance Standard를 누르면 이베이 활동 기준에 자신의 활동이 잘 이루어지고 있는지를 항복별로 알아볼 수 있고 이 기준을 참고하여 파워셀러가 되고 TR 셀러가 된다면 이베이 활동을 더욱더 잘 할 수 있게 된다.

Top-rated 셀러 기준을 살펴보니 거래량과 기본 조건인 브론즈 파워셀러 부분을 제외하고는 적정한 것으로 나타났다. 이 아이디의 경우 지금처럼 잘 활동한다면 Top-rated Seller가 가능하다.

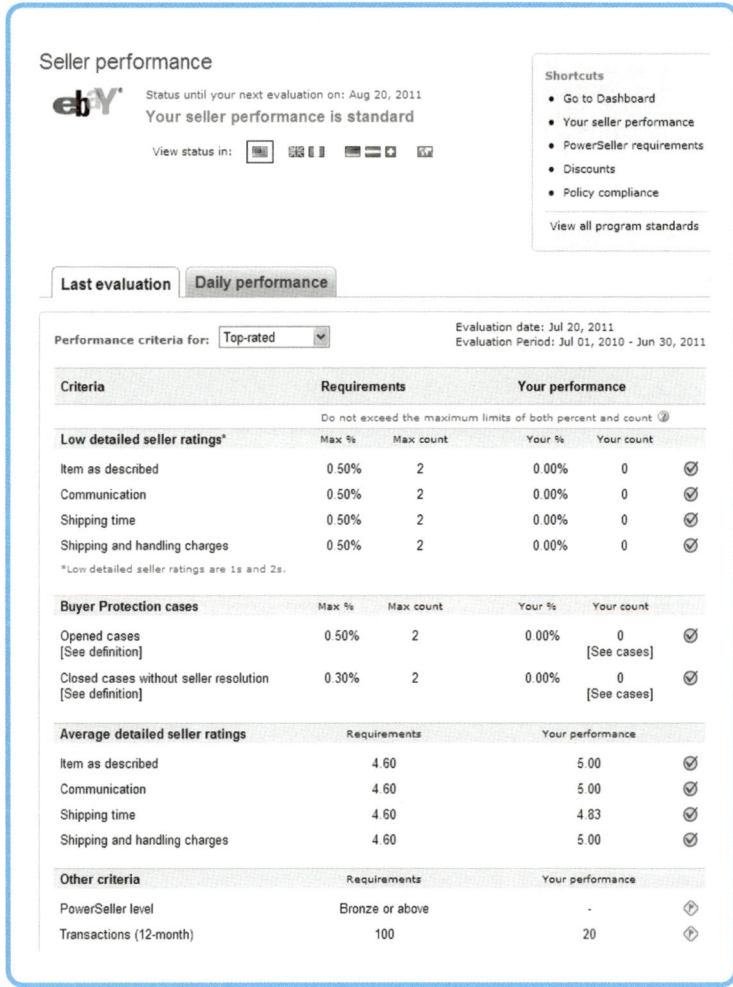

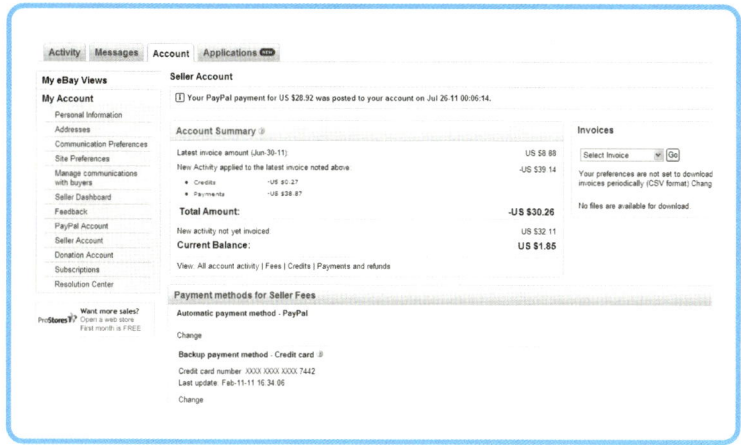

셀러 어카운트에서는 이베이에서 발생하는 수수료와 그 지불 방법 등을 확인할 수 있다.

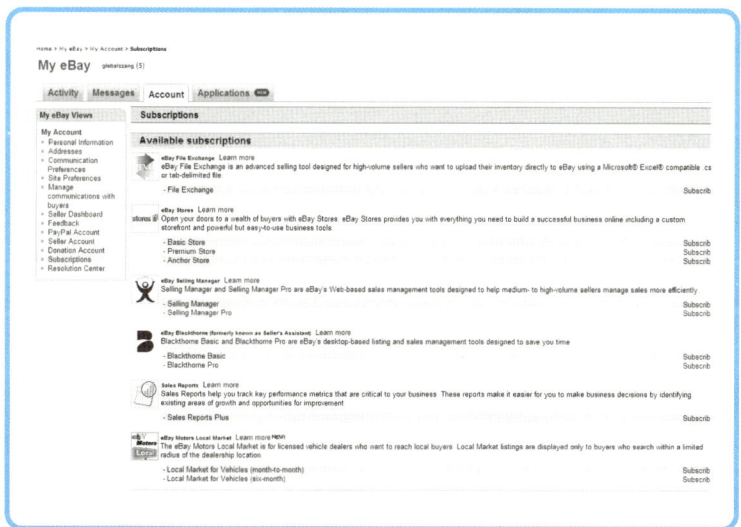

이베이 판매 활동에 필요한 여러 가지 프로그램과 스토어 등을 신청하고 변경할 수 있다. 관리 상품도 있고 리스팅을 도와주는 프로그램도 있으며, 이베이에 스토어를 만드는 상품도 있다. 이베이를 어느 정도 전문적으로 진행을 하다 보면 자신에게 알맞은 프로그램들을 사용하며 이베이 활동을 더욱 왕성하게 할 수가 있다.

무료로 이용 가능한 프로그램도 있고 매월 사용료를 지불해야 하는 프로그램도 있으니 먼저 정확히 알아보고 사용하자. 유료 상품의 경우 신청 후 사용하지 않더라고 해지를 하지 않으면 요금이 계속 청구가 되니 꼭 사용하지 않을 경우에는 해지신청을 하자. 우측 각 항목별 Subscribe 버튼으로 신청 및 해지가 가능하다.

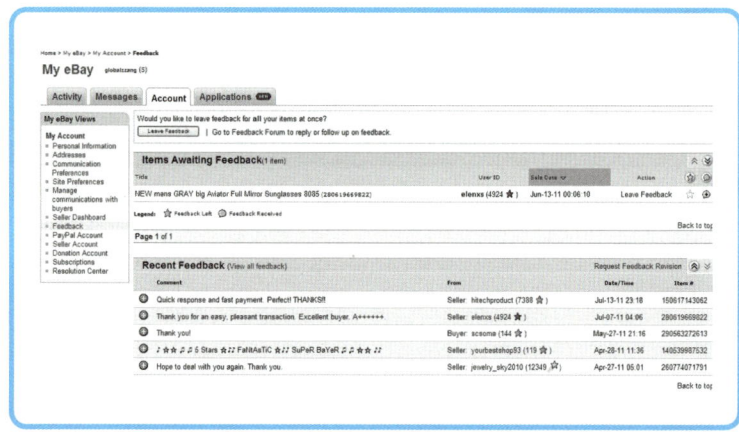

피드백에서는 피드백에 관한 정보들을 확인할 수 있으며 혹시 내 추럴이나 네거티브 피드백을 받았을 경우 바이어와 충분한 해결을 논의한 후에 피드백의 수정을 요청할 수 있다. 다만 1년에 수정 요청 횟수가 정해져 있으니 미리 바이어와 커뮤니케이션을 해서 요청하는 것이 좋다.

http://pages.ebay.com/help/feedback/revision-request.html

기타 여러 가지 사항을 Account 메뉴에서 확인할 수 있으니 이베이 활동 중 Account 메뉴를 잘 활용하도록 하자.

Chapter 6

오픈마켓 수수료 체계의 이해

Ebay Open Market

이베이 수수료

실제 이베이 아이템 판매를 하기 전에 가장 먼저 체크하고 준비해야 할 부분이 운영 수수료이다. 이베이 판매에서 기본적으로 체크해야 할 수수료는 등록 수수료와 낙찰 수수료이며 결제수단인 페이팔 쪽에서는 거래 수수료와 출금 수수료를 정확하게 알고 그 흐름이나 체계를 머릿속에 정리해 둘 필요가 있다. 간혹 판매에 대해서 한 번도 안 해 본 사람의 경우 수수료가 너무 많이 나간다고 하소연하는 사람들도 있다. 바라보는 시각에 따라 달라지겠지만 온라인 판매 사업이든 길거리에 가게를 운영하든 똑같은 판매라는 것을 생각하자. 우리가 오프라인 매장을 운영한다고 하면 기본적으로 점포세를 생각해야 하고 전화요금, 인터넷 요금 등의 운영비용도 생각해야 하며 직원 고용 등의 인건비도 생각해야 한다. 이 모든 것이 합쳐진 것이 전체 운영비용이 된다. 처음 가게를 오픈하는 사람의 경우 A급 상권지역부터 B, C, D급 상권지역까지 자신이 가지고 있는 아이템과 자본금을 가지고 가장 적절한 지역을 선택해서 가게를 오픈하게 될 것이다. 물론 지역 선택이 끝나면 가게 간판에서부터 내부 인테리어까지 소비자들에게 가장 어필할 수 있게 만들어야 할 것이다. 온라인 사업은 이러한 과정이 없을까? 모양만 조금 다를 뿐이지 분명 이러한 과정이 있다. 상권 선택은 국내오픈마켓을 예로 든다면 옥션에서 판매를 진행할 것인지 G마켓에서 판매할 것인지 11번가에서 판매할 것인지 결정하는 것이다. 물론 온라인의 장점은 3군데 모두 판매를 진행해도 큰 비용이 들지 않고 문제가 되지 않는다는 점이다. 이 책에서는 그 선택이 전 세계 시장을 겨냥한 이베이 시장인 것이다. 간판이나 인테리어에 해당하는 부분은 아이디나 스토어 운영과 상세페이지를 만드는 것이라 할 수 있다. 그리고 판매를 진행하는 전체 과정에서 필요한 운영비용이 이베이 수수료와 페이팔 수수료라고 할 수 있다. 이베이 수수료 체계와 페이팔 수수료 체계를 잘 이해하고 진행한다면 아이템 가격선정에서부터 전체 운영 방향 선정에도 많은 도움이 될 것이다.

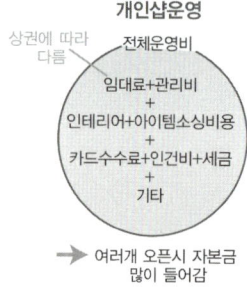

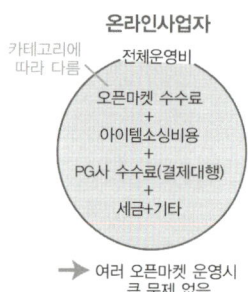

지금부터 수수료 체계를 배워가며 자신만의 전략과 운영계획을 세워 보도록 하자.

◀ http://pages.ebay.com/help/sell/fees.html

Note: The insertion fee applies to each listing, regardless of the quantity of items in the listing.

To learn more and see an example of an insertion fee calculation, visit our insertion fees page.

Final value fees for fixed price format listings

Fixed price final value fees
(Based on the total amount of the sale, including the cost of the item, shipping, and any other fees a seller may charge, excluding any sales tax)

Total cost to buyer	Electronics*	Clothing, Shoes and Accessories	Books, DVDs & Movies, Music, Video Games	All other categories
Item not sold	No fee	No fee	No fee	No fee
$0.99–$50.00	7.0% of the total cost to buyer	10.0% of the total cost to buyer	13.0% of total cost to buyer	11.0% of the total cost to buyer
$50.01–$1000.00	7.0% of the initial $50.00, plus 5.0% of the remaining balance ($50.01–$1,000.00)	10.0% of the initial $50.00, plus 8.0% of the remaining balance ($50.01–$1,000.00)	13.0% of the initial $50.00, plus 5.0% of the remaining balance ($50.01–$1,000.00)	11.0% of the initial $50.00, plus 6.0% of the remaining balance ($50.01–$1,000.00)
$1000.01 or more	7.0% of the initial $50.00, plus 5.0% of the next $50.01–$1,000.00, plus 2.0% of the remaining balance ($1,000.01–total cost to buyer)	10.0% of the initial $50.00, plus 8.0% of the next $50.01–$1,000.00, plus 2.0% of the remaining balance ($1,000.01–total cost to buyer)	13.0% of the initial $50.00, plus 5.0% of the next $50.01–$1,000.00, plus 2.0% of the remaining balance ($1,000.01–total cost to buyer)	11.0% of the initial $50.00, plus 6.0% of the next $50.01–$1,000.00, plus 2.0% of the remaining balance ($1,000.01–total cost to buyer)

*This category includes Consumer Electronics, Computers & Networking, Cell Phones & Smartphones, PDAs and Pocket PCs, Video Game Systems, Pro Audio Equipment, Cameras & Photo, and Car Electronics.

To learn more and see an example of a final value fee calculation for a fixed price listing, visit our final value fees page.

Business & Industrial equipment fees

Certain Business & Industrial* capital equipment categories have the following fees:

Business & Industrial Capital Equipment category specific fees	
Insertion fee	$20.00
Reserve fee	$5.00
Final value fee	1.0% of the final sale price (maximum charge $250.00)

*Includes the following capital equipment categories and the related subcategories: Agriculture & Forestry > Antique Tractors & Equipment > Tractors; Agriculture & Forestry > Tractors & Farm Machinery; Construction > Heavy Equipment, Trailers; Restaurant & Catering > Concession Trailers & Carts; Healthcare, Lab & Life Science > Imaging & Aesthetics Equipment; Industrial Supply, MRO > Forklifts & Other Lifts; Manufacturing & Metalworking > Manufacturing Equipment; Manufacturing & Metalworking > Metalworking Equipment; Office, Printing & Shipping > Commercial Printing Presses.

Optional feature fees

These upgrades can help boost your sales.

▷ Reserve price fees

▷ Buy It Now fees

▷ Listing upgrade fees

▷ eBay picture hosting fees

▷ Seller tool fees

Fees for Half.com

To learn about fees and policies for Half.com, review Half.com's policies.

The fine print

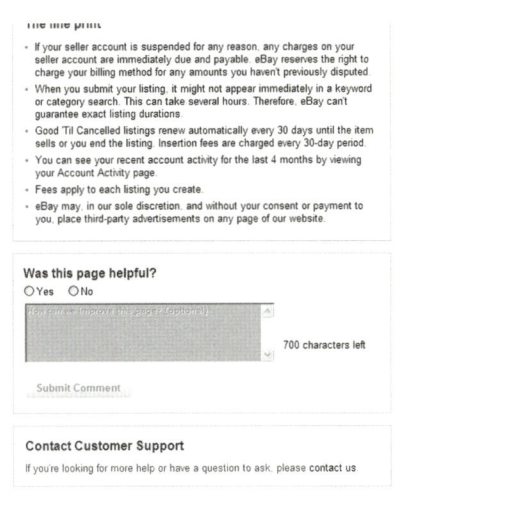

이베이 수수료를 정확하게 파악하게 위해서는 수수료의 체계를 정확하게 이해하고 있어야 한다.

이베이 수수료는 판매방식에 따라 다르고 카테고리에 따라 다르다. 그리고 수수료는 등록 수수료와 낙찰 또는 판매 후 수수료로 나누어져 있다.

경매방식 : 등록 수수료 낙찰 수수료

고정가방식 : 등록 수수료 낙찰 수수료

※ 카테고리에 따라 다르다.

한 가지 더 생각해야 하는 부분은 이베이 스토어 운영에 따라 수수료가 달라진다. 이베이에서 제공하는 스토어는 베이직 스토어, 프리미엄 스토어, 앵커 스토어가 있는데 스토어를 운영하는 경우 고정가 등록 수수료와 경매방식 낙찰 수수료를 할인받는다. 다만 현재 진행 중인 매달 경매 등록 50개 무료는 없어진다.

Insertion fees for auction-style format listings → 경매방식 등록수수료

Auction-style format listings → 경매방식		
시작가 또는 최저가 ← Starting or reserve price	Insertion fee → 등록수수료	
0.01~0.99달러 $0.01–$0.99	Free for 50 listings per month ↳ 매달 50건 무료	$0.10 0.10달러
1~9.99달러 $1.00–$9.99		$0.25 0.25달러
10~24.99달러 $10.00–$24.99		$0.50 0.50달러
25~49.99달러 $25.00–$49.99		$0.75 0.75달러
50~199.99달러 $50.00–$199.99		$1.00 1.00달러
200달러 이상 $200.00 or more		$2.00 2.00달러

To learn more and see an example of an insertion fee calculation, visit our insertion fees page.

Final value fees for auction-style format listings

Auction-style format listings → 경매방식 낙찰수수료	
총금액 ← Total cost to buyer (less any sales tax)	Final value fee (Based on the total amount of the sale, including the cost of the item, shipping, and any other fees a seller may charge, excluding any sales tax) → 낙찰수수료
판매 없음 ← Item not sold	No fee → 수수료 없음
0.01~50달러 $0.01–$50.00	9.0% of the item's total cost to buyer with a maximum charge of $100.00. ↳ 총금액의 9%, 최대 100달러
50.01~1,000.00달러 $50.01–$1,000.00	
1,000.01달러 이상 $1,000.01 or more	

To learn more and see an example of a final value fee calculation, visit our final value fees page.

위 화면은 이베이 경매방식 판매 수수료를 보여주고 있다. 경매 시작가에 따라 판매등록 수수료가 10센트부터 2달러까지로 다르고 매달 50개까지는 무료로 경매방식 판매를 할 수 있다(스토어운영자 제외).

경매방식 등록 후 낙찰(판매) 수수료는 9%가 적용되며 최대 100달러까지 나온다. 가능하다면 비싼 제품을 판매하는 것이 수수료 측면에서는 유리하다. 물론 판매되지 않은 상품에 대한 낙찰 수수료는 없다.

경매방식 등록 수수료와 낙찰 수수료를 참고해서 기본 판매가격을 설정하고 낮은 가격에서 경매방식으로 판매를 하면 등록 수수료가 적고 노출은 많아지지만 성공적인 판매가격은 미지수가 된다. 반대로 내가 원하는 정적가격에서부터 아이템 판매를 시작하면 등록수수료는 비싸고 노출은 상당히 낮지만 팔릴 경우 가격만족도는 좋다고 할 수 있다. 어떻게 판매할 것인지 좋은 전략을 만들어서 경매방식 판매를 하는 것이 좋다.

Insertion fee for fixed price format listings → 고정가방식 등록수수료

	Buy It Now price	Fixed price insertion fee	
바로구매가			→ 고정가 등록수수료
0.99달러 이상	$0.99 or more	$0.50	→ 0.50달러

Note: The insertion fee applies to each listing, regardless of the quantity of items in the listing.

To learn more and see an example of an insertion fee calculation, visit our insertion fees page.

Final value fees for fixed price format listings → 고정가방식 판매수수료

Fixed price final value fees → 고정가 판매수수료
(Based on the total amount of the sale, including the cost of the item, shipping, and any other fees a seller may charge, excluding any sales tax)

	Total cost to buyer 총금액	Electronics* 가전	Clothing, Shoes and Accessories 의류신발, 액세서리	Books, DVDs & Movies, Music, Video Games 책, DVDs, 영화, 음악, 비디오게임	All other categories 그 외 카테고리
상품판매 없음 ←	Item not sold	No fee 수수료 없음	No fee 수수료 없음	No fee 수수료 없음	No fee 수수료 없음
	$0.99–$50.00 0.99 ~50.00달러	7.0% of the total cost to buyer 총금액의 7%	10.0% of the total cost to buyer 총금액의 10%	13.0% of total cost to buyer 총금액의 13%	11.0% of the total cost to buyer 총금액의 11%
	$50.01–$1000.00 50.01 ~ 1000.00 달러	7.0% of the initial $50.00, plus 5.0% of the remaining balance ($50.01–$1,000.00) 50달러까지 7% +나머지 5%	10.0% of the initial $50.00, plus 8.0% of the remaining balance ($50.01–$1,000.00) 50달러까지 10% +나머지 8%	13.0% of the initial $50.00, plus 5.0% of the remaining balance ($50.01–$1,000.00) 50달러까지 13% +나머지 5%	11.0% of the initial $50.00, plus 6.0% of the remaining balance ($50.01–$1,000.00) 50달러까지 11% +나머지 6%

$1000.01 or more 1000.01 달러 이상	7.0% of the initial $50.00, plus 5.0% of the next $50.01–$1,000.00, plus 2.0% of the remaining balance ($1,000.01–total cost to buyer)	10.0% of the initial $50.00, plus 8.0% of the next $50.01–$1,000.00, plus 2.0% of the remaining balance ($1,000.01–total cost to buyer)	13.0% of the initial $50.00, plus 5.0% of the next $50.01–$1,000.00, plus 2.0% of the remaining balance ($1,000.01–total cost to buyer)	11.0% of the initial $50.00, plus 6.0% of the next $50.01–$1,000.00, plus 2.0% of the remaining balance ($1,000.01–total cost to buyer)
	50달러까지 7% +1000달러까지 5%+나머지 2%	50달러까지 10% +1000달러까지 8%+나머지 2%	50달러까지 13% +1000달러까지 5%+나머지 2%	50달러까지 11% +1000달러까지 6%+나머지 2%

*This category includes Consumer Electronics, Computers & Networking, Cell Phones & Smartphones, PDAs and Pocket PCs, Video Game Systems, Pro Audio Equipment, Cameras & Photo, and Car Electronics.

To learn more and see an example of a final value fee calculation for a fixed price listing, visit our final value fees page.

위 화면은 고정가방식 수수료를 보여주고 있다. 고정가방식 등록 수수료는 0.50달러이다. 등록기간을 설정할 경우 그 등록기간에 0.50달러가 지불되는 것이고 GTC(자신이 판매취소 전까지 계속 판매할 경우)로 판매할 경우에는 30일 단위로 등록 수수료가 지불된다. 고정가방식의 등록은 상대적으로 경매방식보다는 노출도가 많이 떨어진다. 다만 등록 후 1개의 제품이 팔리든 10개의 제품이 팔리든 등록 수수료는 일정하다(고정가 판매등록은 수량을 자신이 정해서 올릴 수 있다).

고정가방식으로 제품이 팔릴 경우 판매 수수료는 카테고리별 금액별로 다르다. 처음 보는 사람은 조금 복잡해 보일 수도 있으나 간단히 정리한다면 비싼 상품일수록 전체 수수료가 적게 나간다.

예를 들어 설명하자면

① 2,400달러의 TV를 판매하였을 경우 가전제품 카테고리를 참고하여

    0 ～ 50.00달러 수수료는 7% 3.50달러
    50.01 ～ 1,000.00달러 수수료는 5% 47.50달러
    1,000.01～ 2,400.00달러 수수료는 2% 28.00달러

총 수수료는 3.50+47.50+28.00=79.00달러이다.

② 28.00달러의 의류를 판매했을 경우 의류 패션카테고리를 참고해서

0 ~ 28.00달러   수수료는 10% 2.80달러이다.

③ 270.00달러의 우표 소장품을 판매했을 경우 기타 모든 카테고리를 참고해서

0~50.00달러　　　수수료는　11%　5.50달러

50.01 ~270.00달러　수수료는　6%　13.20달러

총 수수료는 5.50+13.20=18.70달러이다.

고정가 수수료 체계를 정확하게 이해하고 아이템 가격을 설정하고 판매를 진행하는 것이 좋다.

이베이 판매는 저가 아이템만 판매할 경우 할 일은 많은데 수익이 적을 수 있다. 이에 반해 비싼 아이템은 수수료도 적고 판매 진행이 수월할 수 있다. 다만 클레임이나 문제 발생시 잘 해결을 해야 한다. 저가상품이든 고가상품이든 이베이에서 가격적으로나 품질적으로 경쟁력 있는 상품을 판매하는 것이 좋고, 노출이나 수익을 고려하며 저가 아이템부터 고가 아이템까지 모두 취급하는 것도 하나의 전략이 될 수 있다.

Business & Industrial equipment fees

Certain Business & Industrial* capital equipment categories have the following fees:

⌈* 사업 및 공업설비제품 수수료

Business & Industrial Capital Equipment category specific fees

등록수수료	Insertion fee	$20.00	20달러
최저수수료	Reserve fee	$5.00	5달러
판매수수료	Final value fee	1.0% of the final sale price (maximum charge $250.00)	판매가의 1%, 최대 250달러

*Includes the following capital equipment categories and the related subcategories: Agriculture & Forestry > Antique Tractors & Equipment > Tractors; Agriculture & Forestry > Tractors & Farm Machinery; Construction > Heavy Equipment, Trailers, Restaurant & Catering > Concession Trailers & Carts; Healthcare, Lab & Life Science > Imaging & Aesthetics Equipment; Industrial Supply, MRO > Forklifts & Other Lifts; Manufacturing & Metalworking > Manufacturing Equipment; Manufacturing & Metalworking > Metalworking Equipment; Office, Printing & Shipping > Commercial Printing Presses.

사업 및 공업 설비 제품의 수수료를 보여주고 있다.

국내에서 산업 장비나 기계 등을 생산하는 제조업체나 관련기업이라면 손쉽게 이베이를 통해서 판매할 수 있다.

위에 보여주는 카테고리는 등록 수수료가 20.00달러로 조금 비싼 편이나 낙찰 수수료는 1%로 저렴하고 최고 수수료도 250달러이다.

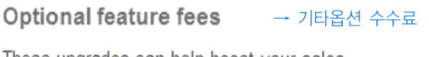

기타 옵션 설정시 수수료이다.

Reserve price fees는 경매 등록시에 최저 판매가격을 설정할 수 있다. 예를 들어 0.99달러부터 경매는 시작하지만 최저 25달러 이상에서 판매가 되어야 손해를 보지 않을 경우 시작가는 그대로 두어서 노출도는 유지하면서 Reserve를 걸어서 최소 25달러 이하에는 판매가 되지 않게 설정할 수 있다.

경매방식 판매에 바로 구매하기를 추가할 수 있다.

경매방식에서 경매에 참여하지 않고 바로 구매하고 싶은 구매자를 위한 것이다. 이 경우 고정가 금액에 따라 0.05~0.25달러까지 추가 수수료가 청구된다.

경매에 고정가 설정은 바로 판매하기 기능도 있지만 경매에서의 낙찰 가격 유도 효과도 있다. 아이템에 따라 적절하게 전략적으로 사용하면 좋다.

Value Pack upgrades → 밸류 팩 업그레이드

Value Pack combines Gallery Plus, Subtitle, and Listing Designer for a discounted price.

For 3, 5, 7, and 10-day listings, Value Pack saves you $0.30 per listing. For 30-day and Good Til Cancelled listings, Value Pack saves you $0.80 per listing.

The table below shows the individual costs for each upgrade.

	Feature 항목	Fee - auction-style and fixed price format (1, 3, 5, 7, 10 Days) 경매방식 수수료	Fee - fixed price format (30 Days, Good 'Til Cancelled) 고정가방식 수수료
갤러리 플러스	Gallery Plus	$0.35 0.35달러	$1.00 1.00달러
리스팅 디자이너	Listing Designer	$0.10 0.10달러	$0.30 0.30달러
부제목	Subtitle	$0.50 0.50달러	$1.50 1.50달러
합계	Total separately	$0.95 0.95달러	$2.80 2.80달러
밸류 묶음가	Value Pack price	$0.65 0.65달러	$2.00 2.00달러

Note: Value Pack isn't available for Powersport Vehicles under 50cc.

▼ **Listing upgrade fees** → 리스팅 업그레이드 수수료

	Feature	Fee - auction-style and fixed price format (3, 5, 7, 10 Days) 경매방식 수수료	Fee - fixed price format (30 Days, Good 'Til Cancelled) 고정가방식 수수료	
밸류 묶음	Value Pack	$0.65 0.65달러	$2.00 2.00달러	
갤러리	Gallery	Free 무료	Free 무료	
갤러리 플러스	Gallery Plus	$0.35 0.35달러	$1.00 1.00달러	
리스팅 디자이너	Listing Designer*	$0.10 0.10달러	$0.30 0.30달러	
부제목	Subtitle**	$0.50 0.50달러	$1.50 1.50달러	
진한글씨	Bold	$2.00 2.00달러	$4.00 4.00달러	
스케줄 리스팅	Scheduled listings	$0.10 0.10달러	$0.10 0.10달러	
2카테고리에 리스트	List in 2 categories	Insertion and listing upgrade fees are doubled. Scheduled listing and final value fees are charged once.	Insertion and listing upgrade fees are doubled. Scheduled listing and final value fees are charged once.	리스트등록 수수료와 리스팅 업그레이드 수수료가 2배 스케줄 리스팅과 판매 수수료가 한꺼번에 부과

*Listing Designer is free for Selling Manager Pro subscribers. Visit the Fees for selling on eBay Motors page for information.

**Subtitles can be seen when buyers view search results in List view.

Note: eBay-hosted pictures, Picture Pack, and Gallery Plus are free for all listing formats and durations in the following categories: Collectibles, Art, Pottery & Glass, and Antiques.

10-day duration

	Listing format	Fee	수수료
리스팅방식			
경매방식	Auction-style	$0.40	0.40달러
고정가방식	Fixed price	Free	무료

International site visibility

	Starting price	Auction-style format (3, 5, 7, 10 days) fee 경매방식 수수료	Fixed price format (3, 5, 7, 10, 30 days, Good 'Til Cancelled) fee 고정가방식 수수료
시작가			
0.01~9.99달러	$0.01 - $9.99	$0.10 0.01달러	$0.50 0.50달러
10~49.99달러	$10.00 - $49.99	$0.20 0.20달러	
50달러 이상	$50.00 or more	$0.40 0.40달러	

상세페이지를 업그레이드 하는 여러 가지 방법들이 있다. 위 화면은 업그레이드 수수료를 보여주고 있다.

Value pack은 Gallery Plus와 Subtitle Listing Designer을 묶어둔 상품이다. 경매방식으로는 0.65달러의 수수료가 청구되며 고정가방식으로 판매를 할 경우 2.00달러가 청구된다.

Gallery Plus는 사진을 좀 더 효과적으로 보이게 이베이에서 지원하며 경매방식으로 판매시에는 0.35달러가 청구되며 고정가방식으로 판매시에는 1.00달러가 청구된다.

Listing Designer는 이베이에서 제공하는 디자인 템플릿을 사용할 수 있다. 경매방식으로 판매시에는 0.10달러가 청구되고 고정가방식으로 판매시에는 0.30달러가 청구된다.

Subtitle(부제목) 삽입의 경우 이베이에서 검색은 지원되지 않으나 검색화면에서는 Subtitle(부제목)이 없는 등록 상품과 구분이 되어 보여진다. 경매로 등록시에는 0.50달러가 청구되고 고정가로 등록 시에는 1.50달러가 청구된다.

Bold는 진한 글씨를 말한다. 제목이 진한 글씨로 보여진다. 이베이 에서는 잘 사용되는 메뉴는 아니다.
꼭 강조하고 싶은 아이템이라면 사용하는 것도 좋다. 경매방식으 로는 2.00달러가 청구되고 고정가방식에는 4.00달러가 청구된다. 경매방식은 기간이 1,3,5,7,10으로 등록이 가능한데 10일 경매의 경우 추가 수수료 0.40달러가 청구된다.

ebay.com에서 상품을 등록하면서 영국 이베이에 동시에 등록이 가 능하다. 이런 경우 경매방식은 시작가에 따라 수수료가 다르게 발 생하며 고정가방식은 0.50달러가 청구된다.

이베이에서 제공하는 Thumbnail 부분은 기본적으로 1장은 무료로 제공된다. 이 부분에 추가 사진을 등록하고 싶은 경우 추가 사진 한 장당 0.15달러가 청구된다. Picture pack을 사용하는 경우 약간 저렴 하게 사용가능하다.
Thumbnail 부분을 추가 사용해서 활용할 경우 상세페이지를 설명 중심으로 만들어서 저사양 PC 인터넷 환경에서도 자신의 상품이 잘 보여지도록 만들 수 있다. 아이템에 따라 전략적으로 사용가능 하다.

이베이 판매나 관리를 도와주는 프로그램들이 많이 존재한다. 리 스팅(판매등록)을 도와주는 대표 프로그램인 Turbo Lister는 무료로 사용이 가능하다. 이베이 안에서 (로그인) 판매관리를 도와주는 프 로그램인 Selling Manager도 무료로 이용가능하다.

Selling Manager보다 편리한 기능들이 첨부된 Selling Manager Pro의 경우 매월 15.99달러의 요금으로 사용가능하다. Selling Manager Pro

의 경우 스토어와 같이 사용하면 일정 금액을 할인받으며 프리미엄 스토어 이상을 사용하면 무료로 제공된다.

기타 Blackthorne 프로그램의 경우 베이직과 프로로 나누어져 월 일정 금액을 내고 사용가능하다.
관리 프로그램의 경우 자신에게 필요한지 정확하게 파악하고 사용하는 것이 유리하다. 관리 프로그램을 적당하게 활용하지 못하면서 매월 이용요금을 지불하는 것은 적절하지 않다.

결제수단 페이팔 수수료 이해

이베이 판매는 국제간 거래이다. 아무것도 모르는 사람들이 본다면 결제 문제나 기타 관리가 무척이나 어려울 것으로 보인다. 하지만 실제 판매를 진행해 보면 너무나 편리하게 판매를 할 수 있으며 결제 문제도 아무런 어려움이 없다. 이유는 페이팔이라는 결제 시스템이 존재하기 때문이다.

페이팔 수수료는 크게 2가지로 구분된다. 기래시(이베이 판매자는 보통 온라인 거래) 수수료와 출금 수수료이다.
이베이 수수료와 함께 페이팔 수수료를 정확하게 이해하고 있어야 올바른 소비자가를 설정한 판매가 가능하다.
보는 시각에 따라 페이팔 수수료가 비싸다고 생각할 수 있다. 사실 좀 비싼 편이다. 하지만 해외 판매 후 환전, 기타 출금 시스템까지 원 클릭으로 해결이 가능하니 그 편리함을 본다면 적정한 수수료라 말할 수도 있다.
국내 결제 시스템 회사 중에서도 전 세계와 소통하는 페이팔과 같은 결제회사가 나오길 바란다. 만약 그렇게 된다면 국내오픈마켓 회사들의 해외 진출에 날개를 달아줄 것이며 전 세계인으로부터 어마어마한 수수료 차익을 받을 수 있을 것이기 때문이다.

페이팔 첫 화면이다. 화면 하단 fees를 클릭하면 이용요금 정보를 확인할 수 있다.

관리 프로그램에 대한 잘못된 이해

한국 판매자들의 경우 어느 정도(일정 금액 이상) 판매를 하면 꼭 스토어나 셀매프(Selling Manager Pro)를 사용해야 한다고 생각하는데 그렇지 않다. 자신에게 도움이 되지 않는다고 판단되면 사용할 필요가 없다. 외국 빅셀러들을 보면 스토어를 운영하지 않고도 많은 매출과 1만점 이상의 피드백을 가진 판매자가 많다. 사용하지 않으면 이베이측에서 불이익을 당한다는 소문은 말 그대로 소문이다. 관리 프로그램 사용과 이베이의 관리 정책과는 무관하다.

요금표는 온라인 거래와 개인 지불로 나누어져 확인이 가능하다. 온라인 거래는 이베이와 같은 온라인 오픈마켓이나 쇼핑몰 결제로 이용이 되고 일반 은행과 같이 개인간 금전거래도 가능하다. 3.4+0.30달러~2.4+0.30달러까지 온라인 거래 수수료가 발생한다. 이 수수료는 판매자가 지불해야 하며 구매자는 소비자가와 배송료만 지불하면 된다. 자세한 내용은 다음 [표 A]를 확인하자.

표 A | 페이팔 수수료

Receiving purchase payments

The standard rate for receiving payments for goods and services is 3.4%.

If you receive more than $3,000.00 USD per month, you're eligible to apply for PayPal's Merchant Rate - which lowers your fees as your sales volume increases. Your fees can be as low as 2.4%, based on your previous month's sales volume.

Monthly Sales	Price Per Transaction
$0.00 USD - $3,000.00 USD	3.4% + $0.30 USD
$3,000.01 USD - $10,000.00 USD	2.9% + $0.30 USD
$10,000.01 USD - $100,000.00 USD	2.7% + $0.30 USD
> $100,000.00 USD	2.4% + $0.30 USD

See general fees information.

View cross-border transaction fees → 국제간 거래 수수료 보기 클릭

Send money(페이팔)
페이팔 밸런스에 있는 돈도 거래시 온라인 거래로 체크해서 거래를 하면 받는 사람 쪽에서 수수료(3.4+0.30달러)가 발생한다. 꼭 개인 간 거래로 체크해서 머니를 보내주어야 수수료가 없다.
국제 거래 수수료는 3.9+0.30달러이다.

개인간 거래의 경우 페이팔 계좌에 가지고 있는 돈을 이용할 경우만 무료이다. 한국판매자들이 서로 개인 간 거래로 계좌에 있는 돈을 활용하는 것은 무료이다. 한국에서는 페이팔 계좌에 돈이 없는 경우 환불문제에서 어려움이 생긴다. 이럴 경우 주변 판매자에게 부탁해서 입금받고(페이팔 밸런스 머니) 원화로 계산해 주는 경우가 많다.

판매자로 활동하는 분이라면 적정금액을 꼭 남겨두고 출금하는 것이 좋다.

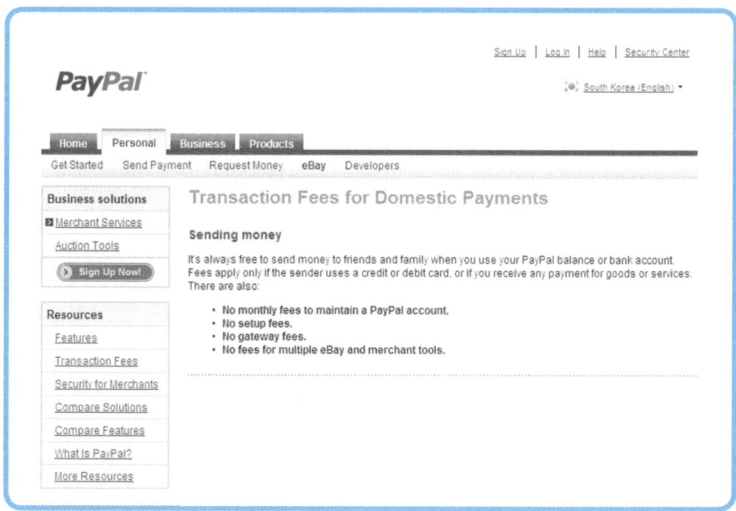

온라인 거래 수수료 요금을 클릭하면 자세한 수수료 화면을 볼 수 있다. 월 거래 금액에 따라 3.4+0.30달러~2.4+0.30달러의 수수료가 나온다. 거래 금액이 많을수록 수수료가 적게 나오는 것을 확인할 수 있다.

위 수수료로 적용을 받으면 좋겠지만 아래 국제간 거래 수수료가 따로 있다.

[표 A]는 기본적인 페이팔 수수료라고 생각하면 된다. 국제가 거래의 경우 통화가 다르기 때문에 페이팔 측에서도 처리하는 업무가 많아질 것이다. 화면의 아래쪽 View cross-border transaction fees을 클릭해 보자.

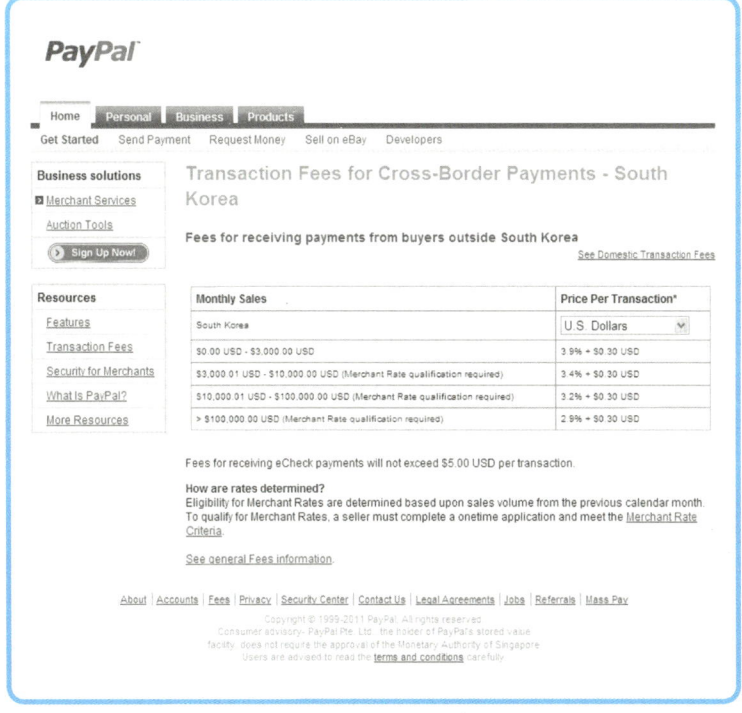

◀ 한국판매자 지불수수료

월거래금액	거래수수료
대한민국	
0.00~3,000.00 달러	3.9%+0.30 달러
3000.01~10,000.00 달러	3.9%+0.30 달러
10000.01~100,000.00 달러	3.9%+0.30 달러
100,000.00 달러 초과	3.9%+0.30 달러

한국을 제외한 지역에서 지불을 받았을 경우 한국판매자가 지불하는 수수료를 확인할 수 있다. 페이팔 기본 수수료보다 0.5%가 추가된 것을 볼 수 있다. 국제간 통화 환전 수수료라고 생각해도 무방하다.

기본적으로 거래량이 많은 판매자가 유리하다는 점은 변함이 없다.

페이팔 수수료와 거래의 편리함을 보면서 항상 마음속에서 바라는 점은 '한국회사도 페이팔과 같은 서비스를 한다면 얼마나 좋을까' 이다.

국제화 시대 쇼핑에서도 국가간 장벽이 무너지고 있다. 유통은 인류의 삶에서 빼 놓을 수 없는 비즈니스다. 한국회사들도 국제적인 서비스를 하는 글로벌 회사들이 나오길 간절히 바란다. 그 서비스를 한국판매자들이 더 유리하게 이용가능하다면 더욱 경쟁력을 갖춘 글로벌 온라인 셀러들이 탄생할 것이다. 또한 국제적인 오픈마켓도 한국회사들이 운영할 수 있을 것이다.

◀ 국내은행으로 출금으로 수수료

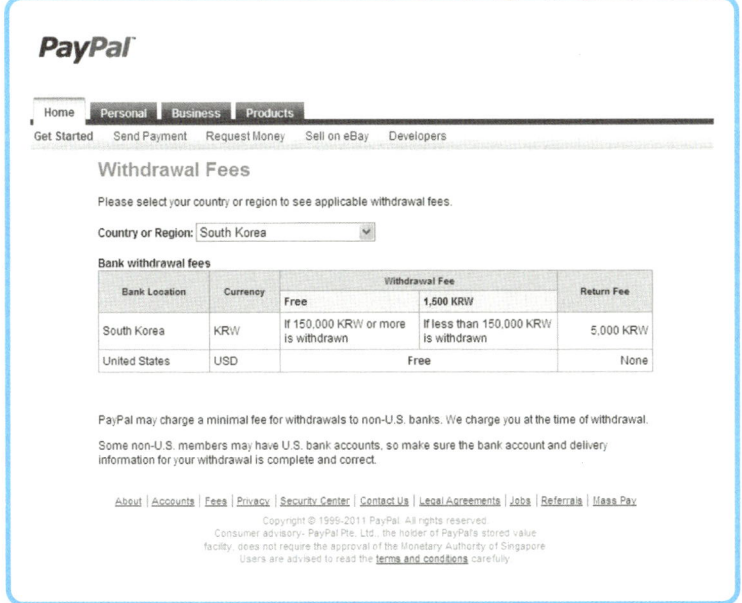

은행출금수수료

은행지점	통화	출금수수료		Return 요금
		무료	1,500원	
대한민국	원	15만원 이상	15만원 미만	5,000원
미 국	달러	무료		없음

대한민국이 IT산업과 함께 유통과 금융산업을 국제화 한다면 그 비전은 말로 설명할 수가 없다. 많은 능력 있는 한국 회사들은 불가능이 없을 것이라 생각한다.

아직 해외 판매를 해 보지 못한 많은 사람들이 궁금해 하는 점은 어떻게 돈을 찾느냐 하는 부분일 것이다. 페이팔을 전자은행이라고 한다면 이 전자은행에 각국의 본인 주거래 통장을 등록할 수 있다. 그리고 돈이 필요한 경우 등록되어 있는 자국의 본인 통장으로 출금 신청이 가능하다. 출금은 자국 통화로 출금 요청시 페이팔 기준 환율로 자동 계산되어 3~5 영업일 사이에 입금된다. 너무 편리하다. 물론 달러로 사용하고 싶은 경우는 페이팔 잔고(Paypal Balance)로 보유하다가 사용가능하다.

출금 수수료의 경우 한화로 15만원 이상은 무료이고 그 이하는 1,500원은 수수료가 발생한다. Return 요금은 5,000원이다. 물론 달러로 미국은행으로 출금한다면 수수료는 없다(미국에서 미국은행으로 가입한 경우만).

지금까지 페이팔 이용 수수료를 확인해 보았다. 페이팔로 인한 온라인 거래의 편리함은 두말 하면 잔소리이다. 다만 판매자 입장에서는 이베이 수수료와 함께 페이팔 수수료를 확인해서 판매적정가를 설정하고 온라인 비즈니스를 해야 한다.

이베이 수수료도 있고 페이팔 수수료도 있다면 판매자가 너무 불리한 것이 아닌가요? 하고 의문을 제기할 수 있다. 과연 올바른 물음인가? 아니다. 환전이나 해외 송금 자체 수수료도 시중은행에서 존재한다.

이베이를 활용한 판매는 해외 판매이다. 다시 말해 수출이다. 영세율이 적용된다는 점을 잊지 말자.

그리고 시장의 크기가 다르다. 국내시장과 전 세계인을 상대로 하는 시장은 그 비전과 거래액이 다르다.

비즈니스는 글로벌 시장을 공략하는 자가 앞서 나간다는 점은 강조해도 지나치지 않다.

Chapter

7

아이템 분석과 시장조사

Ebay Open Market

아이템 검색과 시장조사

이베이 메인 화면에서 상단에 찾고자 하는 상품을 키워드로 검색이 가능하다.

이베이 바이어가 가장 많이 사용하는 검색 방법일 것이다. 키워드 검색은 기본적으로 제목(타이틀)이 가장 많은 영향을 미치기 때문에 판매자 입장에서는 제목을 신중하게 작성하는 것이 중요하다.

이베이 메인 화면 키워드 검색 ▶

최근 국내에서 엄청난 인기를 끌고 있는 청바지 브랜드 True Religion을 검색해 보았다. 국내에서 팔리고 있는 청바지 브랜드 중에서는 명품으로 비싼 가격에 팔리고 있는 브랜드이다. 이 책을 보고 있는 독자가 위와 같이 이베이에서 이 브랜드 상품을 검색해 본다면 상당한 구매 욕구를 느낄 것이라 생각한다. 국내에 수입되어 판매되는 제품보다 가격적으로 상당한 메리트가 있으며 중고 제품도 저렴한 가격에 판매되고 있다.

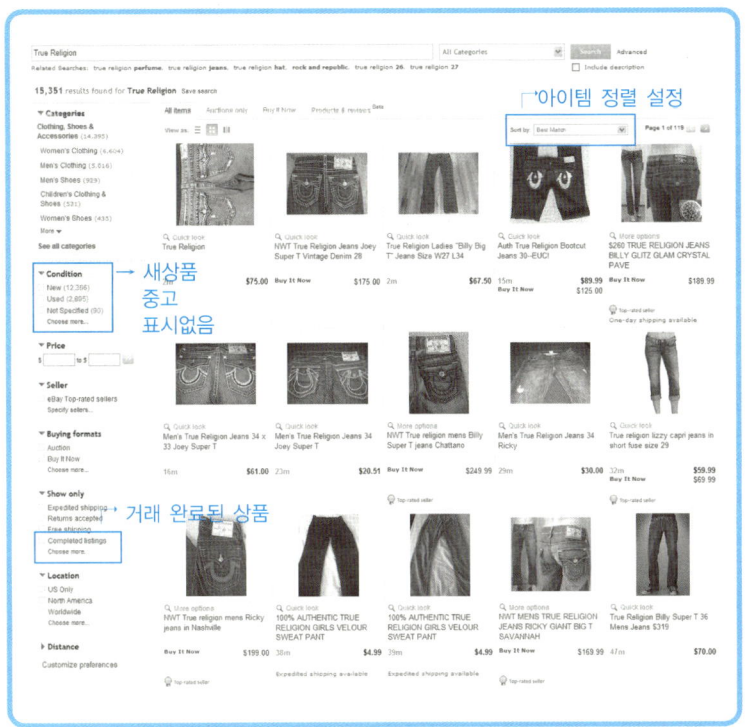

이처럼 이베이는 판매와 구매 양방향 모두에서 메리트가 있는 시장이라고 할 수 있다. 키워드 검색화면에서 다양한 기능들을 활용하고 더 쉽고 더 빠르게 내가 원하는 상품을 검색할 수 있으며 이러한 자료를 토대로 판매전략을 수립할 수 있다.

이 브랜드의 청바지가 15,351개가 검색되었다. 키워드 검색창 아래쪽에 보면 관련 검색어를 확인할 수 있다. 이러한 관련검색어는 이베이에서 많이 검색되고 있는 단어들이므로 판매자를 잘 활용한다면 좋을 것이다. 검색된 화면 좌측의 여러 기능들을 활용한다면 더 자세한 검색이 가능하다. 먼저 카테고리에서 세부 카테고리로 검색이 가능하다. 컨디션 기능에서는 새 제품과 중고 제품을 구분해서 검색할 수 있으며 가격대를 설정해서 검색도 가능하다(위 검색에서는 새 제품이 12,366개, 중고가 2,895개, 표시가 안 된 상품이 90개이다).

이베이에서 우수한 활동을 하고 있는 탑레이티드셀러(Top-rated seller)의 상품만을 검색해 볼 수도 있다. 고정가와 경매 상품을 나누어서 검색도 가능하며 배송형태별 검색 그리고 상품 위치별 검색도 가능하다. 찾고자 하는 상품을 여러 검색 조건을 활용하여 검색하면 좋은 결과를 얻을 수 있다.

우측 상단 베스트 매치로 되어 있는 부분(아이템 정렬 설정)에서 가격순이나 거리별 등으로 상품 나열이 가능하다.

낮은 가격순으로 보기는 많은 사람들이 검색 나열하는 방법일 것이다.

키워드 검색에서 놓치면 안 되는 검색방법 중 하나는 Completed listings(거래 완료된 상품)이다. 거래가 완료된 상품을 분석해서 평균 판매 가격이나 상품의 경쟁력 등 다양한 검토를 할 수 있다.

여성들이 좋아하는 브랜드 중 하나인 chanel을 검색해 보았다. 24,945개의 상품이 판매되고 있음을 알 수 있다. 마찬가지로 좌측의 기능들을 활용하면 좀 더 상세한 검색이 가능하다. 이러한 검색을 통해 실제 구매로 이어질 경우 고가 브랜드는 상품에 대한 상세 페이지를 잘 읽어 보고 혹시 의문점이 있을 경우는 셀러에게 연락해서 문의를 해 보고 나서 구매하는 것이 좋다. 가능하다면 적절한 피드백과 좋은 DSR 점수를 가진 판매자로부터 구매하는 것이 안전하다고 할 수 있다. 물론 이베이에서 구매한 물건에 문제가 생겼을 때는 이베이 고객센터를 통해서 보상을 받을 수 있다.

```
24,945 results found for chanel

▼ Categories 카테고리
Clothing, Shoes &
Accessories (10,943)
  Women's Handbags &
  Bags (2,660)
  Women's Clothing (2,886)
  Women's Shoes (2,651)
  Women's Accessories (2,416)
  Vintage (73)
  More ▼
Health & Beauty (8,146)
  Makeup (3,036)
  Fragrances (2,906)
  Skin Care (817)
  Nail Care & Polish (631)
  Vision Care (367)
  More ▼
See all categories

▼ Condition 상태
  ☐ New (16,112) 새상품
  ☐ Used (7,239) 중고
  ☐ Not Specified (1,557) 표시없음
  Choose more...

▼ Price 가격
  $ [____] to $ [____]

▼ Seller 판매자
  ☐ eBay Top-rated sellers
  Specify sellers...

▼ Buying formats 판매방식
  ☐ Auction 경매
  ☐ Buy It Now 고정가
  Choose more...

▼ Show only 선택만 보이기
  ☐ Expedited shipping 빠른 배송
  ☐ Returns accepted 반품 배송
  ☐ Free shipping 무료 배송
  ☐ Completed listings 거래완료된 상품
  Choose more...

▼ Location 지역
  ☐ US Only 미국만
  ☐ North America 북아메리카
  ☐ Worldwide 전세계
  Choose more...

▶ Distance 거리

  Customize preferences 설정물
```

위에서부터 카테고리 분류검색, 아이템상태, 가격설정, TR셀러, 판매방식, 배송방식, 제품위치 등으로 상세검색이 가능하다. Customize preferences를 누르면 좌측 검색기능을 자신에게 맞게 설정이 가능하다.

새창으로 나와서 자신의 취향에 맞게 변경 가능 ▶

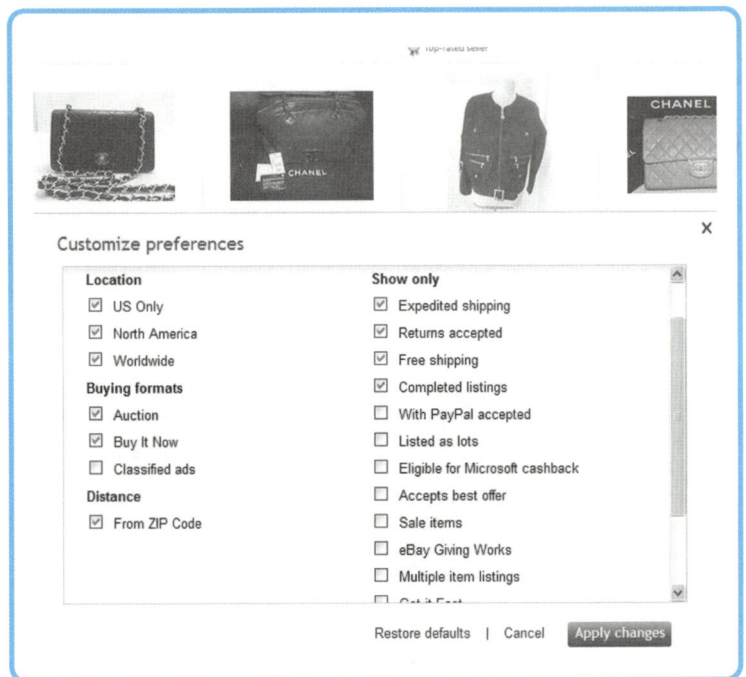

위 화면에서 자신이 자주 사용하는 기능은 체크하고 잘 사용하지 않는 기능을 숨길 수 있다. 한번 설정하면 계속 적용받을 수 있다. 이베이라는 시장은 저가 상품에서부터 고가의 상품까지 판매되지 않는 상품이 없을 정도로 많은 상품들이 거래되고 있다. 이베이는 자동차 시장 또한 활성화 되어 있으며 많은 거래가 이루어지고 있다.

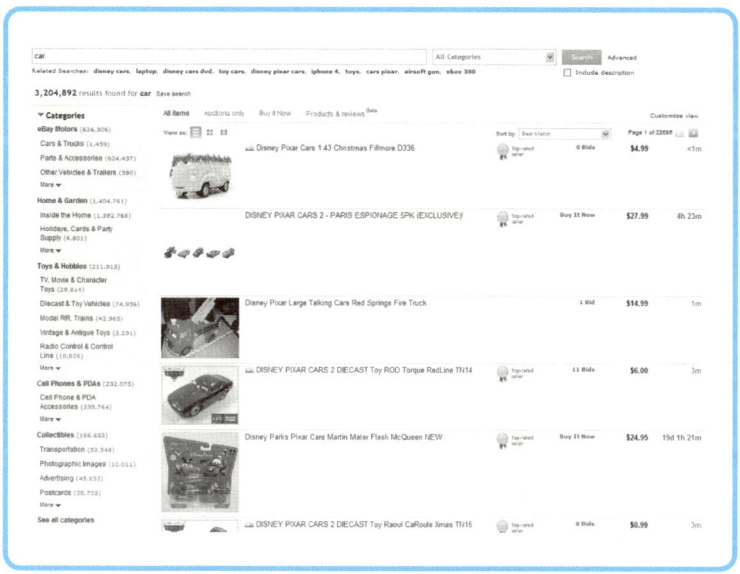

Car라는 키워드로 검색했을 때는 3,204,892개의 상품이 검색되었다. 카테고리를 보니 실제 자동차 외에도 장난감 등의 Car 키워드가 들어간 상품은 다 검색되어진 것을 확인할 수 있다. 자동차와 관련된 상품은 정말 어마어마하다. 많은 상품들이 판매되고 있는 시장이지만 자동차는 우리 생활에서 빼놓을 수 없는 교통 수단 중 하나이므로 앞으로도 이와 관련된 많은 상품이 판매될 것으로 기대된다. 자동차 관련 상품은 매력적이라 할 수 있다.

다음 검색 결과에서 자동차 모터스 카테고리로 들어가 보자. 624,779대의 자동차들이 판매되고 있음을 확인할 수 있다. 국내까지의 자동차 운반을 고려하더라도 이베이에서의 자동차 구입은 상당히 매력적이다. 물론 가격뿐만 아니라 자동차 상태에 대한 철저한 확인이 필요하고 세금문제 등의 관련 법규를 확인하고 구매하는 것이 좋다. 이베이에서의 자동차 구매는 요즘 많이 사용되는 단어, 해외직구 말 그대로 직접구입이다. 직구를 한다는 것은 자신이 구매의 전 과정을 처리해야 하는 부담은 있지만 가격적인 메리트가 엄청 좋다고 할 수 있다. 자동차 관련 분야의 전문가들이나 자동

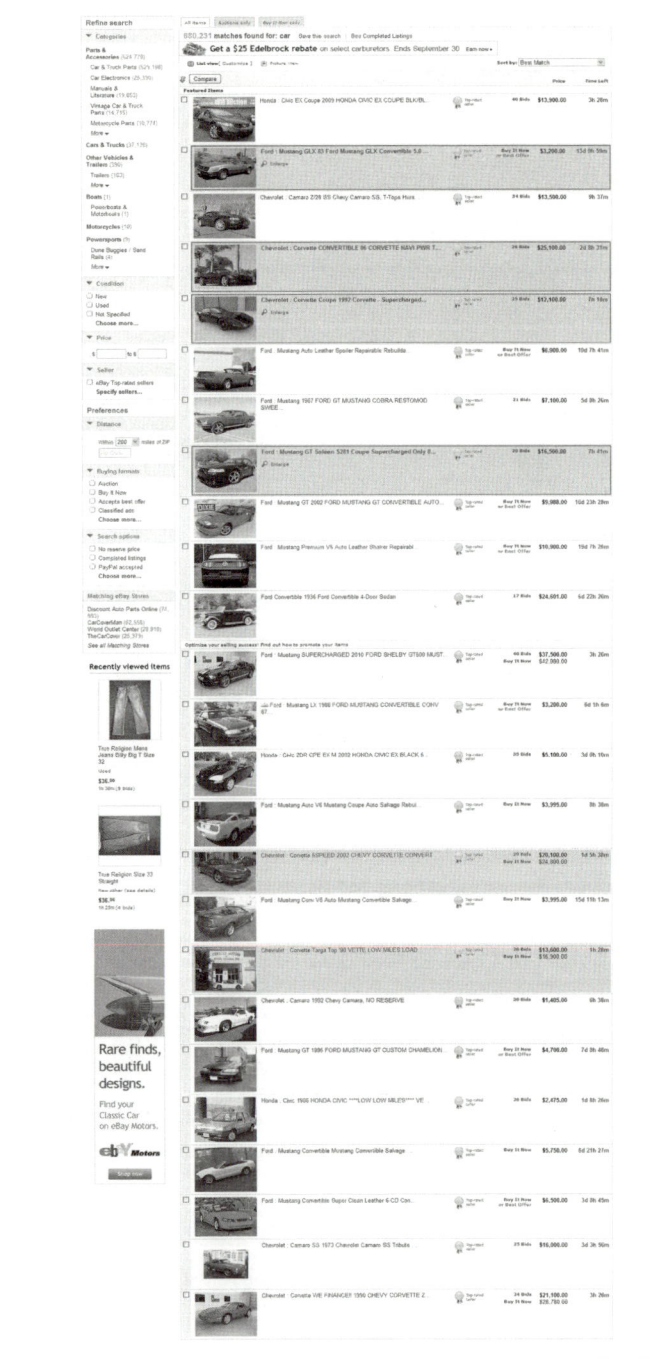

168

제 7 장 아이템 분석과 시장조사 _ **169**

차를 좋아하시는 분들께는 추천할 만하다. 혹시 직접구매하는 것이 부담스러울 때는 전문 구매대행업체에 견적을 의뢰해서 구매하는 방법도 있다.

해외 구매는 사이트의 언어도 다르고 결제 시스템도 다르고 기타 다양한 문제들이 발생할 수 있다. 이러한 문제들을 해결해주고 일정 수수료를 받는 구매대행업이나 배송대행업 기타 결제대행업 등이 존재한다. 이러한 대행관련 사업 중 가장 많은 부분을 차지하는 사이트가 이베이이다. 새삼 이베이의 대단함을 느낀다.

이베이를 활용한 사업은 판매와 구매대행 양방향 모두 진행 가능하다.

단순한 키워드 검색보다 좀 더 자세한 검색을 원한다면 Advanced 검색(상세검색)을 활용해 보자.

이베이 메인화면 키워드 검색창 우측 Advanced를 클릭하면 된다.

이베이에서의 다양한 상품 검색은 단순 구매를 위한 검색일 수도 있겠지만 궁극적으로 시장조사로도 활용이 가능하다. 자신이 판매하고자 하는 상품이 현재 이베이에서 어느 정도 판매가 되고 있는지 경쟁은 치열한지, 어느 정도 퀄러티를 가진 상품들이 판매되고 있는지, 어느 정도 가격대에서 잘 팔리는지 분석이 가능하다면 판매전에 어느 정도 준비를 하고 진입이 가능하다. 따라서 이베이 검색을 단순한 상품 검색으로만 활용하지 말고 검색을 통해 어느 정도 방향을 잡고 시작하는 것이 좋다.

팔고자 하는 아이템 검색 → 이베이 현재 상황 가격별 품질별 판매량별 분석 → 이베이 신규 진입 전략 수립 → 판매진행 → 판매 중 변수를 체크하고 더 나은 방향으로 진행 → 이베이에 성공적인 진입과 판매 어드밴스 서치에서는 자신이 원하는 검색 결과를 위해서 다양한 요소를 자신이 설정해서 검색이 가능하다.

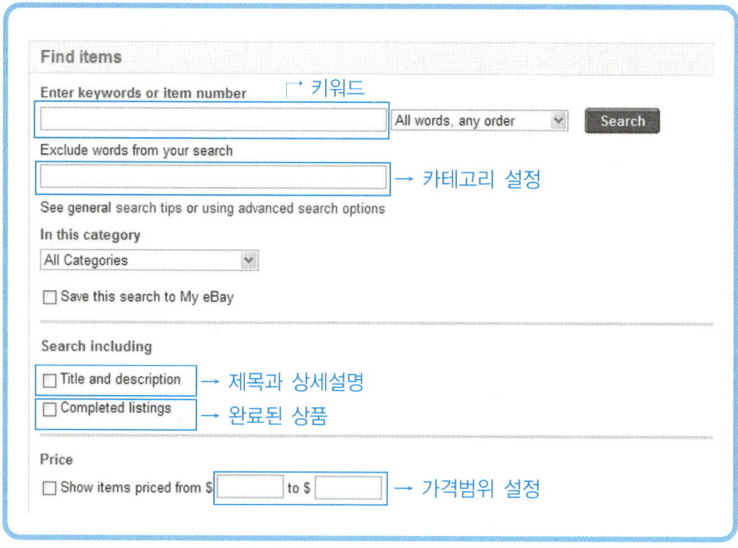

기본적으로 검색하고자 하는 상품의 키워드 검색이 가능하다. 키워드 검색 예를 들어 나이키 의류를 검색하는데 나이키의 경우 의류 외에도 많은 상품이 존재할 것이다. 이런 경우 신발이나 기타 몇 가지 제외 키워드를 작성하여 검색이 가능하다. 위 화면에서 두 번째 키워드 창이 제외 키워드를 넣는 곳이다.

카테고리도 전체 카테고리나 자신이 원하는 카테고리를 설정해서 검색이 가능하다.

검색범위도 제목과 상세 설명부분 그리고 거래완료된 상품까지도 체크 박스를 이용하여 검색이 가능하다.

상품의 판매가격도 설정하여 검색이 가능하다.

```
Buying formats
☐ Auction          → 경매
☐ Buy It Now       → 고정가
☐ Classified ads

Show results
☐ With PayPal accepted Learn more
☐ Listings Ending within ▾ 1 hour ▾  → 경매 남은 시간
☐ Number of bids from: [  ] to: [  ]  → 입찰수
☐ Multiple item listings from: [  ] to: [  ]  → 상품 등록수
☐ Items listed as lots Learn more
☐ Sale items
☐ Best offer Learn more
☐ eBay Giving Works Learn more
☐ Items eligible for Microsoft cashback

Shipping options
☐ Get It Fast Learn more
☐ Free shipping
☐ Local pickup

Items near me
☐ Items within 200 ▾ miles of Zip or Postal Code [    ]
  or Select a popular city... ▾
```

상품 판매방식(경매, 고정가)을 체크해서 검색도 가능하다.

Show results 체크박스는 위에서부터 페이팔로 결제받는 상품, 엔딩 시간 설정 검색, 입찰 수에 따른 검색, 리스팅된 수에 따른 검색, 많이 리스팅된 상품, 많이 팔린 상품, 흥정 기능을 허용하는 상품, 판매되면 기부를 하는 상품 등으로 체크해서 검색이 가능하다.

배송 부분에서는 빠른 배송이나 무료배송 또는 자신이 직접 배송을 해결해야 하는 상품 등으로 나누어 검색이 가능하다.
미국에 거주하는 사람이라면 거리를 설정하여 검색도 가능하다.
위 화면의 체크박스는 자신이 원하는 내용만 포함하여 검색이 가능하다.

[스크린샷: eBay 고급 검색 옵션 화면 - Location, Currency, Sellers, Sort by, View results, Results per page 항목들이 표시됨. United States 드롭다운 두 개에 각각 "→ 판매자 지역", "→ 배송가능 지역" 설명이 붙어 있음.]

지역 부분에서는 이베이 사이트 설정과 상품의 위치 판매 가능지역 등을 설정해서 검색이 가능하다.

이베이 판매를 하다보면 한국 셀러가 판매하는 모습을 보고 참고해서 판매를 하고 싶을 때가 있다. 검색 방법은 자신이 팔고자 하는 상품의 키워드를 넣고 이 부분으로 와서 상품 출발지역을 코리아로 설정해서 검색하면 된다. 잘 팔고 있는 셀러들을 검색해서 분석한다면 자신의 판매에 상당한 도움을 받을 수 있다. 세계 각국의 탑 셀러들을 분석하는 것도 많은 도움이 되지만 기본적으로 판매 환경이 다르다. 따라서 한번쯤은 한국에서 자신과 유사한 상품을 파는 판매자들이 어느 정도 가격에 어떤 상품을 판매하고 있는지 검색하고 분석해서 참고할 필요가 있다.

마지막으로 상품 배열 순서, 보여 지는 페이지 등을 설정해서 Search버튼을 클릭하면 자신이 원하는 상품을 검색할 수 있다.

판매자라면 상황에 따라서 Advanced 검색을 잘 활용하는 것이 많은 도움이 된다.

이베이 펄스 – 현재 잘 팔리고 이슈화된 아이템을 찾아라

이베이 전체에서 가장 잘 판매하는 셀러들이나 가장 검색이 많이 되어지는 키워드 그리고 아이템 정보를 알 수 있다면 정말 많은 도움이 될 것이다. 이런한 정보를 볼 수 있는 곳은 없는가? 이베이에서 이베이 펄스(ebay Pulse)를 활용한다면 검색이 많이 되는 키워드를 카테고리별로 분석할 수 있고 가장 왕성한 활동을 하는 이베이 개인 스토어를 검색해서 볼 수 있다.

이베이 펄스 화면에 들어가는 방법을 소개한다. 먼저 이베이 우측 상단 sell기능에서 What's Hot을 클립하면 이베이 펄스 화면으로 갈 수 있다.

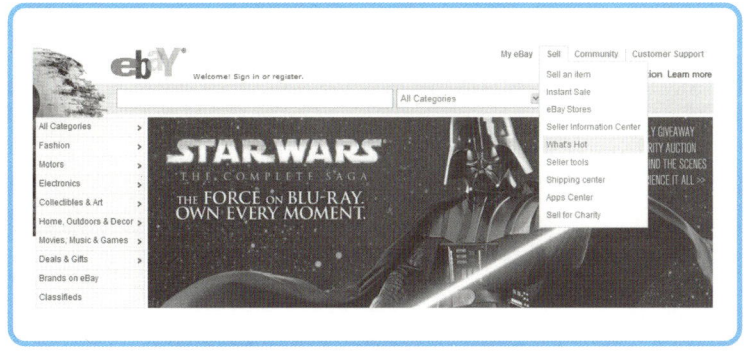

다른 방법으로는 이베이 사이트 맵을 활용해 보자.

이 책에서 소개되는 기능 외에도 이베이에서 제공하는 정보는 어마어마하다. 이러한 기능들을 차근차근 알아가고자 한다면 이베이 사이트 맵에서 여러 화면을 클릭해서 들어가 보는 것도 좋다.

이베이 사이트 맵은 이베이 메인 화면 하단에서 찾을 수 있다.

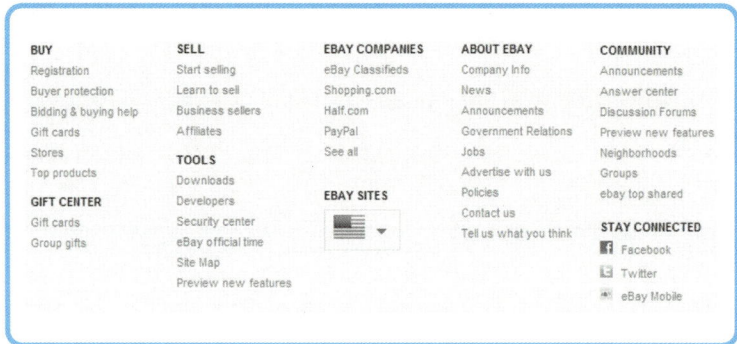

사이트 맵을 클릭하면 오른쪽 화면을 확인할 수 있다.

Buy, Sell, My ebay, Community, Help로 나누어 각 영역마다의 정보를 안내해 주고 있다. 한번쯤은 전체적으로 검토해 보는 것이 많은 도움이 된다.

Buy영역에서 More Ways to Find Items 아래를 보면 이베이 펄스(eBay pulse)를 찾을 수 있다.

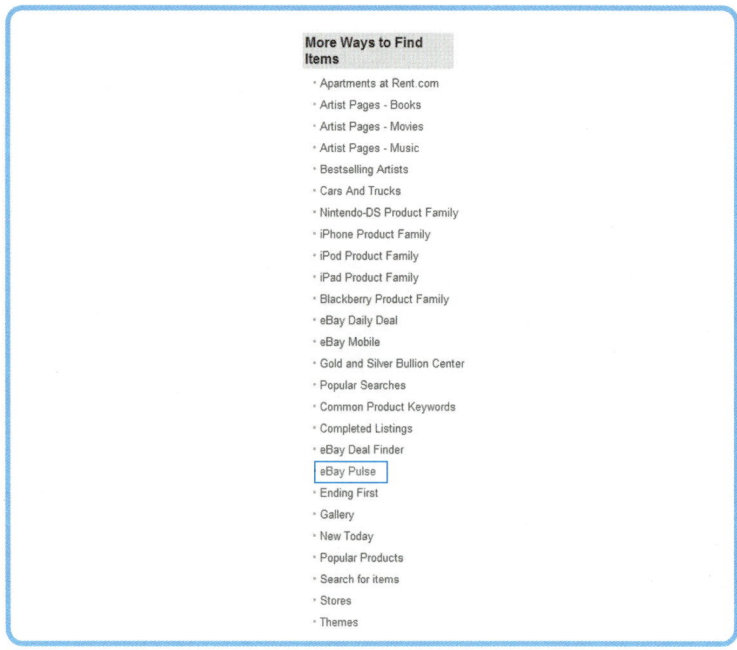

제 7 장 아이템 분석과 시장조사 _ 177

이베이 펄스로 들어가면 현재 이베이에서 가장 많이 검색되고 있는 키워드와 가장 왕성한 활동을 하고 있는 스토어 순위를 보여준다.

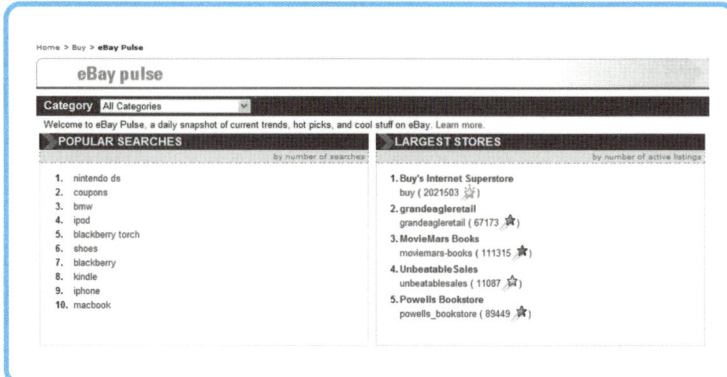

이베이 펄스의 역할과 기능은 이베이 펄스에 대한 설명에서 확인이 가능하다.

단순히 전체 이베이에서 키워드와 스토어 순위만 보여준다면 큰 메리트가 없을 것이다. 이베이 펄스에서는 이베이에서 제공되는 카테고리 하위영역까지 선택해서 정보를 볼 수가 있다.

카테고리를 전체에서 가전으로 바꾸어 보았다. 가전 카테고리에서 많이 검색되는 키워드와 활동력이 큰 스토어 순위를 확인할 수 있다. 더 세부적으로 하위 카테고리인 자동차 가전을 선택해 보았다.

자동차 가전이라는 세부 카테고리에서 더 정확한 정보를 얻을 수 있다. 이러한 세부 카테고리는 이베이에서 판매시 제공되어지는 카테고리까지 이베이 펄스에서도 확인이 가능하다. 여기서 확인되는 키워드를 아이템 제목이나 내용 등에 사용해 검색에서 유리한 판매 페이지를 만들 수 있고 기본적으로 어떠한 제품이 잘 팔리는지를 확인할 수 있기에 판매자에게 많은 도움이 된다. 기타 검색 자료를 다양하고 광범위하게 활용할 수 있다.

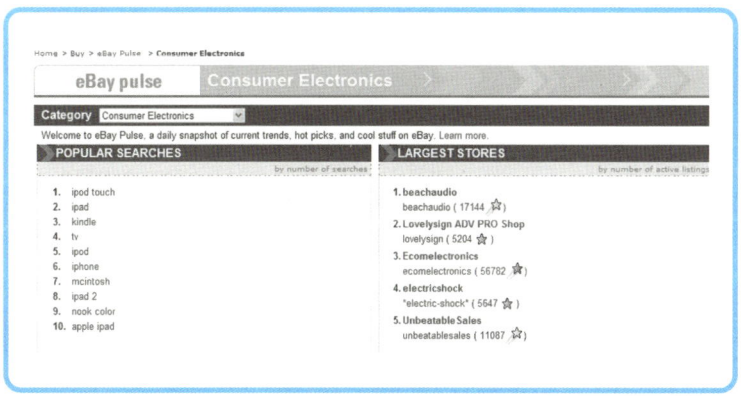

자동차가전이라는 카테고리에서 한번 더 하위 카테고리로 검색이 가능하다.

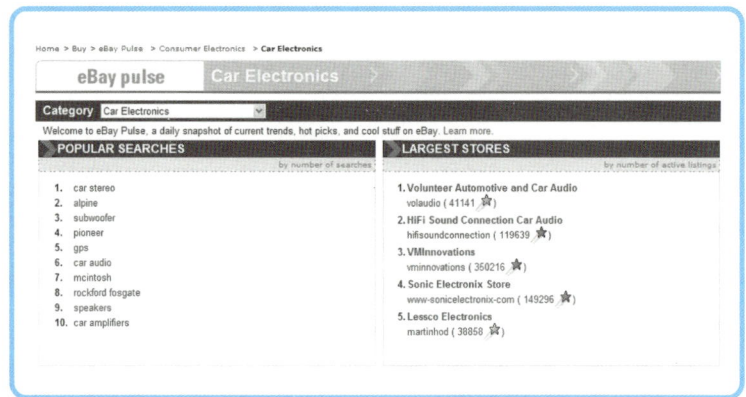

최종 하위 카테고리에서 자동차 가전 관련 악세사리를 검색해 보았다.

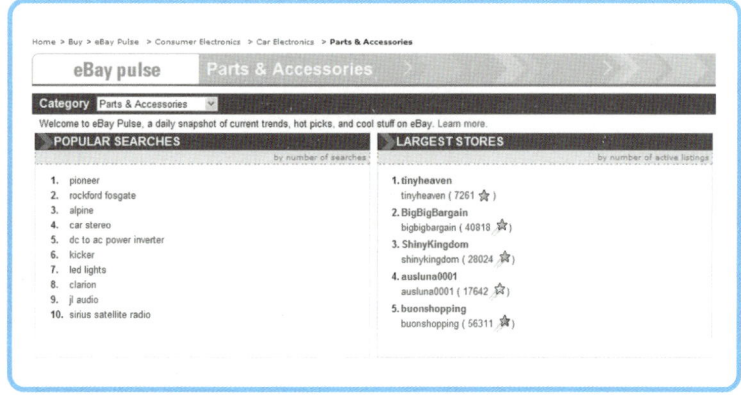

만약 자신이 자동차 관련 악세사리를 팔고자 한다면 기본적으로 이러한 검색을 하고 정보를 정리해서 참고한다면 이베이 판매에 도움이 될 것이다. 이베이에서 검색되는 정보를 활용하는 것은 판매자 각자의 몫이다. 정보를 가지고도 활용하지 못한다면 아무런 도움이 되지 못한다. 어떻게 정보를 활용해서 판매나 활동에 도움이 되게 하느냐는 판매자 스스로가 해야 할 부분이기 때문이다. 이베이 펄스를 수시로 활용해서 판매에 도움이 되길 바란다.

이번에는 카테고리를 바꾸어 스포츠 용품으로 들어가 보겠다.

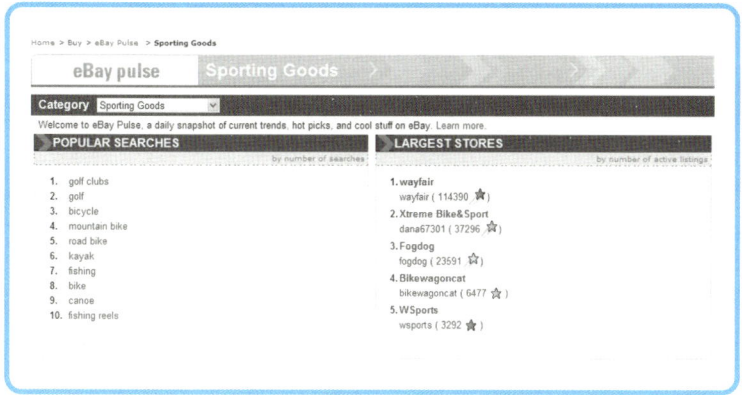

스포츠 용품 카테고리에서는 golf clubs, golf, bicycle 등의 검색어가 인기 있음을 확인할 수 있다. 대한민국에서 생산되는 스포츠 용품들의 품질이 아주 좋은 것으로 알고 있지만 현재 이베이에서 스포츠 용품관련 한국 판매자는 그리 많지 않다. 앞으로 스포츠 용품 분야는 꾸준한 성장을 보일 것으로 예상된다. 따라서 좋은 한국 생산 제품을 가지고 기업이나 개인이 이베이를 통해 판매를 한다거나 전 세계로의 진출에 노력해서 좋은 성과를 얻길 기대한다.

여러 카테고리에서 저가 중국산 제품은 가격적인 부분에서 한국 판매자(seller)를 압박한다. 하지만 우리도 중국산 저가 제품의 실제 품질을 알고 있지 않는가? 품질에만 자신이 있다면 시간이 걸릴 뿐 결국 좋은 결과를 얻을 수 있다. 최저가 경쟁을 하는 것은 서로 제 살을 깎는 치킨 게임이 된다. 가격 경쟁보다는 좋은 품질을 가지고 제 가격을 받는 상품이 장수할 수 있다.
많은 한국 기업과 개인이 세계 시장을 누비길 고대하고 바란다.

스포츠 용품 분야에서 하위 카테고리 골프를 클릭해 보았다.

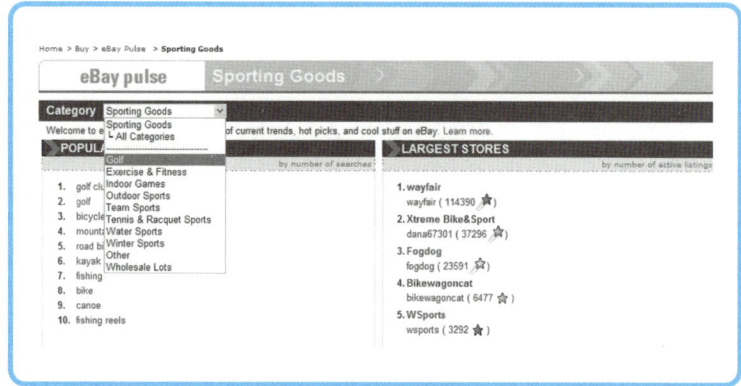

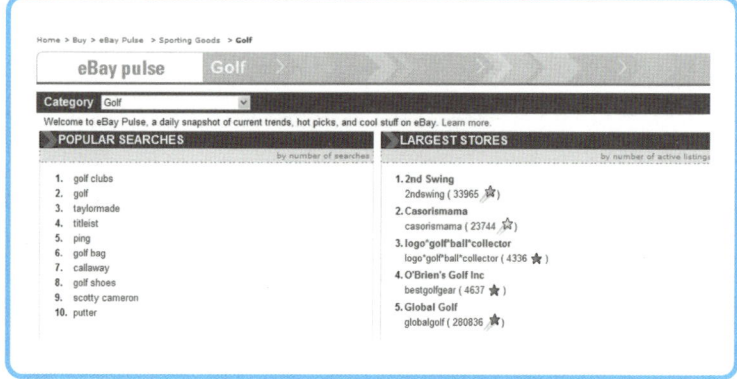

골프 관련 많은 검색된 키워드와 활동이 왕성한 판매자를 확인할 수 있다.

작은 바람이 있다면 오른쪽 스토어 순위에 한국 판매자가 많이 보인다면 좋겠다. 지금은 바람이지만 몇 년이 지나면 현실이 될 것이라고 확신한다.

골프 카테고리에서 하위 의류, 신발, 악세사리를 클릭해 보았다.

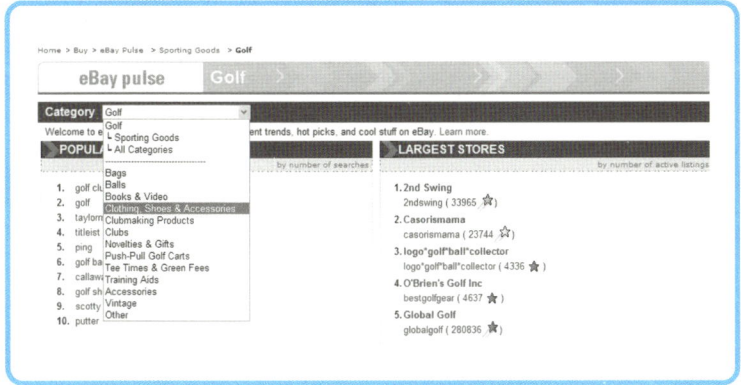

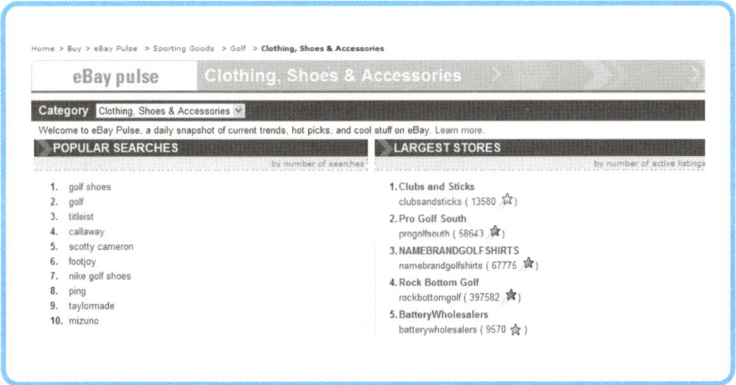

가장 하위 카테고리에서 세부적인 정보를 체크할 수 있다.
이러한 정보를 정확히 분석하여 리스팅(상품등록)을 하고 상세페이지를 만든다면 훨씬 유리한 판매를 할 수 있을 것이다.
위와 같은 분석을 많이 하면 선입견을 갖거나 진입 전에 겁을 먹는 경우가 있다. 특히 판매와 관련된 직업에 대해 경험이 없는 판매자라면 더더욱 고민이 많아지게 된다. 이론과 실전은 다르다. 분석은 참고하기 위해 하는 것이지 분석에서 결론을 얻는 것은 잘못이다. 똑같은 상품을 주어도 어떤 판매자는 비싼 가격에 잘 파는가 하면 어떤 판매자는 하나도 못 팔고 이런 사업은 안 되는 것이라 하며 포기한다.

온라인 사업(전자상거래)도 실전이기 때문이다. 상세페이지의 차이, 키워드의 차이, 고객응대의 차이 등 여러 가지 변수에서 사업의 성공과 실패가 결정된다.

특히 이베이 판매의 경우 초보셀러를 벗어나기 위해서는 꾸준한 노력이 일정 시간 이상 필요하다. 조금 하다가 잘 안된다고 포기한다면 그 또한 자신의 몫이다. 어느 분야의 사업이든 꾸준히 노력하고 여러 가지 어려움을 극복했을 때에라야 비로소 좋은 결과를 만들 수 있는 것이다.

객관적으로 보면 이베이 시장이 국내보다는 유리하고 세계시장이라 비전이 큰 것은 사실이지만 이 시장 또한 전 세계에서 많은 판매자가 활동하고 있고 언어의 문제를 극복해야 하며 다양한 문화를 가진 국가에 판매를 해야 한다는 어려움이 있다. 다양한 어려움을 극복하고 여러 가지 많은 노력을 했을 때 좋은 결과를 기대할 수 있다.

이베이 시장에서 어느 정도 자리를 잡게 되면 그 가치는 엄청나다. 이 책을 읽고 있는 독자들은 이베이 시장의 장단점을 정확히 파악해서 계획을 세우고 자신의 목표를 위해 꾸준히 노력하길 바란다.

이베이옥션을 활용한 검색
- 실시간 이베이 등록상품을 한글로 본다

지금까지의 검색 방법은 다 이베이에서 하다보니 영문페이지 정보수집에 한계가 있을 수 있다.

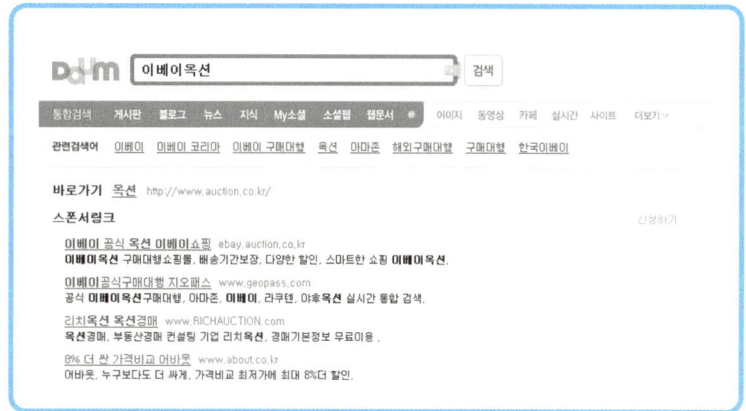

이럴 경우 이베이 구매대행 사이트인 이베이옥션에서 상품을 검색해 보는 것도 좋은 방법 중 하나이다. 포털 사이트에서 이베이옥션을 검색하면 구매대행쇼핑몰 이베이옥션을 찾을 수 있다.

이베이옥션은 한국기업이 운영하는 구매대행 사이트이다. 현재 국내에서 이루어지는 구매대행 상품 중 대부분이 이베이를 통한 구매이다. 이 책을 보고 있는 독자는 배송대행이나 결제대행을 제외한 이베이 구매대행은 필요하지 않을 것이라 생각한다.
이베이옥션은 한글로 되어 있고 이베이 상품이 실시간 연동되어 있어 검색하기에 무척이나 편리하다. 이베이옥션 검색을 잘 활용한다면 시장조사를 비롯한 다양한 정보를 얻을 수 있을 것이다.

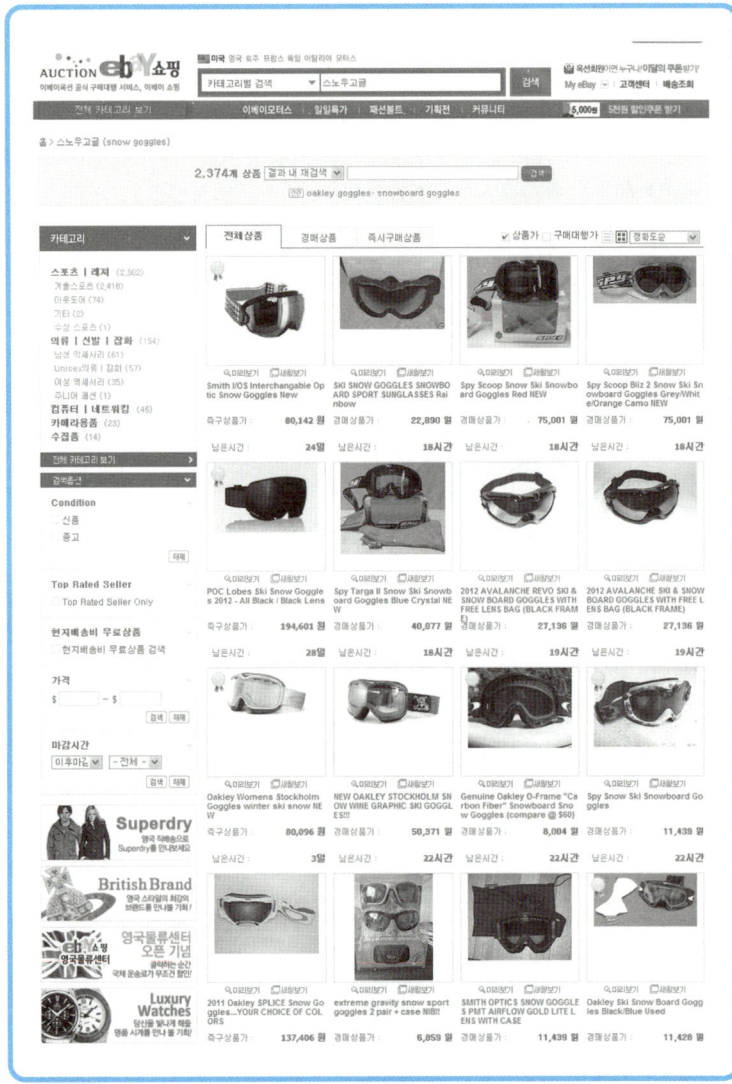

이베이옥션 사이트에서 스노우 고글(Snow Goggles)을 검색해 보았다. 이베이에서 판매되고 있는 고글들이 실시간 한국어로 바뀌어 보여진다. 좌측 메뉴를 활용해서 카테고리별, 신품, 중고 등으로 나누어 검색도 가능하다.

스노우 고글의 경우 직구(해외상품직접구매)가 상당히 매력적인 상품 중 하나이다.

화면에서 첫 번째 나온 스미스 IO 고글을 클릭해 보았다.

카테고리부터 화면 상세정보까지 잘 번역되어 한글로 보여주고 있다. 구매대행 사이트이므로 이베이 판매가격과 환율 계산 후 수수료와 국제 배송료를 포함하여 구매대행 가격도 표시해주고 있다. 구매대행업체를 통한 물건 구매는 전 과정을 대행업체가 책임을 지기에 안전한 쇼핑이 가능하다. 다만 이 대가로 수수료를 지불해야 한다. 그냥 편안하게 구매하고픈 분은 구매대행 사이트들을 이용하는 것도 나쁘지 않다. 꼭 스스로 구매도 해보고 앞으로도 많이 구매해야 하는 경우의 분이라면 이번 기회에 책을 참고하여 스스로 구매하는 요령을 익히는 것이 좋다.

위 상품의 이베이 화면을 보자.

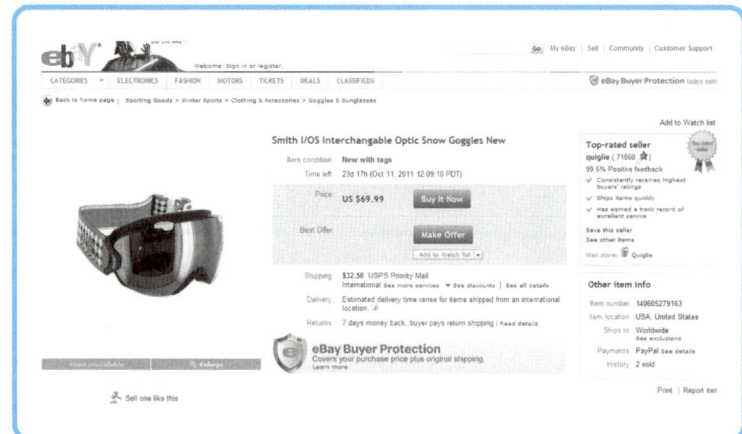

이 상품의 경우 국제 배송료가 32.50달러이고 미국 배송은 무료이므로 직접구매보다는 위 대행업체를 이용하는 것이 유리하다. 이유는 상품가격과 판매자가 제공하는 국제배송을 이용할 경우 요금이 더 비싸기 때문이다. 구매대행업체의 경우 배송라인을 가지고 있기 때문에 이런 경우 직구보다 대행이 유리할 때도 있다. 보통은 여러 가지 면에서 직구가 유리하다.

한국에서 여성들에게 인기 있는 가방 브랜드 중 하나인 루이비통을 검색해 보았다.

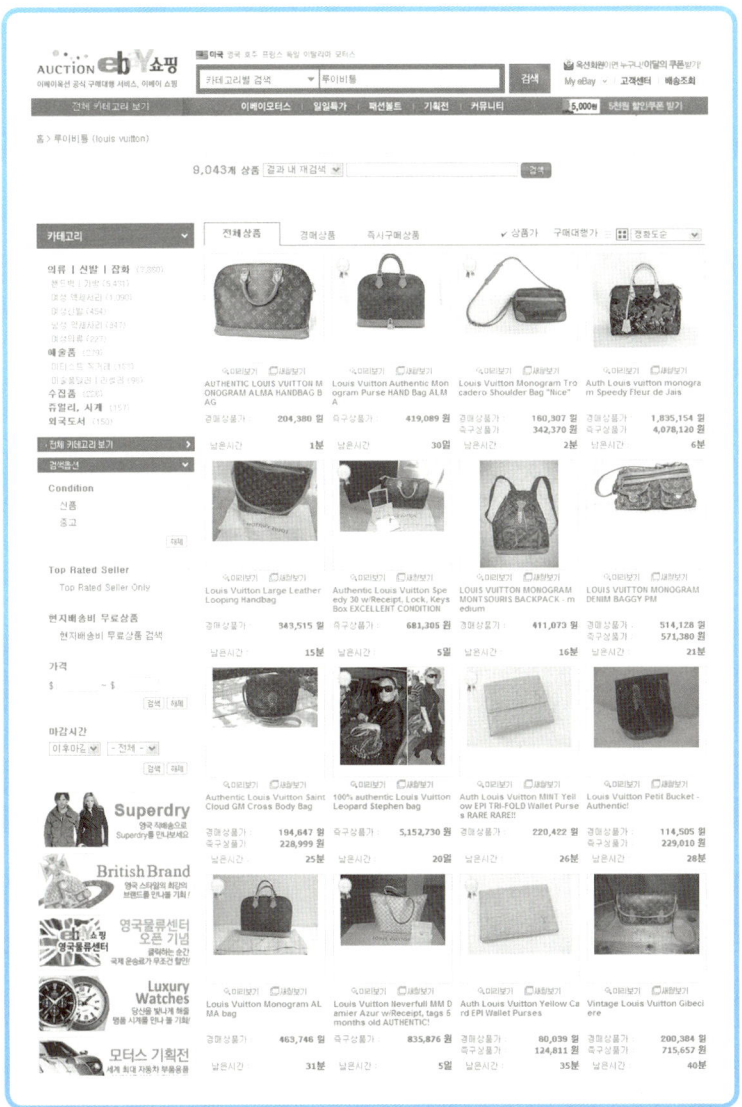

이베이 시장은 전 세계 판매자들이 활동을 하고 있어 국내보다 유리한 쇼핑을 할 수 있다. 특히 중고 상품의 경우도 좋은 가격에 쇼핑을 할 수 있기 때문에 인기가 좋다. 다만 명품이나 고가의 상품을 구매하는 경우 판매자 신뢰도와 기타 상품에 대한 상세페이지 등을 잘 살펴보고 구매하는 것이 중요하다. 이베이 정책은 모조품의 판매를 허용하지 않으나 일부 판매자들의 경우 모조품(흔히 짝퉁)을 판매하는 경우도 있으니 주의하길 바란다. 특히 중국이나 홍콩 쪽 셀러의 상품은 주의 깊게 살펴보고 구매하는 것이 좋다.

이베이는 판매나 구매 모두 어느 정도의 경험이 필요하다. 국내 시장이 아니라 국가간 거래가 이루어지는 세계시장이기 때문이다.

화면에 보이는 상품 중 두 번째 상품을 클릭해 보았다.

이 가방의 경우 이베이옥션에서 구매가와 국제배송료+관세+수수료를 포함하여 569,760원에 판매하고 있다.
이베이 닷컴에 올라온 상품이고 일본TR셀러(Top-rated seller)가 판매하고 있는 상품이다.
이 상품의 이베이 실제 화면을 보자.

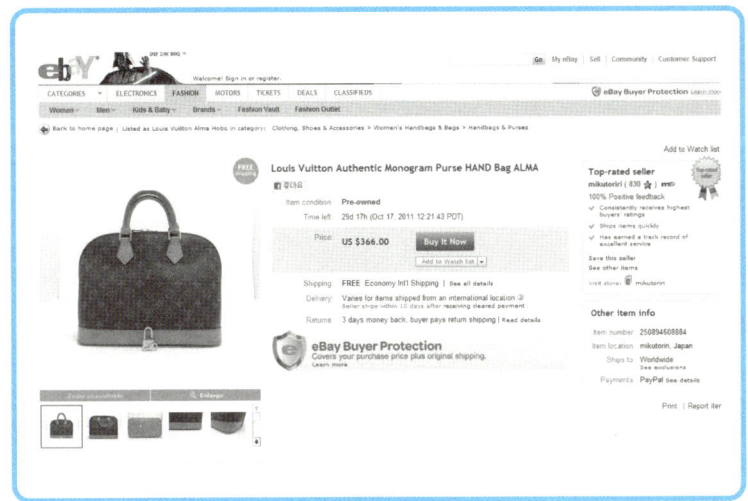

이베이 실제 판매 화면이다. 고정가로 366달러에 판매하고 있으며 배송정보에서 무료배송임을 확인할 수 있다. 따라서 이 상품의 경우 직구(해외직접구매)가 가격적인 측면에서 훨씬 유리하다. 이 경우 대행업체가 없는 배송비용을 설정해서 넣었고 수수료도 추가로 측정해서 대행업을 하고 있음을 확인할 수 있다.

구매대행사이트에서 검색정보를 체크하는 내용이라 구매를 중심으로 집필을 해 보았다. 한글로 실시간 연동되는 사이트에서 이베이 시장조사를 하는 것도 엄청 매력 있는 일이다.

지금까지의 이베이 서치 방법을 자신에게 알맞게 활용해서 사전 분석도 하고 계획도 세우고 목표도 설정하여 이베이에서 좋은 성과를 만들기 위한 노력을 꾸준히 하길 바란다.
개인적으로 좋아하는 말 중 하나가 노력은 배신하지 않는다는 문구이다. 노력을 했다면 그 안에서 무언가 느끼고 배울 수 있을 뿐 아니라 그 경험은 자신을 성장시키기 때문이다.
물론 경우에 따라서는 온라인 판매가 전혀 적성에 맞지 않는 사람이 있을 수도 있다. 이 경우 다른 일을 한다고 해도 분명 무언가 배워가는 부분이 있을 것이다.

정말이지 제대로 노력해보지 않고 어떤 일에 대한 평가를 내리는 것은 위험한 일이다. 왜냐하면 잘못된 충고로 누군가의 인생이 변할 수도 있기 때문이다. 이 책의 목표는 이베이라는 시장을 정확하게 바라보고 자신이 도전하고자 한다면 스스로 부단히 노력해서 성과를 만들어 가라는 것이다.

이베이 사전 시장 조사는 상품에 대한 조사, 판매 가능성 조사, 소비자 취향이나 패턴 조사, 마케팅 전략 수립, 잠재 수요자 체크 등 여러 가지 방향으로 검토가 가능하다. 정확하고 미래 지향적인 데이터를 가지고 있다면 이베이 시장 진입과 성공에 많은 도움이 될 것이다.

기업의 입장에서는 꼭 판매에 따른 이익추구가 목적이 아니더라도 이베이를 통한 기업 이미지 확보나 제품 알리기 등 여러 가지 목적으로 이베이를 진행할 수 있다.

기존 유통 채널에서 전자상거래의 혁명이 있었다면 이제 전자상거래 채널의 국가간 장벽을 없애는 혁명이 유통에서 시작될 것이다.

> **Tip**
> 기업이나 전문 셀러들의 경우 이베이 시장조사를 좀 더 체계적인 자료를 가지고 하고픈 욕구가 있을 것이다. 이럴 경우에는 http://www.terapeak.com 을 이용하는 것이 좋다.
> 다만 매월 사용료를 지출해야 하기 때문에 초보 판매자나 일반 판매자들에게는 부담스러울 수 있다.
> 테라픽(Terapeak)의 경우 이베이의 관해 모든 통계를 상품별, 판매통계별, 판매자 분석 등으로 가지고 있다고 해도 과언이 아니다. 체계적인 통계 자료가 꼭 필요한 경우 테라픽을 활용하길 바란다.

유통의 혁명 전자상거래 이제는 세계시장 진출이다.

과거 물물교환 시절부터 유통은 우리 인간에게 빼 놓을 수 없는 생활의 일부가 되었다. 어떤 곳에서 좋은 물건을 살 수 있다거나 어디서 저렴하게 구입가능하다는 정보는 많은 사람들에게 인기 있는 정보이며 그 효과 또한 크다. 수 십년전 동네구멍가게는 어린이들의 사랑을 한 몸에 받았다. 한 곳에서 많은 상품을 쇼핑할 수 있게 된 백화점은 아직까지 많은 이들의 사랑을 받고 있고 이에 대한 신뢰도 또한 크다. 최근 창고형 대형 할인매장 시스템으로 운영되는 대형 마트가 소비자들로부터 인기를 끌고 있다. 생활에 필요한 물품을 한곳에서 가격을 비교해 가면서 쇼핑을 할 수 있고 가격이 저렴하다는 점과 일정 구매금액 이상이면 배달을 해준다는 것도 큰 장점이다. 쇼핑카트를 가지고 다니면서 쇼핑을 하는 모습은 이제 일반화 되었다.

유통의 발전 과정 중 가장 큰 혁명은 전자상거래이다. 인터넷이 보편화 되면서부터 전자상거래가 등장했다. 초기 전자상거래 시장에서는 인터넷으로 상품의 거래가 일어나는 것에 대한 회의적인 시선이 많았다. 의류의 경우 입어보지도 못하고 실제 눈으로 확인도 못하고 재질을 만져보지도 않았는데 어떻게 거래가 일어나는가에 대한 의구심이 많았다. 음식의 경우도 믿을 수 없는데 어떻게 구매가 일어나는가? 기타 결제 시스템, 정보유출 문제 등 전자상거래의 미래는 불투명했다. 하지만 전자상거래가 발전하면서 이러한 회의적인 시각들은 사라지고 이제는 과열경쟁으로까지 치닫고 있는 시장이 되었다. 현재 전자상거래로 유통이 되지 않는 물건은 없다고 해도 과언이 아니다. 부피가 작고 가벼운 소품에서부터 생활용품, 의류, 신발 그리고 가구, 자동차 등에 이르기까지 전자상거래는 유통의 가장 중심이 되는 한 축으로 발전하였다.

현대 유통분야에서는 전자상거래를 빼놓고는 업무가 진행되지 않을 정도로 그 영향력이 커지고 있다. 우리나라 인구는 2010년 기준 약 5,000만 명이다. 보통 전자상거래 시장에서의 소비자 수를 이야기 할 때 국내 소비자가 3,000만 명이라 이야기 한다. 어마어마한 시장이다. 국민의 60%가 소비자이다. 국내 인터넷 환경과 인프라의 발전은 전자상거래를 급속도로 발전시켰다. 하지만 이제 제2의 혁명을 준비할 때이다.

유통에 있어 전자상거래가 1차 혁명이라면 이제는 국가 간 직거래로 이루어지는 2차 혁명을 준비해야 할 시기이다. 전자상거래가 유통의 혁명이 될 수 있었던 가장 큰 이유는 생산자와 소비자의 거리를 직거래로 만들었기 때문이다. 이제 국가 간 거래도 다이렉트(직거래)로 이루어지는 시대가 올 것이다. 국내 시장의 경우 3,000만 명의 소비자가 존재하지만 전 세계를 상대로 판매가 이루어지는 한 사이트인 이베이의 경우 그 회원 수만 2010년 기준 3억 4,000만 명이다. 단순하게 생각하여도 국내 인구는 5,000만 명이지만 전 세계 인구는 70억 명이 넘는다. 이제 전자상거래도 전 세계인을 상대로 유통을 해야 한다. 과거 수출입 무역은 기본적으로 시장조사와 인력이 들어가고 그 과정 또한 복잡하고 어려웠다.

전자상거래 시장은 이베이처럼 기본적인 인터넷 마켓 공간이 제공되며(개인 영문 쇼핑몰도 비슷하다.) 결제 시스템 또한 어렵지 않다. 배송문제도 우체국에서 일반적으로 알려진 것보다 다양한 상품을 사용하여 전 세계로 발송할 수 있다. 언어는 극복해야 할 문제이지만 인터넷의 번역기와 다양한 프로그램의 활용으로 쉽게 접근할 수 있는 부분이기도 하다. 물론 빅셀러(파워셀러)가 되고자 한다면 언어에 능숙한 사람이 더욱 더 유리하다.

국내시장은 이제 좁다. 우물 안 개구리처럼 안주하지 말고 세계 시장으로 진출해 보자.
대한민국에서 생산되는 좋은 제품들을 세계 시장에 알리고 판매해 보자. 전자상거래 유통은 많은 사람들에게 새로운 직업을 만들어 줄 것이며 대한민국을 발전시킬 것이다.

기업이나 전문 셀러들의 경우 이베이 시장조사를 좀 더 체계적인 자료를 가지고 하고픈 욕구가 있을 것이다.

이럴 경우에는 http://www.terapeak.com을 이용하는 것이 좋다.

다만 매월 사용료를 지출해야 하기 때문에 초보판매자나 일반 판매자들에게는 부담스러울 수 있다.

테라픽(Terapeak)의 경우 이베이의 관해 모든 통계를 상품별, 판매 통계별, 판매자 분석 등으로 가지고 있다고 해도 과언이 아니다.

체계적인 통계 자료가 꼭 필요한 경우 테라픽을 활용하길 바란다.

Chapter 8

빠르고 쉬운 이미지 작업

Ebay Open Market

쉬운 이미지 작업 – 포토스케이프 활용

온라인 판매를 처음 생각하는 분이라면 이미지 작업이 가장 큰 고민 중 하나일 것이다. 포토샵이나 일러스트를 화려하게 다룰 수 있다면 좋겠지만 그건 몇몇 웹 디자이너들의 이야기이다. 그렇다고 이제 막 해외판매에 도전하면서 웹 디자이너를 고용한다는 것도 배보다 배꼽이 큰 이야기가 된다. 이러한 문제를 한방에 해결해 주는 좋은 프로그램이 있다.

포토스케이프라는 무료 프로그램이다. 포토샵과 달리 프리웨어라 누구나 편하게 다운로드를 받아서 사용할 수가 있다. 기능이 다양하면서도 사용하기가 편리해서 누구나 3~4시간만 사용해 보면 이미지 작업을 할 수 있다. 이베이 시장을 살펴보면 한국 판매자와 홍콩쪽 판매자와 일부 몇몇 제외하고는 잘 꾸며진 이미지를 사용하는 판매자는 거의 없다. 물론 기왕이면 다홍치마라고 예쁘고 세련된 이미지를 사용하는 것도 구매자들에게 어필하는 부분이 많을 것이다. 하지만 전 세계 인터넷 망을 통해서 접속되는 시장에서 가장 깔끔한 판매페이지를 보여주는 것 또한 좋은 전략이 된다.

한국에서 온라인 판매자들의 경우 세로로 아주 긴 이미지를 올려서 정말 많은 상품과 정보를 한 판매페이지에서 볼 수 있도록 하는데 이베이에서는 이런 페이지가 오히려 독이 될 수 있다. 국가별로 이미지가 보여지는데 시간이 다르고 외국 검색엔진에서는 이런 통 이미지에 대한 정보가 전혀 없기때문에 노출에도 문제가 된다.

이베이 판매페이지의 경우 정보는 꼭 텍스트(문자)로 작성하고 꼭 필요한 이미지만 몇 장 올리는 것이 가장 좋다.

잘 작성된 텍스트 정보는 외국 검색엔진에 노출된다. 구글에서 아이템 검색을 하다보면 이베이 판매페이지나 스토어가 자주 검색되는 것을 확인할 수 있다.

고사성어에 사족(蛇足)이라는 말이 있다. 아주 긴 이미지나 필요치 않는 내용까지 넣는 것은 이베이에서도 사족이 될 수 있다.

> **Tip**
> 앞으로 전자상거래 쇼핑은 꼭 컴퓨터 앞에서만 이루어진다고 볼 수 없다. 기본적으로 데스크탑 컴퓨터에서 구매가 이루어지지만 휴대폰이나 기타 인터넷 접속이 가능한 기기를 이용한 쇼핑도 늘어날 것이다. 이미지 작업도 이러한 환경에서의 검색도 고려해야 한다.

포털 사이트에서 한글로 포토스케이프를 검색해 보자.
아래 화면은 다음 자료실에서 포토스케이프를 검색한 화면이다.

프리웨어이고 다양한 운영체제에서 사용할 수 있고 현재 인기가 좋은 프로그램 중 하나라는 것을 확인할 수 있다.
자, 포토스케이프를 컴퓨터에 다운로드 받아 설치하고 실제 이미지 작업을 해 보자.

포토스케이프 실행 화면이다.

포토스케이프는 많은 다양한 기능들을 제공하고 있지만 보통 많이 사용하는 기능은 사진편집 기능, 페이지 기능, 화면캡처 기능이다.

이 책에서는 사진편집 기능과 페이지 기능을 활용한 사진합성 등의 내용을 소개하겠다. 포토스케이프 실행화면에서 다양한 사용방법을 동영상으로 제공하고 있으니 스스로 더 많은 기능을 배워서 사용하는 것도 아주 좋다.

온라인 판매를 하면 꼭 필요한 사진은 대표사진(썸네일)과 상품 설명부분에 들어가는 이미지이다. 대부분의 오픈마켓들은 대표사진을 업로드할 수 있는 기능을 제공한다. 이베이도 1장의 대표사진은 무료로 올릴 수 있게 제공하고 있으며 추가 사진 등록은 일정 비용을 받고 있다(수수료 부분 참조).

상품 설명 부분에는 사진을 올릴 수 있는 공간(저장 공간)을 이베이에서는 주지 않는다. 우리가 상품 판매페이지에서 보는 이미지는 외부 웹 호스팅을 이용하며 인터넷 공간에 올려진 이미지를 HTML명령어를 이용하며 그 화면에 나타나게 한 것이다.

이미지 보기 기본 HTML : 〈img src="웹호스트주소"〉

정리하자면 이베이 판매를 위해 대표사진으로 올릴 이미지와 웹 호스팅을 해서 판매 상세페이지에 올릴 이미지를 만들면 된다.

포토스케이프를 활용하며 이미지 작업을 해 보도록 하자.
먼저 사진 편집기능에서 실제 이미지 작업 기능들을 살펴보자.

사진 편집기능은 한 장의 사진을 선택해서 편집하고 저장하는 화면이라는 설명이 되어 있다.

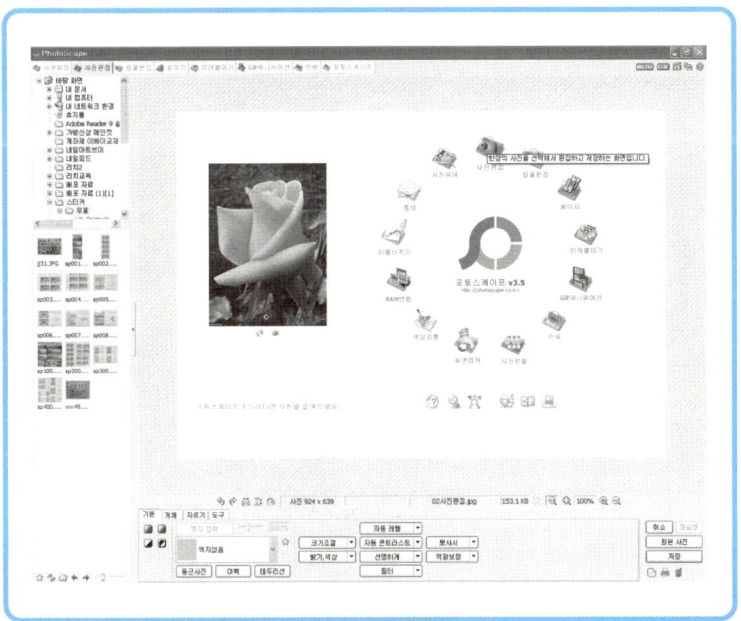

사진편집기능에서는 좌측에 내 컴퓨터 정보를 볼 수 있으며 내 컴퓨터에 있는 이미지를 선택하여 가져올 수 있다. 포토스케이프 초기 화면을 가져 와서 이미지 작업을 설명한다.

사진 편집에는 하단에 다양한 기능들이 있다. 기본기능에서는 사진 여백, 테두리선 넣기, 크기조절, 밝기 색상 조절 등 다양한 기능들을 손쉽게 사용할 수 있다.

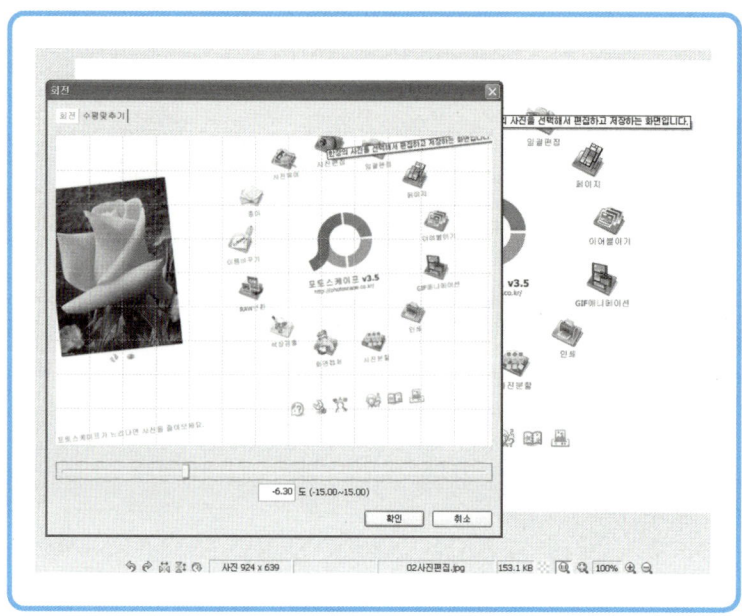

체크박스에 있는 기능들은 화면의 밸런스를 맞추거나 회전, 좌우 반전, 상하반전 등의 기능들이다. 편집할 이미지에 맞게 이러한 기능들을 사용하여 자신이 원하는 이미지를 만들 수 있다.

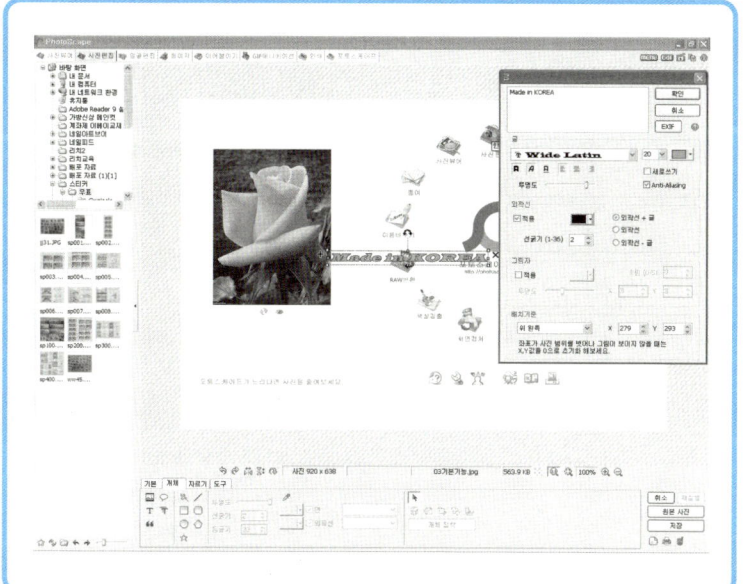

◀ ① Made in KOREA

사진편집의 개체 메뉴에서는 이미지 삽입, 문자 넣기, 말풍선이나 기타 도형 넣기 등의 다양한 기능들을 사용할 수 있다. 화면은 Made in KOREA라는 문자를 넣고 있다.

② 말풍선 기능 ▶

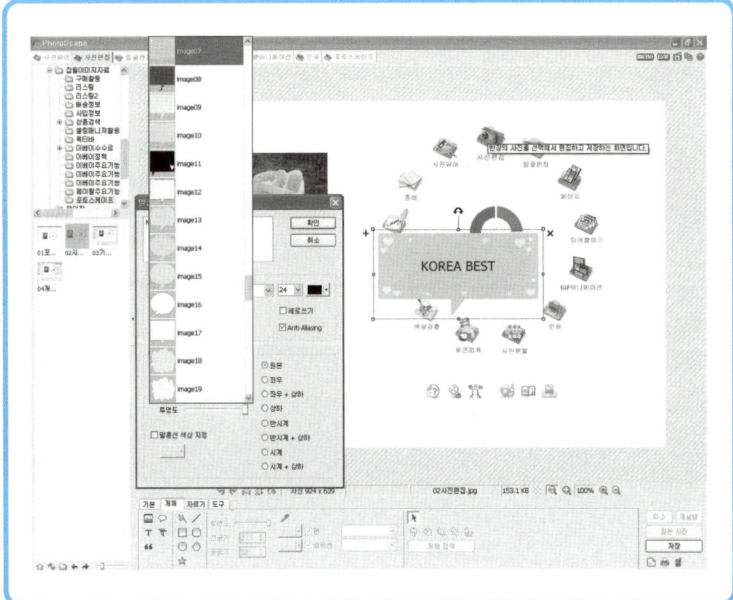

그냥 문자를 넣는 것이 마음에 들지 않는다면 말풍선 기능을 사용하며 마음에 드는 모양을 고르고 그 안에 문자를 넣는 기능을 사용할 수도 있다. 구매자에게 가장 매력적인 이미지를 만드는 것이 중요하다.

개체기능 옆에 자르기 기능이 있는데 이는 흔히 이미지를 선택해서 자르는 기능이기 때문에 누구나 손쉽게 사용할 수 있다. 화면은 생략한다.

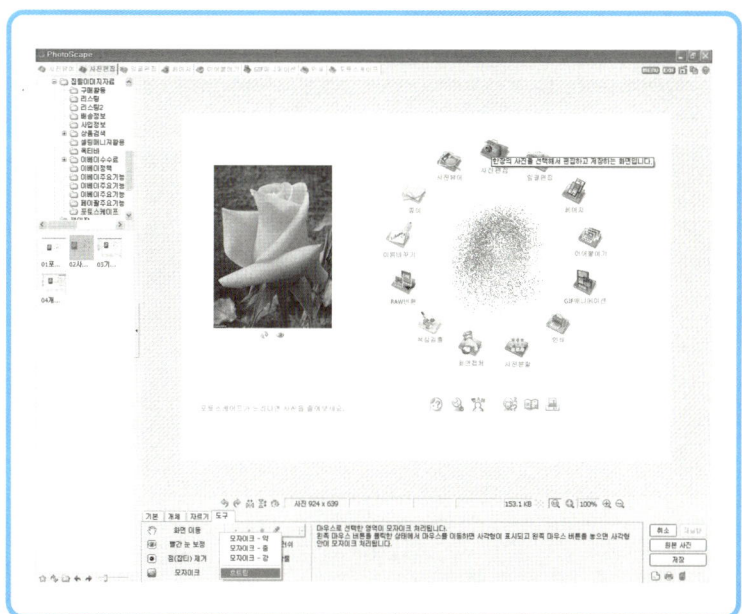

사진편집에서 도구 기능을 사용한다면 더욱 다양한 이미지를 만들 수 있다.

도구 기능을 활용해서 빨간 눈을 보정한다든가 잡티(점이나 흔적) 제거, 모자이크 처리, 복제 도장툴 같은 다양한 기능을 사용할 수 있다. 화면은 모자이크 기능 중 흐트림 기능을 사용하며 이미지 중앙을 처리해 보았다.

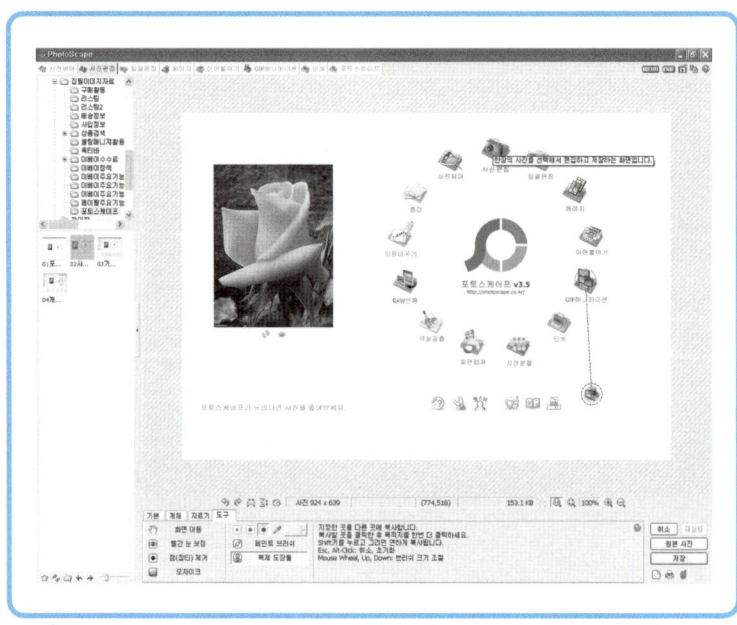

복제 도장툴은 말 그대로 어떤 화면을 지정하여 내가 원하는 곳에 그대로 복제해서 옮기는 기능이다. 이미지의 어떠한 부분을 지우고 싶을 때나 옮기고 싶을 때 많이 쓰인다. 예를 들어 중앙 포토스케이프라는 글자를 지우고 싶을 때는 흰부분을 선택해서 그 위에다 찍으면 지우는 것처럼 흰색으로 처리할 수 있다.

지금까지 설명한 기능들을 이미지나 사진에 사용한다면 자신이 원하는 이미지를 만들 수 있다. 이렇게 만든 이미지를 대표사진이나 판매 상세페이지 이미지로 사용하면 된다.

페이지 기능 활용

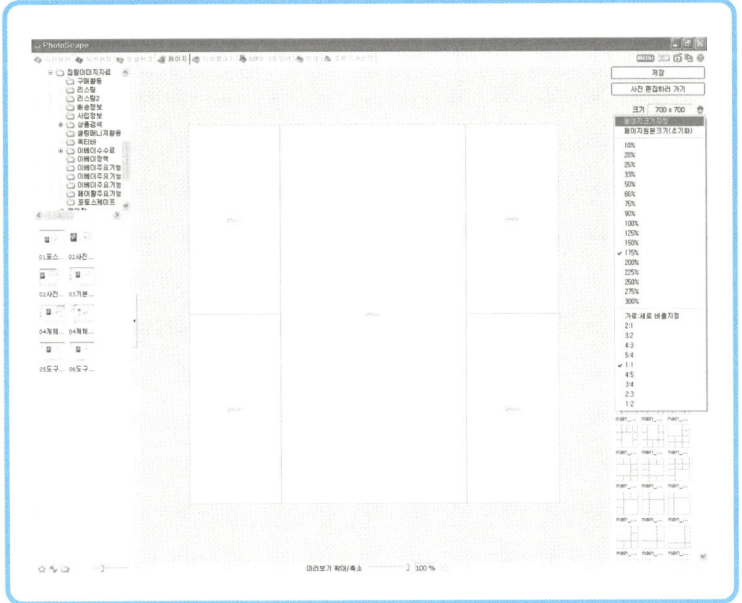

이미지 작업을 하다 보면 여러 장의 사진을 하나의 사진으로 만들어 사용하고 싶을 때가 많다. 이런 경우에는 포토스케이프에서 페이지 기능을 활용하여 보자.

페이지 기능에서는 만들어진 다양한 플레임에 사진을 넣기만 하면 손쉽게 사진 합성작업을 할 수 있다.

상품에 대해 다양한 각도의 사진이나 정보를 전달하고자 할 경우 이미지를 수십 장 넣어서 전 세계 다양한 인터넷 화면에서 어렵게 보여지는 것보다는 적절하게 합성해서 몇 장의 사진으로 보여주는 것이 훨씬 효율적이고 세련된 판매 상세페이지가 나온다.

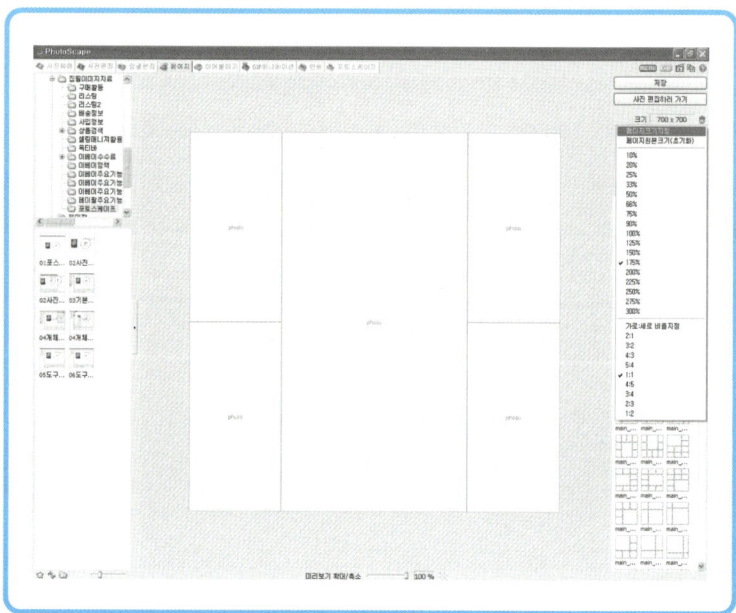

페이지 기능에서 가장 먼저 해야 할 일은 크기 설정이다. 사진을 다 넣고난 후 크기 설정을 하면 화면이 이상해져서 작업을 다시 해야 하는 번거로움이 있다.

화면 우 상단 크기라고 되어있는 곳 우측 도토리를 클릭하면 이미지 크기를 설정할 수 있다. 크기 설정 후 사진을 합치는 방법은 간단하다. 우측 아래에 만들어진 프레임 중 마음에 드는 프레임을 선택하고 포토라고 적혀 있는 각 화면에 사진을 한 장씩 넣으면 된다. 넣어진 사진은 확대가 되므로 자신이 강조하고 싶은 부분은 확대해서 그 부분만 보여지게 만들 수 있다.

이때 주의해야 할 점은 기본적으로 사진이 프레임에 들어가면 가로나 세로 어느 한 부분은 고정이 되고 확대는 가능하나 축소는 안된다는 점이다. 사진의 일부분만 보여주고 싶을 때는 확대해서 그 부분만 보여지게 만들 수 있으나 사진을 축소할 수는 없다는 점을 기억하고 작업하자.

여러 가지 프레임 중 임의의 프레임 하나를 선택해서 이베이에서 많이 팔리고 있는 화장품 대표사진을 넣어 보았다. 가장 큰 사진틀에는 포토스케이프 이미지를 넣어서 하나의 사진으로 만들어 보았다.

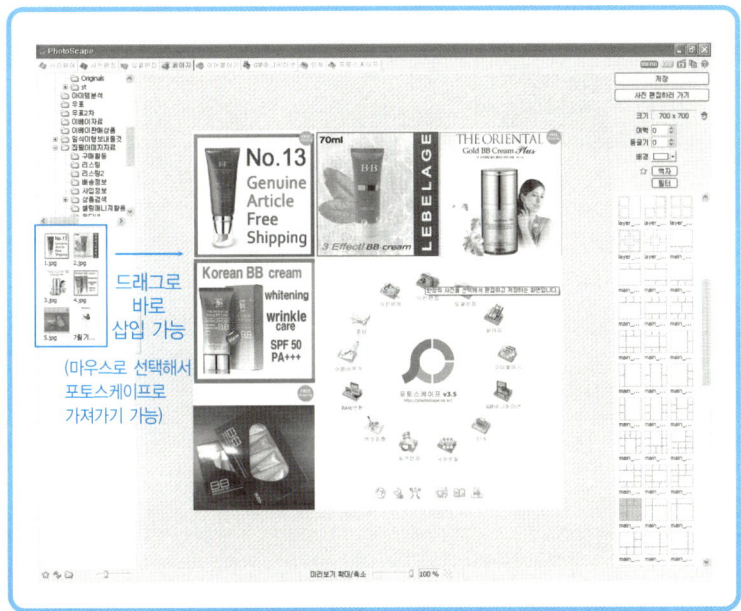

화면에서 알 수 있듯이 간단하게 6장의 사진을 한 장으로 만들 수 있다. 이렇게 만들어진 사진도 여백이나 액자 기능 등을 사용하여 자신의 취향에 알맞은 이미지로 만들 수 있다.

포토스케이프 실행 화면으로 돌아가서 캡처 기능에 대해 이야기하겠다.

요즘은 인터넷 창에 여러 가지 기능이 좋은 툴바들이 많아서 캡처, 번역, 검색 기능 등을 손쉽게 사용할 수 있다. 다만 인터넷 화면에서는 사용하기 좋은데 PDF 파일이라든지 인터넷 캡처기능을 사용하기 쉽지 않은 자료에 가져오고 싶은 이미지나 그래프 내용이 있을 경우에는 매우 난감하다. 물론 인터넷 Print screen 기능을 사용해서 작업을 해도 되지만 불편한 경우가 많다. 이런 경우 포토스케이프의 캡처 기능을 활용하면 손쉽게 자료를 가져와서 작업할 수 있다.

포토스케이프 실행화면 기능 하단에 ❓로 되어 있는 도움말을 클릭하면 포토스케이프를 사용하는 모든 기능들이 동영상으로 되어 있다. 이 책에서 제공되는 이미지 작업 설명은 한계가 있으니 포토스케이프를 더 능숙하게 다루고 싶다면 한번쯤은 도움말을 클릭해서 동영상을 꼼꼼히 보고 공부하는 것이 좋다.

다양한 기능들을 사용하면 이미지 작업에 자신감이 생길 것이다.

인터넷 웹 페이지에 있는 한국제품을 실제 가지고 와서 이베이 대표사진을 만드는 과정을 한번 보도록 하자.

에바스 화장품 전용몰에 판매되고 있는 골드 비비크림 상품 화면이다. 비비크림만 있는 화면이 마음에 들지 않아 상품 페이지에 있는 화면을 가져와서 대표사진으로 사용할 생각이다. 상품페이지에 있는 사진은 영문도 있고 색감도 나쁘지 않고 화면을 조금 편집해서 사용한다면 대표사진으로 무리가 없어 보인다.

원본 이미지를 허가 없이 가져올 경우 이미지 저작권에 위반된다. 한국의 경우 이러한 저작권이 크게 문제가 되지 않는 경우가 많은데 이베이에서는 지적재산권 침해에 대해서 엄격하게 처리한다.

판권이 없는 상품에 대해서는 판매해서는 안 되며 이베이나 문서 또한 무단으로 사용했을 경우 규정에 의해 제제를 받거나 최악의 경우 아이디 영구정지까지 받을 수 있으니 주의해야 한다.

가장 좋은 것은 내가 정당하게 권한을 가지고 활용하는 것이 좋다. 또는 아이템 소싱이나 사입시 이미지 사용에 대한 허락을 받고 사용하면 된다. 보통 국내 판매가 아니라 해외로 판매한다고 이야기 하면 특별한 경우를 제외하고는 이미지 사용을 허락한다. 국내 유통의 경우 자신들과 같은 이미지를 다른 사람이 올릴 경우 원 저작권자들도 피해를 감수해야 하지만 해외의 경우 아직 우리나라 상품이 많이 진출한 것이 아니고 물품 제공자 입장에서도 자기가 공급하는 아이템이 해외에 알려지는 계기가 되기 때문에 좋은 기회가 된다.

이제 이미지 작업을 시작해 보자.
먼저 위 화면을 캡처해서 포토스케이프로 가져온다.

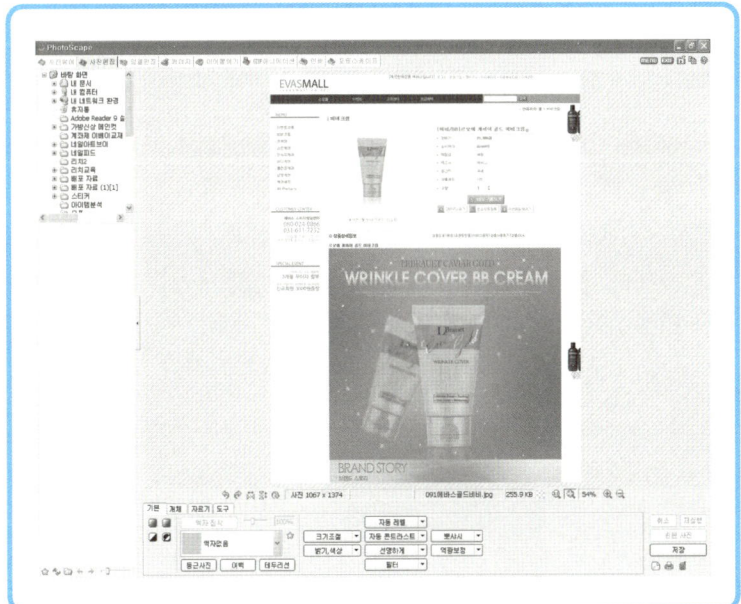

에바스몰에서 캡처를 통해서 가지고 온 이미지를 포토스케이프 사진편집화면에서 자신이 원하는 이미지로 작업이 가능하다. 평소에 인터넷에서 이미지를 가져와서 포토스케이프에서 혼자 몇 번 연습해 보면 그리 어려운 일이 아니다. 포토스케이프의 경우 한글로 설명이 되어 있고 기능을 사용하기가 편리해서 누구나 조금만 사용해 보면 금세 익숙해진다.

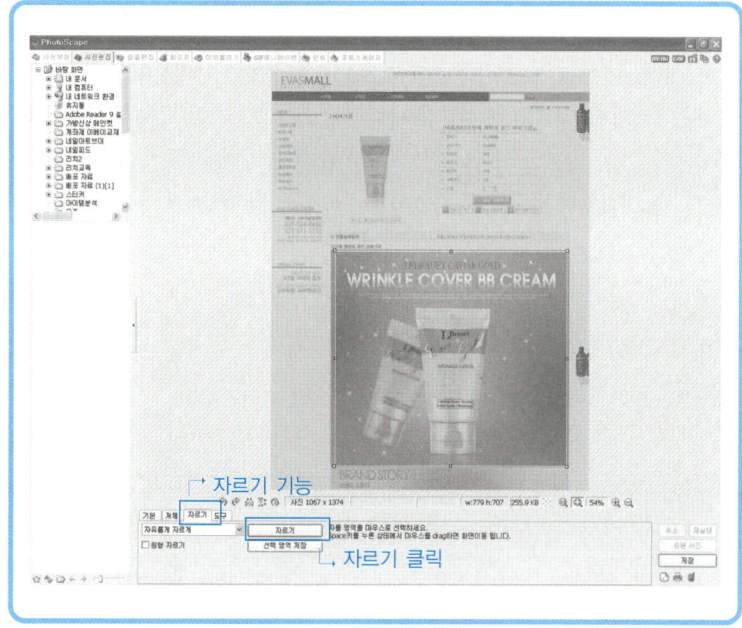

대표사진으로 사용하고자 하는 부분을 자르기 기능을 사용하여 이미지 일부를 자른다. 포토스케이프에서는 자르기 기능은 사각형이나 원형으로 자유롭게 자를 수 있다.

자른 화면에서 가장 먼저 해야 할 일은 크기 조절이다. 이베이 대표 사진(썸네일) 부분은 가로 세로 1000픽셀까지 크기를 허용한다. 이보다 더 큰 이미지를 업로드할 경우 이미지가 보이지 않는다(이미지 에러). 대표사진의 경우 300~700픽셀 사이의 크기가 무난하다. 기본 기능에서 크기조절을 클릭해서 이미지 사이즈를 조절한다. 필자의 경우 보통 500~700픽셀 정도로 조절한다. 아이템이나 카테고리별로 조금 차이를 둔다.

크기조절 화면에 가로세로 비율을 유지하면서 변경할 경우 어느 한쪽만 바꾸면 그 크기에 맞게 나머지 가로나 세로도 변한다. 가로 세로 비율 유지를 체크하지 않는다면 가로 세로 모두 설정해서 크기조절을 해야 한다.

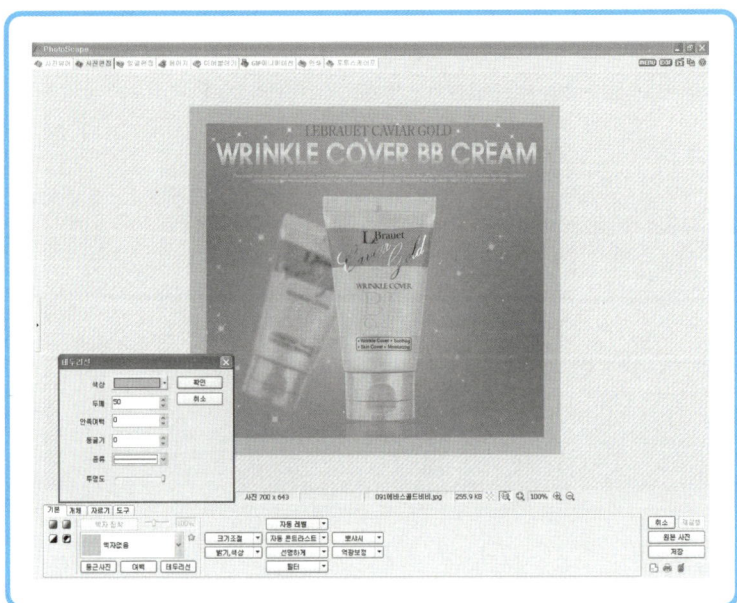

크기조절을 한 후 대표사진을 위해 만든 이미지로 느껴지게 테두리선을 넣고 있다. 가져온 이미지와 부합되게 테두리선의 색상을 선택하고 선 두께를 조절하여 설정한다.

포토스케이프 사진편집에서 개체를 선택, 아래 기능 중 T를 클릭하면 영어나 한글 등의 언어를 넣을 수 있다. 에바스 비비크림 중고급 제품이라는 것을 강조하기 위해 아래 부분에 EVAS Premium BB Cream이라고 넣었다. 그리고 한국에서 생산된 제품이라는 것을 강조하고 싶다. 이유는 저가의 중국생산 제품과 차별화하고 싶고 해외에 우리나라 제품을 알리고 싶기 때문이다. 그리고 최근에 한류 문화가 세계 여러 나라에서 주목을 받고 있다. 이러한 시점에서 한국에서 생산된 제품이라는 것을 강조하는 것은 좋은 방법이다.

이베이에서 검색을 해 보면 알겠지만 홍콩판매자나 중국판매자의 경우 자기 상품 타이틀이나 이미지에 한국(한국 생산, 한국 스타일 등)이라는 단어를 많이 넣고 있다. 그러므로 한국 판매자들이 한국 제품에 대한 프라이드를 더 가지고 전 세계로 판매하기를 바란다.

이베이 시장은 질 좋은 중소기업 제품이나 판로를 찾지 못한 좋은 제품들의 판매 루트가 될 수 있다. 이베이뿐만 아니라 이제는 온라인 상거래가 생활화 되면서 전 세계시장을 타겟으로 한국 제품들이 많이 만들어 져야 한다.
좋은 품질에 적정가격의 제품이라면 제품마다 마케팅 방법이나 시간의 차이는 있겠지만 분명 성공할 수 있다.
정말 성공하고픈 판매자라면 자신이 판매하는 제품에 자부심을 가지고 자신이 세운 원칙을 지키면서 꾸준히 노력해야 한다. 고객응대, 제품 가격, 배송 정책 등 많은 부분에서 자주 마음이 바뀌고 방향을 잡지 못한다면 온라인 판매에서 성공하기 어렵다.
자신이 넣고 싶은 문구까지 삽입하고 나서 아래 문구를 강조하고 좀 더 이미지가 부각되게 테두리를 만들어 보고 싶다.

다시 자르기 기능을 활용하여 아래 테두리를 다 남겨두고 위쪽과 좌우 테두리선은 절반 정도 잘랐다.

이미지가 조금 더 부각될 수 있게 테두리선을 다른 색깔로 추가로 넣었다. 아래쪽은 문구가 돋보이게 기존 테두리를 많이 남겨 놓았고 위쪽과 좌우는 새로 넣은 테두리선과 어울리게 만들었다.
이렇게 만들어진 이미지는 독자들에게 보여주기 위한 쉬운 작업이다. 자신이 포토스케이프라는 프로그램을 사용해서 더 많은 기능을 통해 더욱 다양하고 세련되고 이쁜 이미지를 만들 수 있다.
상하좌우 어느 한쪽에 공간이나 색감을 넣고 싶을 경우 여백 기능을 활용하면 좋다.

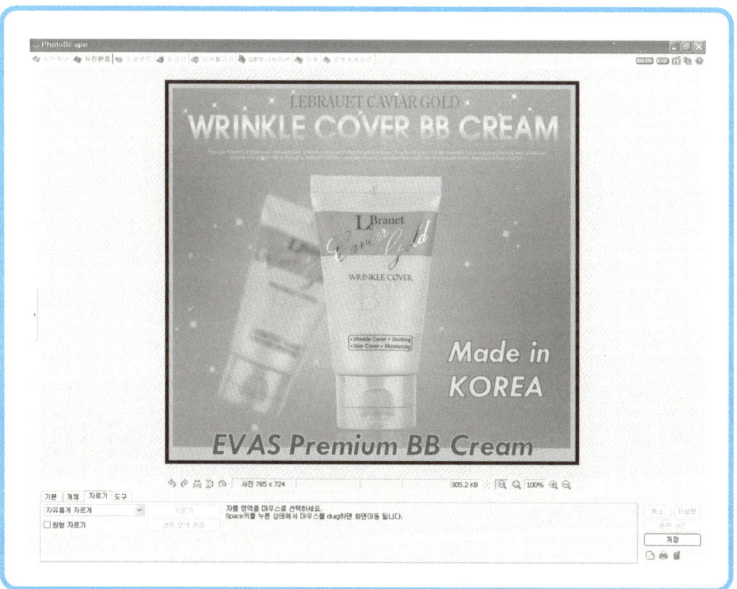

최종적으로 만들어진 이미지이다.
실제 여러분도 짧은 시간에 이러한 이미지를 만들 수 있다. 기존에 이런 작업을 해 보지 못한 분들도 겁먹지 말고 도전해 보라. 프로그램도 사용하기 쉽고 누구나 이미지 작업을 할 수 있다.
물론 아주 고급 퀄리티의 이미지를 만들고자 할 경우는 포토샵이나 일러스트를 사용하는 것이 좋다. 하지만 당장 이베이를 비롯한 온라인 판매를 하고 싶은데 포토샵이나 일러스트를 활용할 수 있는 정도까지 배워서 사업을 하기에는 너무 많은 시간이 소요된다.

특히 사진 작업까지 자신이 해결해야 한다면 정말 전문가 수준의 경험과 노하우를 가지고 있어야 한다.

이베이 시장은 아주 잘 만들어진 이미지를 요구하지는 않는다. 가장 사실적이고 제품을 가장 잘 보여주는 이미지이면 최고 좋다. 간혹 판매보다는 이미지나 판매 페이지에 너무 많은 열을 올리는 분들이 있다.

이왕이면 다홍치마라는 말도 사실이지만 일단 제품이 팔리는 페이지가 정답이다. 아무리 잘 만들어진 이미지와 페이지라도 제품이 팔리지 않는다면 그건 오답이다. 단순히 사진 한 장 달랑 올린 페이지라도 제품이 잘 팔린다면 성공한 것이다.

이베이에서 판매하고 있는 외국의 빅 셀러(판매자)들을 검색해 보라. 아주 단순하면서 깔끔한 페이지로 엄청난 매출을 올리는 판매자가 많다.

이미지 작업에 대해서는 판매를 진행하면서 계속 공부하는게 좋다. 하지만 잘 판매하는 것이 우선이라는 것을 잊지 말자. 그리고 초보 판매자의 경우 아이템 소싱단계에서부터 이미지를 제공받을 수 있는 업체와 거래하는 것도 좋은 노하우이다.

이베이 시장은 초보들에게 어려운 시장이다. 사진 촬영에서부터 이미지 작업까지 다해서 올려야 한다면 일이 너무 많아진다. 물론 전 과정을 할 수 있는 능력을 갖추는 것은 좋다. 하지만 사업을 효율적으로 하는 것 또한 중요한 부분이다.

구매자에게 가장 좋은 이미지를 만들어서 이베이 판매에 도전해 보자.

대표사진(썸네일) 만들기

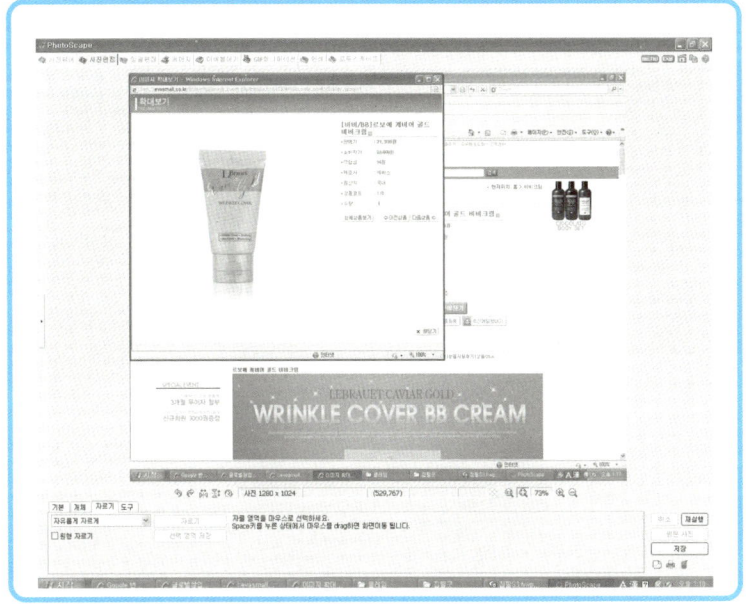

같은 상품을 다른 이미지로 만들어 보자.
만들어진 이미지를 가져와서 사용하는 것은 거듭 언급하지만 원저작권자의 허락을 받아야 한다.
에바스 몰(http://evasmall.co.kr/)의 캐비어 골드 비비크림 화면에서 이번에는 대표사진 부분을 캡처한다.

사진은 이왕이면 좀 큰 사진을 캡처하는 것이 품질이 좋다. 이미지를 수정할 경우 확대를 하면 이미지가 깨지는 경우가 많지만 축소를 하는 것은 그나마 영향이 적기 때문이다.

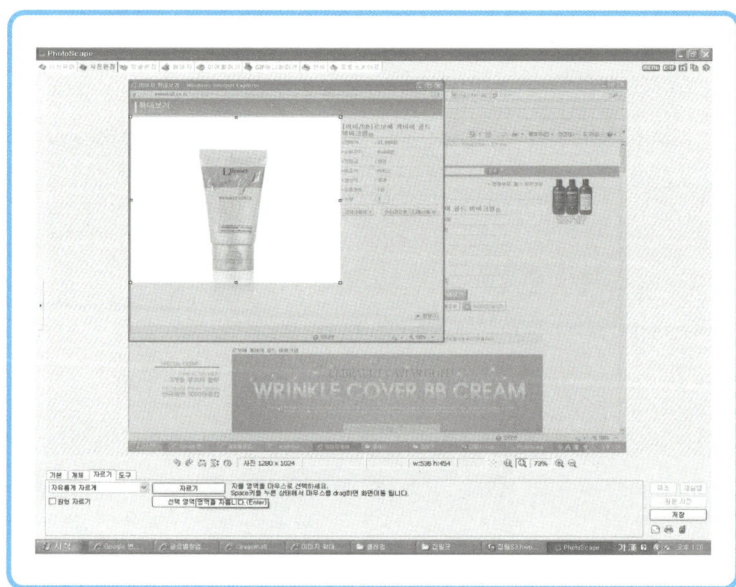

캡처해서 가져온 사진은 자신이 사용하게 편하게 자르기 기능을 이용하며 수정을 한다.

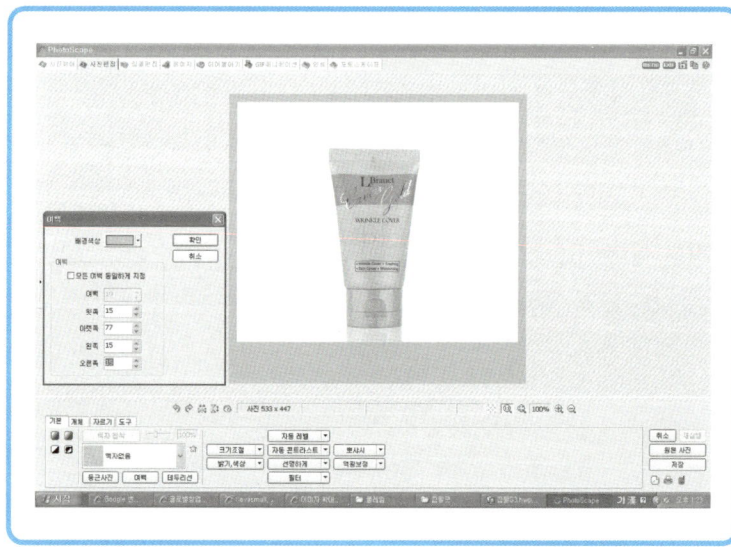

기본기능에서 여백기능을 활용하면 상하좌우 자신이 원하는 색상과 공간을 만든다. 위 화면의 경우 아래쪽에 문자를 삽입할 예정이라 두께를 넓게 조절했다. 자신이 원하는 형태로 만들면 된다.

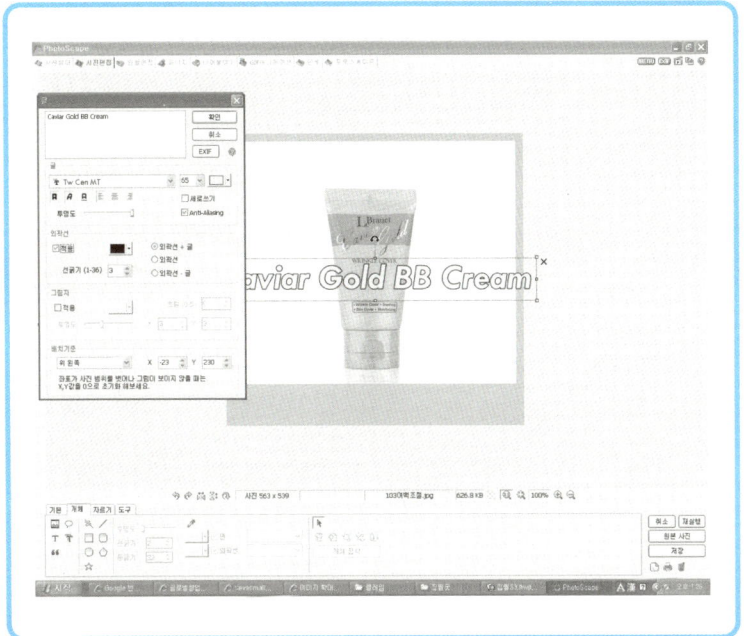

이번에는 개체기능에서 T자를 클릭해서 문자를 삽입한다. 삽입된 문자는 마우스를 사용하면 자신이 원하는 위치로 간단하게 이동이 가능하다. Caviar Gold BB Cream이라고 넣어 보았다.

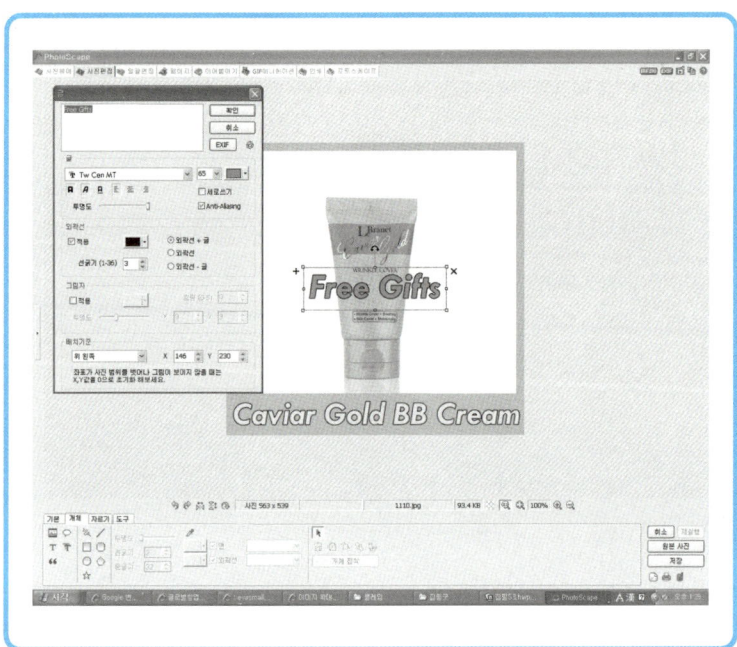

이 상품을 구매하면 기본적으로 샘플이나 기타 조그마한 선물을 넣어 주기 때문에 다시 문자 삽입 기능을 이용하여 Free Gifts를 삽입하였다. 색상은 이전 문자와는 다르게 선택하였다. 문자 삽입 기능에서는 문자 색상과 문자외곽선 색상을 자유롭게 조절할 수 있다.

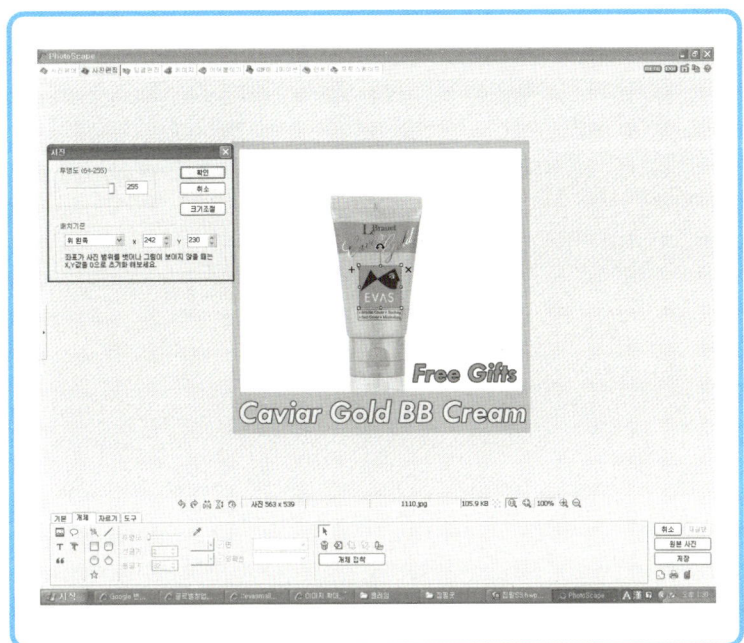

에바스 브랜드를 강조하고 싶어 에바스 마크를 개체의 사진넣기(T자 위 그림모양 클릭) 기능을 활용하여 삽입하였다. 위치는 마우스를 사용하여 자유롭게 이동이 가능하다. 크기도 조절가능하다(자신의 컴퓨터에 저장된 이미지나 불러오기가 가능한 이미지 선택).

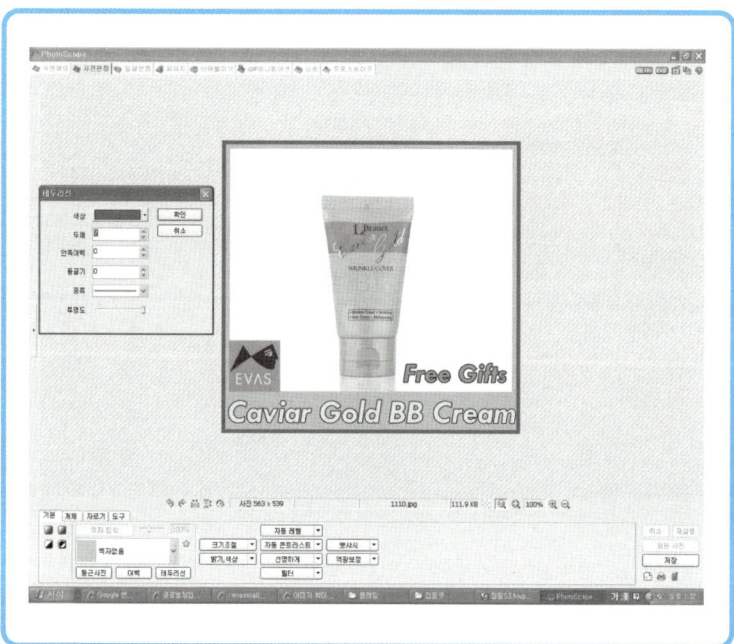

마지막으로 강조 테두리선을 넣었다. 이미지 작업은 판매자 스스로가 여러 가지 아이디어를 생각해서 만들다 보면 금세 익숙해 질 수 있다.

상품 판매 화면에서 소비자들을 사로잡는 이미지를 만들 수 있도록 꾸준히 노력하자.

Chapter 9

구매 및 판매에서 여러 가지 문제 해결하기

Ebay Open Market

클레임 해결

이베이에서 구매를 했는데, 제품을 못 받거나 설명과 전혀 다른 상품을 받는 경우가 있을 수 있다. 이러한 경우에는 이베이나 페이팔 고객센터를 통해서 해결이 가능하다. 마찬가지로 이베이에서 물품을 판매하고 있는데 고객이 구매 후에 결제를 하지 않거나 다양한 방법으로 판매자를 난처하게 하는 경우가 있다. 이러한 경우에도 적절한 기능을 사용하여 해결할 수 있는 방법들이 존재한다.

기본적으로 구매 전에 판매자의 정보를 확인하고 믿을 만한 판매자에게 구매하는 것이 중요하다. 하지만 국가간 거래에서는 여러 가지 변수가 생길 수 있기 때문에 문제 발생시 해결하는 방법도 알고 있어야 한다.

판매에서도 여러 가지 노하우가 필요하다. 너무 배송이 어려운 국가에 판매를 한다면 여러 가지 고객 클레임에 시달려야 한다. 또한 제품을 낙찰받은 고객이 결제를 하지 않고 시간이 지나면 이베이에 판매수수료를 내고 제품비용은 받지 못하는 경우가 생길 수도 있다. 물론 이러한 문제들도 이베이에 있는 기능들을 통해서 해결이 가능하다.

훌륭한 판매자가 되기 위해서는 이베이에서 일어나는 오픈 케이스 시스템을 정확하게 이해하고 적절하게 대응하는 노하우를 가지고 있어야 한다. 비슷한 문제제기가 페이팔에서도 일어날 수 있으니 적절한 대응 전략과 스스로 기준을 미리 정해두는 것이 좋다.

구매 상황에서부터 판매 상황까지 여러 가지 문제를 해결하는 방법을 배워 보자.

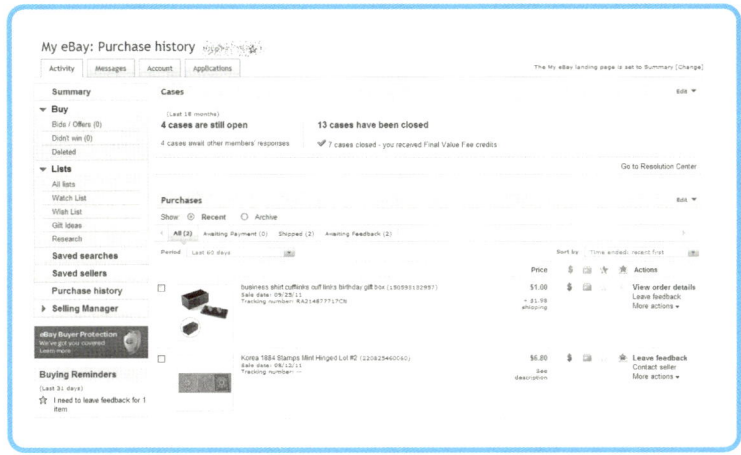

이베이 로그인 후 My ebay 메뉴 중에 구매내역 화면이다. 제품을 구매했는데 일정시간이 지나도 받지 못했거나(판매자가 제시한 배송기간이 지났을 경우) 제품이 설명과 다른 상품일 경우 이의를 제기할 수 있다. 구매내역에서 우측 메뉴 More actions을 클릭하면 Resolve a problem 메뉴를 찾을 수 있다. 우리나라 쇼핑몰의 고객문제제기 같은 기능이라 생각하면 된다.

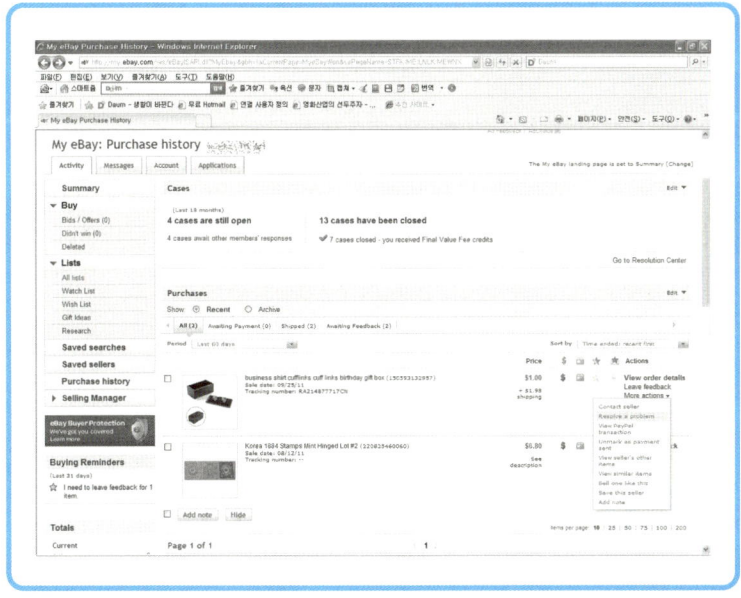

우측 메뉴들은 피드백 남기기, 판매자에게 연락하기 자세한 구매 내역보기 등등 다양한 기능을 상황에 따라서 활용할 수 있다. 처음에는 조금 어렵게 느껴질 수 있으나 익숙해지면 국내 쇼핑몰과 큰 차이가 없음을 알 수 있다.

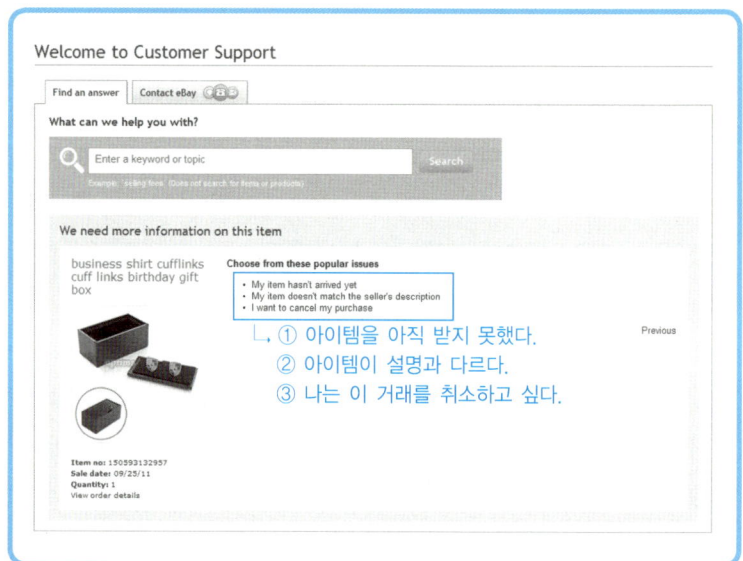

Resolve a problem을 클릭하면 위와 같은 화면을 확인할 수 있다.
3가지 문제 형태로 진행이 가능하다.

① 아이템을 아직 받지 못했다.
② 아이템이 설명과 다르다.
③ 나는 이 거래를 취소하고 싶다.

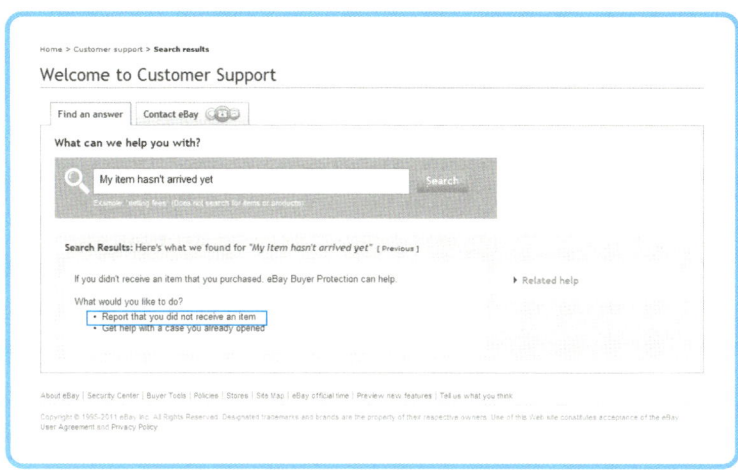

아이템을 아직 받지 못했을 경우를 클릭하고 문제제기를 진행해 보겠다.
네모박스를 클릭하면 받지 못한 제품에 대한 이의제기가 시작된다.

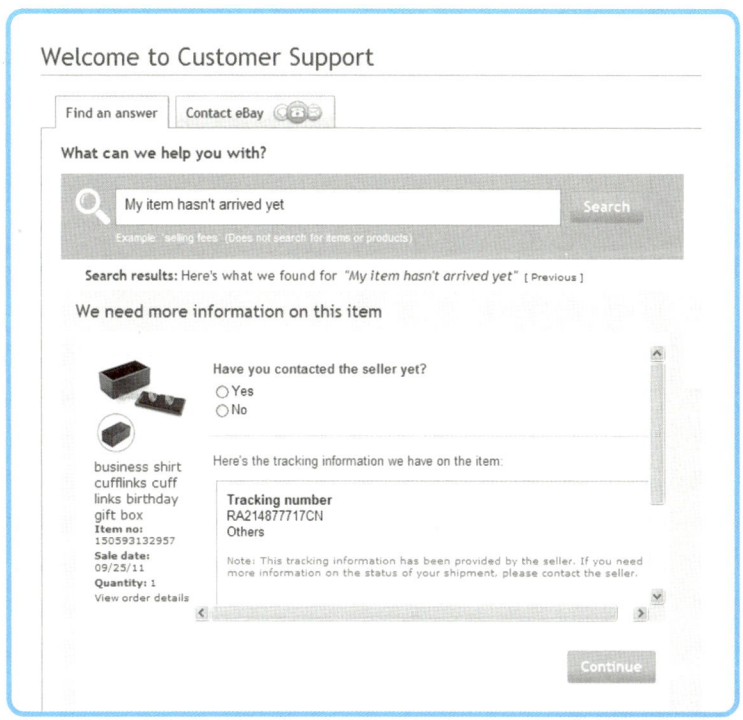

판매자와 연락을 했는지를 체크하고 진행하면 문제제기를 할 수 있다. 상황에 따라 선택을 바꾸어서 진행하면 된다.

이베이에서 구매 후 제품을 받지 못했을 경우 이의제기를 하는 것을 open case라고 한다. 이러한 이의제기를 했을 때 판매자는 제품을 발송했다는 것을 증명해야 하며 증명하지 못하면 환불을 해 주어야 한다. 이베이는 소비자보호 정책을 더욱 강화했기 때문에 구매자가 피해를 입는 경우는 거의 없다고 보아도 무방하다. 하지만 신뢰도가 떨어지는 판매자는 조심해야 한다. 지적재산권에 관한 정책도 잘 시행되고 있지만 교묘하게 모조품(짝퉁)을 파는 판매자도 있으니 주의해야 한다.

판매자 입장에서도 여러 가지 문제가 발생할 수 있다. 그 중에 가장 문제가 되는 부분은 미결제 부분이다. 이베이의 경우 물건이 낙찰되는 순간 또는 구매결정을 하는 순간 판매수수료는 책정되어 다음달에 청구된다. 오랜 시간 결제를 받지 못한다면 재고 관리에도 문제가 생기고 판매에도 영향을 받으며 수수료 부분도 손해를 볼 수 있다.

결제 기간에 대한 사업적인 규정을 만들고 적절하게 대처하는 것이 중요하다.

예를 들어 2주가 지나도 결제를 하지 않은 바이어가 있다고 가정하고 이의제기를 통해 해결해 보자.

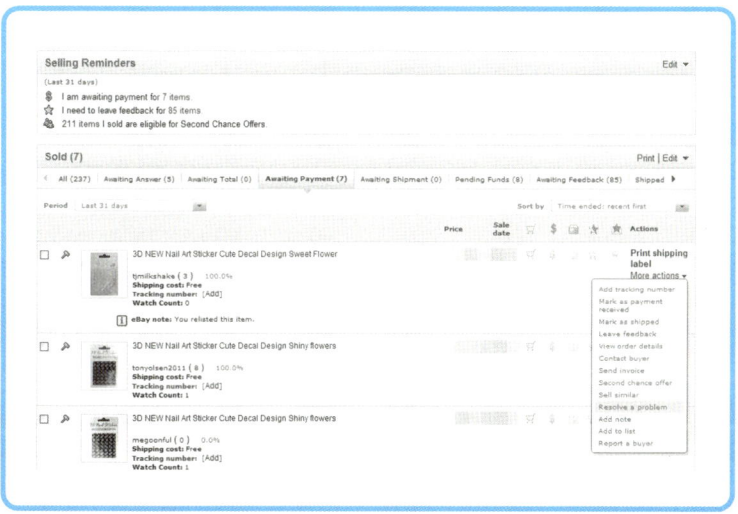

메뉴를 찾아 들어가는 방법은 구매 때와 비슷하다. 다만 판매 화면에서 진행을 해야 한다.

Resolve a problem 메뉴를 클릭해 보자.

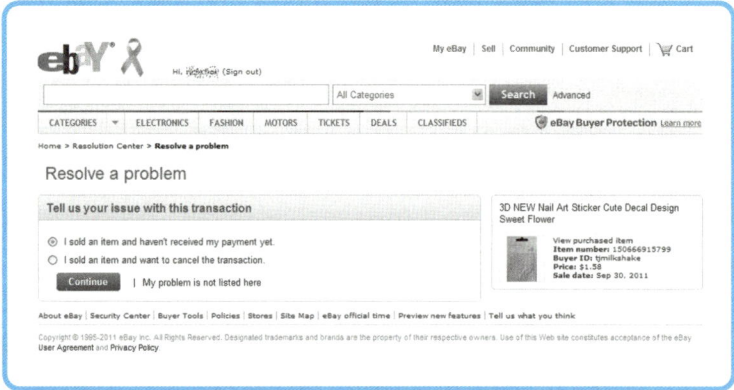

두 가지 형태로 문제를 제기할 수 있다.

○ 고객이 아직 결제를 하지 않았다.
○ 제품을 팔았지만 거래를 취소하고 싶다.

고객이 결제를 하지 않았다로 진행해 보겠다.

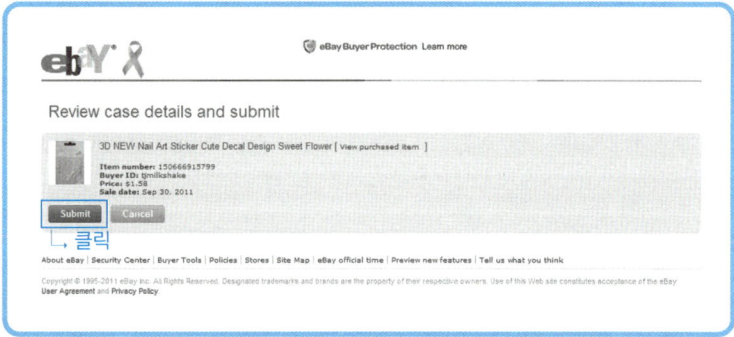

Submit버튼을 클릭하면 이의제기가 진행된다. 이 경우 바이어는 결제를 하든가 판매자랑 상의해서 취소를 해야 한다. 구매자가 아무 행위 등을 취하지 않으면 이베이로부터 제제를 받을 수 있다. 결제를 하지 않은 고객에 대한 이의제기를 셀링매니저나 셀링매니저 프로에서도 진행이 가능하다.

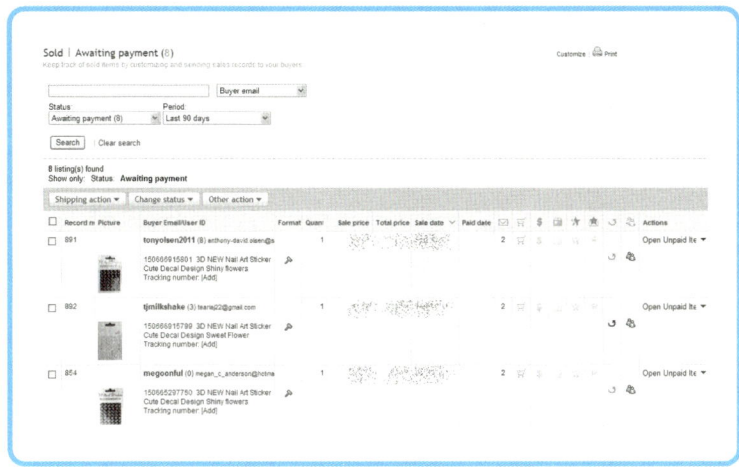

셀링매니저에서 결제가 필요한 화면을 확인하면 일정 기간이 지난 거래에 대해서 위와 같은 화면을 확인할 수 있다. Open Unpaid Item 이 판매화면에서 문제제기를 하는 것과 같은 기능을 한다. 샐매 (Selling Manager)나 샐매프(Selling Manager Pro)의 경우 이베이 관리를 도와주는 프로그램이기 때문에 더 편리하게 진행이 가능하다.

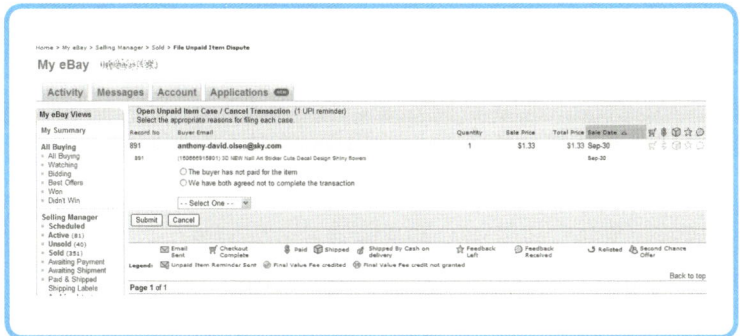

○ 바이어가 결제를 하지 않았다.
○ 우리는 거래를 취소하기로 합의했다.

적절한 이유를 체크하고 진행하면 된다.

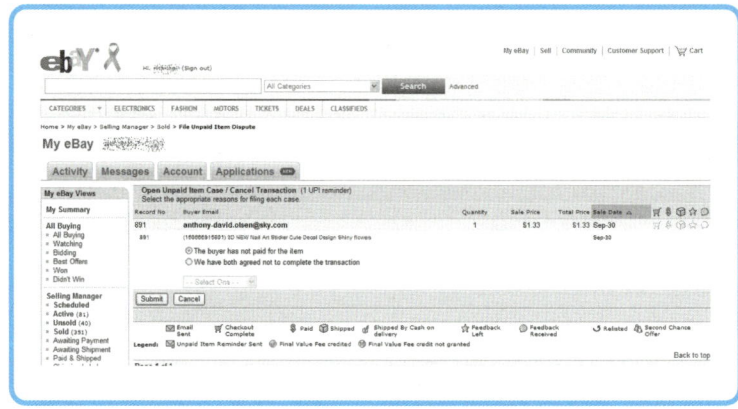

구매자가 결제를 하지 않았다를 선택하였다.

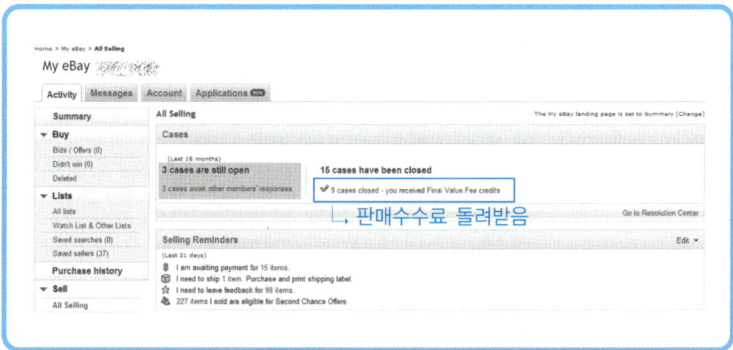

판매 화면에서 위와 같이 현재 진행 중인 문제와 해결된 문제를 확인할 수 있다.

구매자가 결제를 하지 않은 상품에 대해서는 판매수수료를 돌려받을 수 있다.

위 화면에서는 9건의 거래에 대한 판매수수료를 돌려받을 것을 확인할 수 있다.

수수료 반환 청구

결제를 하지 않아서 이의제기를 한 상황에서 4일이 지나면 판매수수료를 청구할 수 있다. 자동으로 수수료 돌려받기를 클릭할 수 있는 버튼이 생긴다. 위 화면에서 우측에 Request Final Value Fee Credit를 클릭하면 된다.

판매를 했는데 구매자가 물품을 받지 못했다고 이의제기를 할 수 있다. 이러한 이의제기가 이베이로 진행되면 나의 판매화면에서 open case로 확인을 할 수 있다.

구매자로부터 제기된 여러 문제들을 신속하게 해결하는 것이 이베이로부터 판매자 점수를 좋게 받을 수 있다.

문제 해결에 가장 먼저 선행되어야 할 사항은 구매자에게 발송한 배송수단이 추적이 되는 상품인가 아니면 일반 우편으로 보낸 것이냐를 확인하는 것이다. 트래킹 넘버가 없는 배송수단을 사용했다면 무조건 전체 환불을 해 주는 것이 좋다. 증명할 객관적인 방법이 없기 때문에 환불이 유일한 해결 방법이다.

일반 배송수단에 등기를 추가해 보냈다면 먼저 상품이 어디에 있는지 추적을 해 보고 대응하는 것이 현명하다. 배송이 완료된 것으로 나오는데 구매자가 이의제기를 했다면 추적 자료를 캡처해서 이베이에 보내서 판단해 주길 요청하면 된다(페이팔에서 고객이 이의제기를 한 경우는 페이팔로 보낸다).

EMS나 Fedex 등등의 상품은 발송확인이 정확하니 확인해서 처리하면 된다.

Tip
국제특송 형태의 배송은 특별한 경우를 제외하고 거의 문제가 없다. 다만 배송료가 비싸다는 점이 문제다.

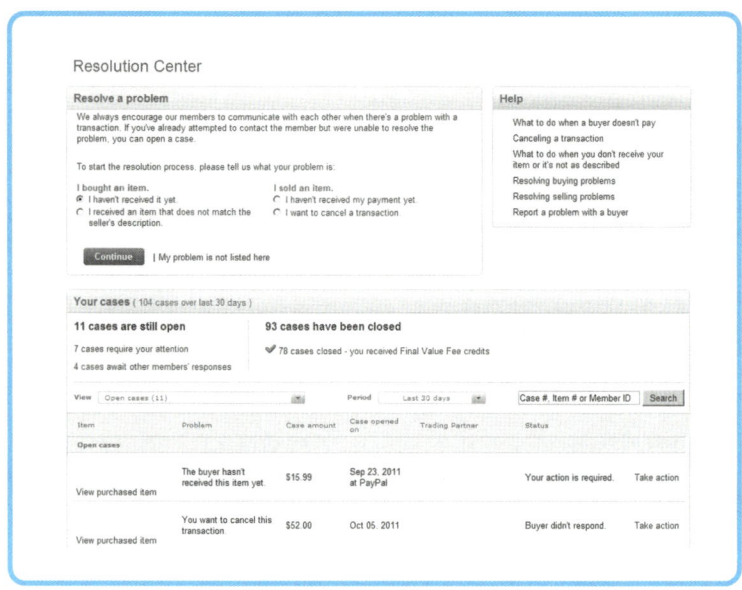

위 화면은 고객이 판매자에게 이의제기를 한 상황을 보여주고 있다.

첫 번째 네모는 아직 상품을 받지 못했다는 이의제기이고 두 번째 네모는 거래를 취소하고 싶다는 의사표현이다.

우측의 Take action을 클릭하면 문제처리 화면에서 해결을 할 수 있다.

아직 받지 못한 아이템에 대해서 해결 진행 중이다. 배송수단에 트래킹 넘버가 없다면 페이팔로 가서 환불을 해 주는 것이 가장 빠른 문제해결 방법이다.

보통 일반 우편으로 보냈을 경우 판매자마다 조금씩 차이는 있지만 100건 정도의 거래를 했을 경우 1~3건 정도가 받지 못했다는 이의제기가 들어온다. 일반우편을 사용한다면 배송분실에 대한 환불을 미리 생각하고 판매를 진행하는 것이 현명하다. 이베이에서 제제를 받지 않고 문제를 해결하고 싶다면 3일 안에 바이어를 만족시켜주는 것이 좋다.

Tip

이베이 파워셀러와 탑레이티드 셀러는 몇 가지 기준에 의해 지위가 부여된다. 현재 열려있는 이의제기(Open Case)가 몇 건인지도 중요하다.

고객의 이의제기는 이베이에서 진행될 수 있지만 결제 수단인 페이팔에서도 진행될 수 있다.

페이팔의 경우 2002년에 이베이에 인수되었으며 인터넷 결제대행사라 할 수 있다. 하지만 페이팔의 경우는 전자결제대행사이지만 자체가 사이버은행이기도 하다(국내 PG사 등과의 결정적인 차이).

페이팔계좌에 돈을 보관할 수 있으며 자신의 신용정보 누출없이 온라인상에서 국가간 결제나 송금 업무를 처리할 수 있다.

이베이 온라인 거래 결제뿐만 아니라 많은 인터넷 사이트에서 이용되고 있으며 국가간 무역에도 이용되는 편리한 시스템이 페이팔이다.

페이팔에서의 클레임을 자세히 살펴보자.

페이팔에서 고객으로부터 이의제기가 발생하면 위와 같이 로그인 화면 우측에 네모박스와 같이 표시가 된다.

각 이의제기는 디스풋(dispute)과 클레임으로 나누어지는데 디스풋의 경우 판매자와 소비자가 서로 상의해서 해결이 가능하다. 디스풋 상황에서 해결이 안 되면 구매자가 클레임으로 문제를 확대할 수 있으며 이 경우 판매자가 문제에 대해 자료를 제시하거나 증명을 해야 하며 페이팔이 최종 결론을 내린다.

기본적으로 가장 많이 일어나는 문제가 상품을 받지 못했다는 이의제기이다. 이 경우 판매자는 현명하게 처리해야 한다. 다시 한번 이야기하지만 자신의 배송수단에 따라 증명을 해서 이길 수 없다면 빠른 환불이 더 나을 수 있다. 하지만 무조건적인 환불은 잘못된 생각이며 자신의 배송수단에 따라 적절히 처리해야 한다. 배송 추적이 된다면 추적 정보를 첨부해서 제공하면 된다.

이베이를 시작한지 얼마 안 되는 한국 판매자들의 경우 환불을 해주면 손해가 크고 환불을 안 해 주자니 피드백 대비 네거티브가 너무 뼈아픈 경우가 생길 수 있다. 개인적인 의견으로 피드백이 낮은 셀러의 경우 이베이 판매가 어느 정도 자리를 잡은 셀러에 비해 불리한 점이 많다. 하지만 이베이에서 자리를 잡은 셀러들도 그러한 어려움을 극복하고 지금의 자리에 올라서게 된 것이다.
초보 셀러 시기에 오는 불리함을 각오하고 여러 가지 상황에 대처하기를 바란다.
초기에 어느 정도 피드백을 만들 수 있는 아이템 판매로 점수를 높인 후 메인 아이템으로 승부를 하는 것도 하나의 방법이 될 수 있다.

페이팔 이의제기에 대해 디스풋과 클레임(Claims)으로 나누어 해결을 해 보자. 고객으로부터 상품을 받지 못했다는 디스풋이 열린 경우 보통 고객에게 메시지를 보낸다. 상품을 다시 발송하는 것을 원하는지 아님 환불을 원하는지(이때 상품을 추적 가능한 배송수단으로 보냈다면 배송정보를 확인하고 대응) 고객의 답변에 따라 해결을 해주면된다. 상품 설명과 다른 상품이 왔다는 문제로 이의제기가 들어오는 경우가 있다. 명백히 판매자의 잘못으로 인한 문제는 고객의 요구를 들어주는 것이 좋고 상세페이지 설명에 서로 혼선이 있는 경우는 서로 적절히 합의하는 것이 좋다. 구매자를 적으로 만드는 것은 좋지 않다.

> **Tip**
> 판매를 하다보면 악의적인 구매자가 있다. 이런 경우는 배송수단에 따라 냉정하게 대처하고 이베이 레포팅 등의 방법을 적절히 활용해야 한다.

예를 들어 고객이 셔츠 XL 사이즈를 주문했는데 판매자가 실수로 M 사이즈를 보낸 경우 명백히 판매자 잘못이다. 이 경우 환불을 받고 다시 주문한 사이즈로 보내줄 경우 배송비와 기타의 시간문제 등 판매자에게 어려움이 생긴다. 그리고 반품을 받은 상품의 경우 새 상품으로서의 가치를 상실한 경우가 많다. 어떻게 처리하는 것이 가장 좋을까?

상황에 따라 환불을 해 주거나 교환을 해 주거나 아니면 협상을 해서 배송된 옷은 당신이 가지고 반가격만 다시 결제하면 XL 사이즈로 다시 보내 드리겠습니다 등등 여러 가지 방법으로 해결이 가능하다. 이러한 문제들이 발생했을 때 해결 방법은 구매자와 충분히 소통하여 이해를 시키고 합리적으로 처리를 하는 것이 중요하다. 서로 커뮤니케이션이 잘 되었을 경우 단골이 될 수 있고 좋은 피드백도 받을 수 있다.

4개의 이의제기 중 위 2개는 디스풋 상황이고 아래 두개는 클레임 상황이다. 디스풋의 경우 서로 연락해서 좋은 방법으로 해결이 가능한 시간이 주어진 상황인데 비해 클레임의 경우는 문제가 확대된 상황이기 때문에 빠른 결정을 내려서 해결할 필요성이 존재한다. 이 경우 대응을 잘못하면 환불도 해 주고 네거티브 피드백을 받는 경우도 생긴다. 상황에 따라 환불을 해 줄 것인지, 배송증명을 할 것인지를 빨리 판단하고 증명이 어렵다고 느낀다면 시원하게 환불을 해 주고 좋은 평가를 받는 것이 낫다. 증명이 가능할 경우는 정확히 증명하고 네거티브를 받을 수 있다는 점도 알고 있어야 한다. 피드백이 일정수준 이상이고 판매량이 많다면 그 대비 네거티브를 받는 것은 어쩔 수 없다. 자신의 피드백 대비 이베이에서 규제를 받지 않는 정도만 관리를 하면 되고 손해를 보면서까지 환불을 해 주는 것은 사업적으로 잘못된 행위이다. 이베이 TR셀러를 유지해야 하는 경우 상황에 따라서 환불을 해 줄 수도 있다. 이 경우 TR셀러를 유지해서 더 많은 매출과 이익 창출이 가능하다면 판매자가 판단해서 문제를 처리해야 한다.

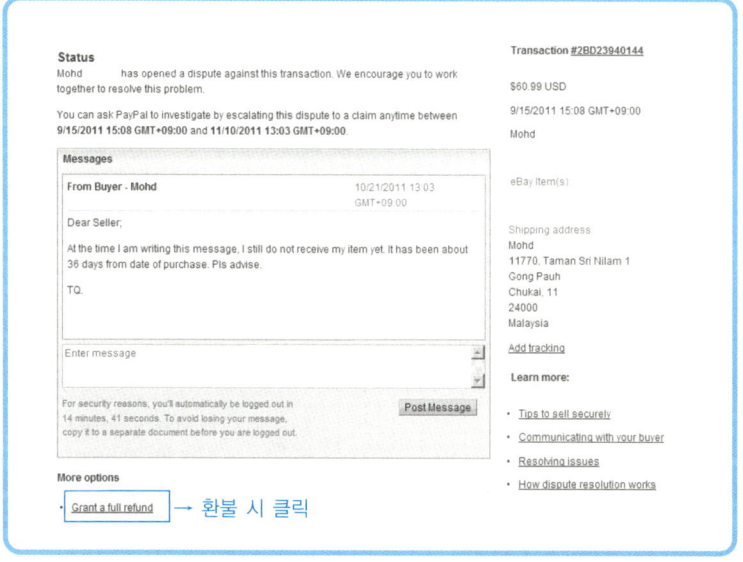

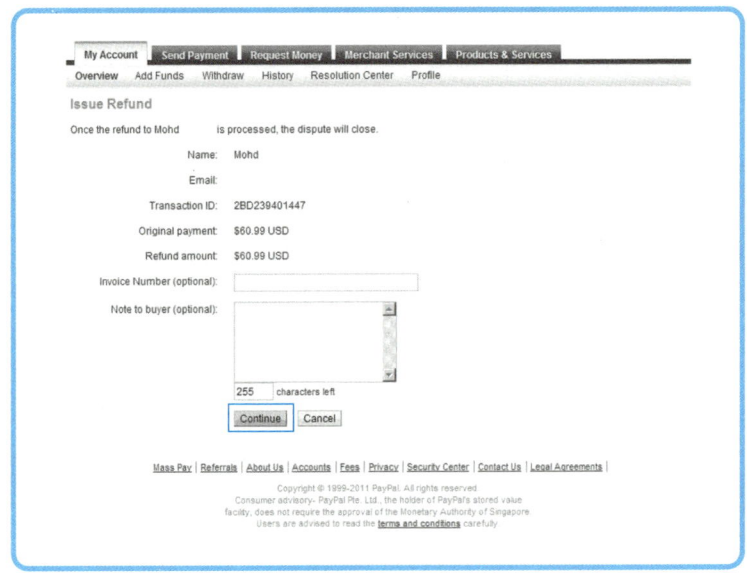

상품을 받지 못했다는 이의제기에 대해서 배송증명이 불가능하다고 판단이 되었다. 이 경우 전체(전액) 환불을 해 주는 것이 현명하며 고객이 재발송을 원할 경우는 재발송한다.

네모박스를 클릭하면 아래 화면에서 환불을 진행할 수 있다.

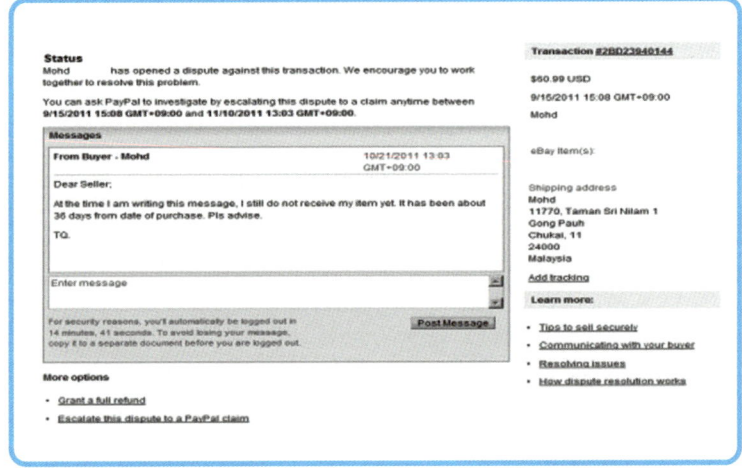

고객에게 하고 싶은 메시지를 넣고 환불을 해 준다. 혹시라도 차후에 물건을 받으면 결제를 해 달라고 메모를 남길 경우 일부는 다시 결제를 해 주는 구매자도 있다. 환불을 완료하면 문제가 해결되고 디스풋이나 클레임이 해결된다.

이베이와 페이팔 이의제기와 문제 해결에서 가장 중요한 것은 상황을 정확하게 이해하고 고객과 커뮤니케이션을 하면서 해결을 하는 것이다. 그리고 환불을 해 주어야 한다면 3일 안에 빨리 해 주는 것이 좋고 배송증명이나 고객과 대립이 될 경우는 전문 판매자답게 명확히 처리하는 것이 좋다.

실제 사업을 진행한다면 여러 가지 문제나 이의제기에 직면하게 된다. 위안이 되는 점은 (한국 소비자들에게는 미안한 말이지만) 한국 소비자들만큼 진상이 많거나 어렵지는 않다. 그리고 국제거래 특성상 반품이 아주 적다.

자신이 진행해야 하는 사업이라면 좋은 것만 바라보면서 사업을 할 수는 없다. 여러 가지 상황 해결도 사업의 일부임을 인식하고 현명하게 대처하자.

Chapter 10

이베이 VeRO 프로그램의 이해와 지적재산권

Ebay Open Market

이베이 VeRO 프로그램의 이해와 지적재산권

국내 전자상거래 시장에서 판매를 하다보면 카피 제품과 흔히 말하는 모조품(짝퉁) 등으로 인해 문제가 생기거나 피해를 보는 경우가 많다. 컴퓨터 문화의 초입 단계에서부터 지적재산권에 대한 규정이 명확하지 않아서 한국시장은 특히 음반에서부터 영화, 쇼핑몰에 이르기까지 많은 문제가 일어나고 고유의 가치를 상실하는 경우가 많다. 물론 최근에는 많이 좋아지고 있지만 아직 지적재산권에 대한 침해가 심한 편이다.

이베이 시장에서 지적재산권은 어떠한가? 명확하게 알고 시작하는 것이 좋다.
이베이 판매를 시작한지 얼마 안 되어서 지적재산권 문제로 이베이로부터 제제를 받거나 심한 경우 영구 아이디 정지를 당하는 경우를 여러 번 보았다.
이베이 정책을 잘 이해하지 못하고 이베이 판매를 했기 때문이다. 특히 그중에서 VeRO 프로그램에 대한 이해는 더욱 중요한데 이베이에서 지적재산권 보호를 위해 만들어 시행하는 프로그램이 바로 VeRO 프로그램이기 때문이다.

VeRO 프로그램을 소개한다.
이베이는 전 세계 판매자와 구매자에게 안전하고 즐거운 쇼핑 공간을 제공하기 위해 노력하고 있다. 이러한 노력의 하나로 타인의 지적재산권을 보호하고 이베이 모든 회원에게 안전하고 즐거운 쇼핑을 제공하기 위해 VeRO 프로그램을 운영하고 있다.
VeRO 프로그램을 통해 지적재산권 침해를 보고할 수 있고 저작권, 상표권, 특허권 등의 지적재산권 소유자의 권리를 침해한 상품의 경우 해당 리스팅(판매페이지)이 이베이에서 삭제되고 제제를 받을 수 있다.

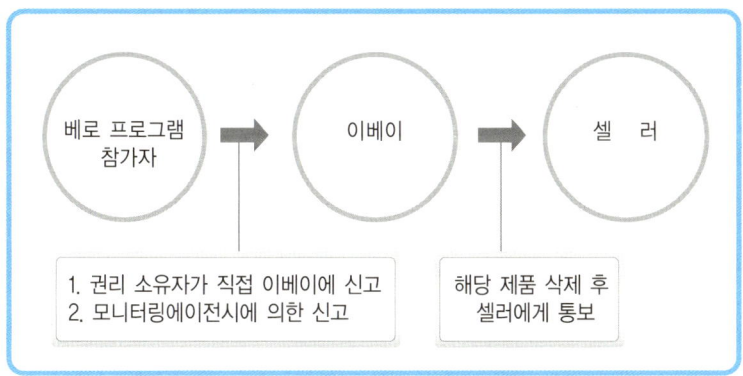

이베이는 지적재산권 소유자의 권리를 보호하고, 권리를 침해당할 경우 이를 신고하여 중재할 수 있는 온라인 프로세스를 적용한 최초의 기업이다. 28,000명 이상의 개인과 회사가 지적재산권을 보호받기 위해 이베이 VeRO 프로그램에 참여하고 있으며 점차 늘어나는 추세이다.

이베이 판매를 통해 자신이 소유한 브랜드의 가치를 증명할 수 있고 보호받을 수 있다. 이베이 시장의 공정함과 합리성에 다시 한번 놀라게 된다. 많은 한국의 우수한 중소기업들이 이베이를 통해 기업의 가치를 인정받기를 희망한다.

모조품이나 타브랜드를 침해하는 제품(디자인 포함)을 판매하는 경우 이베이로부터 제제를 받을 수 있고 심하면 브랜드본사로부터 소송이 들어올 수도 있으니 잘 알고 진행하는 것이 좋다.

한국에서 인기있는 브랜드가 이베이 시장에서도 인기있는 것은 아니다. 바꾸어 말해 품질과 가격 경쟁력이 있는 이름 없는 중소기업 제품이라도 일정 시간 노력하면 이베이 시장에서는 그 가치를 인정받을 수 있다. 국내시장과 별개로 진행되는 시장이다. 국내 인지도와 상관없이 이베이 시장에서는 동일선상에서 시작된다.

한국에서 생산된 그리고 품질 좋은 한국 브랜드 제품들이 이베이 시장을 통해 전 세계시장으로 팔려 나가길 희망하고 믿는다.

http://pages.ebay.com/help/policies/programs-vero-ov.html ▶

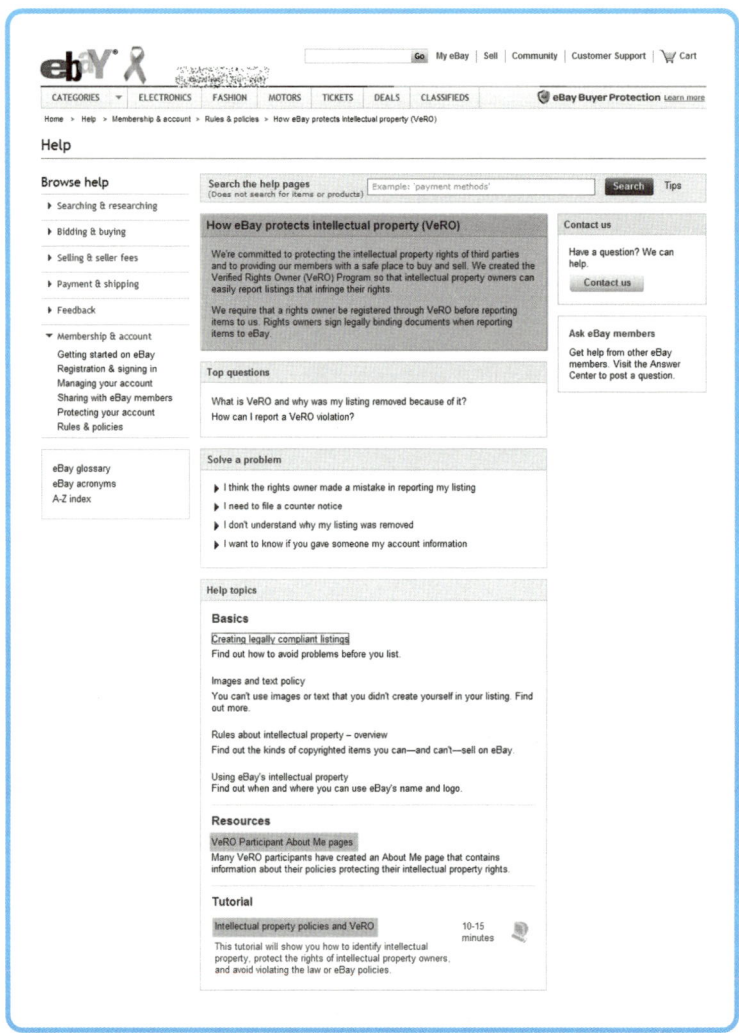

이베이 VeRO 페이지이다. 이베이 시장에서의 판매는 여러 가지 정책과 VeRO 프로그램을 잘 이해하고 진행하자.

About me 페이지

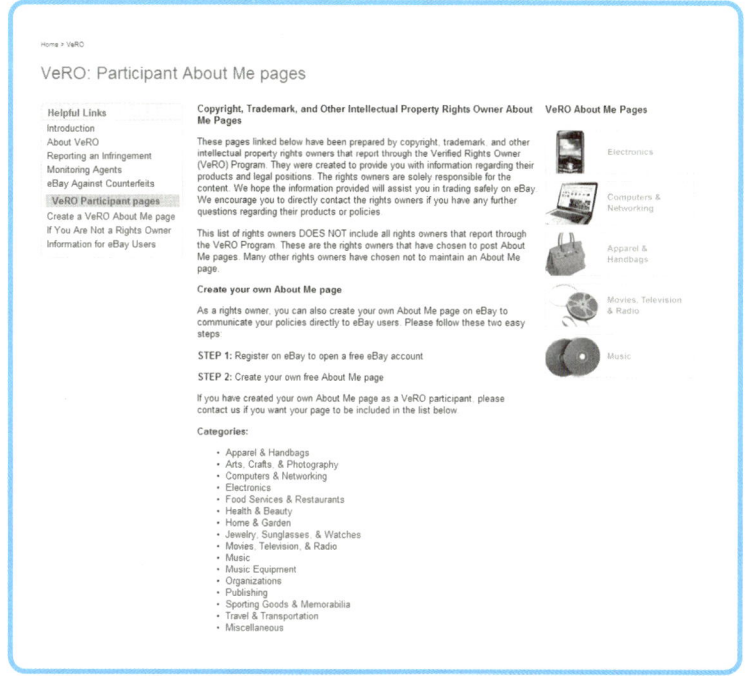

◀ http://pages.ebay.com/help
/community/vero-aboutme.html

네모박스를 클릭하면 VeRO: Participant About Me pages를 확인할 수 있다.

위 내용을 정리하자면 다음과 같다.

저작권, 트레이드마크, 기타 지적재산권 소유 관련

아래 링크된 페이지들은 VeRO 프로그램의 일부로서 저작권, 트레이드마크, 지적재산권 관련으로 준비한 항목들이다. 베로 관련제품과 법규 정보를 제공하며, 지적재산권 권리 소유자는 해당 컨텐츠에 관한 권한과 책임이 있다. 우리가 여기 제공한 정보가 당신이 이베이에서 지적재산권 분쟁을 피해 안전하게 거래하도록 돕기를 희망한다. 만약 각각의 베로 관련 제품 또는 권리 소유자의 정책에 의문이 있다면, 직접 권리소유자를 접촉하는 방법을 권장한다.
베로 프로그램에 해당된 리스트가 모든 지적재산권 소유자를 포함하는 것은 아니며, 여기 About me 페이지에 게시하는 것을 선택한 지적재산권 소유자들이다. 기타 지적재산권 소유자들 중 많은 사람들이 About me 페이지를 소유하고 있지 않다.

당신 소유의 About me 페이지 개설방법

당신은 지적재산권 소유자로서 이베이 유저들에게 직접 당신의 정책을 공개하기 위한 About me 페이지를 개설하는 것이 가능하다. 아래 2단계 절차를 따라 개설 가능하다.

1단계 : 이베이에 등록하여 무료 이베이 계정을 만든다.
2단계 : 당신 계정에서 무료 About me 페이지를 개설한다.

만약 당신이 VeRO participant에 해당하는 About me 페이지를 아래의 리스트 항목에 포함되도록 만들고 싶다면 이베이에 연락하라. 카테고리 항복별로 이베이 About me 페이지에 등록된 지적재산권 정보를 확인할 수 있다.

Apparel & Handbags　　　　　　　　　　　　　　return to top

- me 7 For All Mankind, LLC
- me Abercrombie & Fitch
- me Alfred Shaheen
- me The Alley Chicago
- me American Apparel, Inc
- me American Eagle Outfitters
- me Americana International Ltd.
- me Amiclubwear.com
- me Band In My Hand LLC
- me Bebe Stores, Inc.
- me Bernie Dexter Trademark, Inc.
- me Bill Wall Leather
- me Blue Sphere, Inc.
- me Bragel International, Inc.
- me Canyon Chenille, Inc.
- me Burberry Limited
- me Chanel, Inc.
- me Chase Racewear, LLC
- me Chloe
- me CLOCHE COUTURE TRADEMARK
- me Clutterbags
- me Coach, Inc.
- me Coldwater Creek Inc.

- Collegiate Licensing Company, The
- Coquetry Clubwear
- Crocs Asia
- Crocs, Inc.
- Cosmic Debris Etc Inc.
- David's Bridal
- DAWGS Clogs
- Destinee Emporium - Ride Hard.com
- Diane von Furstenberg Studio, L.P.
- Dickies® - Williamson-Dickie Manufacturing Company, L.P.
- Diesel (London) Ltd.
- Donna Karan Company LLC
- DressThatMan.com
- DRIES VAN NOTEN
- Dunhill
- Elie Tahari
- Estyle, Inc./babystyle
- Fannable SAS
- Fossil, Inc.
- Frederick's of Hollywood, Inc.
- Georgie Girl Australia
- Gerber Childrenswear LLC
- Free People Direct LLC
- Gucci America, Inc.
- GUESS and MARCIANO Brands
- Huggalugs North America
- J Crew
- Joe's Jeans Inc.
- Karen Neuburger
- Kate Spade LLC
- KENVELO
- Ksubi
- La Chemise Lacoste SA
- Laguna Beach Jeans
- Le Myste, LLC
- Lifted Research Group Inc. (L-R-G)
- Lisa Izad dba Tylie
- Liz Claiborne Inc.
- Luxe Purses
- Magnolia Pearl
- Medieval Moccasins
- Mitchell & Ness Nostalgia Co.
- Monarchy Collection
- Moyna LLC
- Nike
- Nordstrom, Inc.
- Pediped Infant Footwear footwear
- Petra Fashions, Inc.
- Platypus Wear, Inc. dba Bad Boy Brands
- Polo Ralph Lauren
- Polymorphe, Inc
- Pony International Inc
- Priscilla of Boston, Inc
- Purdey
- Red Monkey Designs, Inc.
- Robeez Footwear Ltd.
- SLL, Inc.

- me Sole Technology, Inc.
- me Spyder Active Sports, Inc.
- me Stussy Inc.
- me SummitFashions, Inc.
- me Sunsafe Inc.
- me Tad-Bits Baby Items and More LLC
- me Technica USA (Moon Boot)
- me Tekay Designs Inc.
- me Tshirt Bordello
- me T-Shirt Hell, Inc.
- me Tori Richard, Ltd.
- me True Religion Brand Jeans
- me UGG Holdings, Inc.
- me Under Armour
- me Urban Outfitters Direct, LLC
- me Vera Bradley
- me Victoria's Secret Direct, LLC
- me Vivienne Westwood Ltd
- me Von Dutch Originals, Inc.
- me XPressMart.com
- me Zoodles, Inc.

Art, Crafts, & Photography   return to top

- me Art Gallery of Nova Scotia
- me Alex Perez
- me American Legends, Inc. (Photo Division)
- me American School of Needlework
- me Angela LaFramboise
- me Anna Art
- me Annie's Attic
- me AOA - Alternative Online Artists
- me Artful Soul, The
- me Artistic Threadworks, Inc.
- me Ashleigh Talbot
- me AsKoruBeads
- me Bad Monkey Art
- me Band To Bow
- me Bernardine Fine Art Jewelry
- me Betsey McRae
- me Big Sky G.C. - www.taxidermyvideos.com
- me Bill Owen-Cowboy Artist
- me Bj de Castro Art Studio
- me Buckaroos and Bones
- me Brenda Franklin
- me Bronze Gallery
- me Bua, Inc.
- me Burns Studio
- me CameraQuest
- me Care Creations, Inc.

- Carol Lee Art Gallery
- Cath's Pennies Designs
- Chalk & Vermilion Fine Arts
- Chaz Dean Studio
- Cher-ished Treasures
- Chihuly Studio, Inc.
- Chocolate Starfish LTD.
- Clayful Creations
- Close To My Heart
- ColArt Americas, Inc.
- Cool Savings, Inc.
- Corsets and Crinolines
- Cosanti Originals by Paolo Soleri
- Creations By Jeannine
- Creative Carvings by Monte
- Creative Memories
- Creeks End Crochet
- Criswell Embroidery & Design
- Crochet Crafts by Helga
- Cynthia Dakin
- Daniel Bingham Design Studio
- DarkHorse Ranch, Inc.
- Davidson Photography
- Dinnages (1989)
- The Decal Cottage
- Designs Sew Fine, Inc.
- Desimone Ceramic
- Diane Paone
- Dog Art Dog
- EBSQ Self-Representing Artists
- Embroiderquilt
- Enchanted Art
- Eric P. Hunt
- Erica Skadsen/Organic
- Eurotech Photographics
- Ferret Company, The
- Fido Studio
- Grandma Moses Properties Company
- Graydog Woodenware
- Gymbohaven.com
- Happy Hammer, The
- Hearthfire Designs
- Hennessy Embroidery
- Hershey Chocolate & Confectionery Corporation
- Hillstock Collection
- House of White Birches
- In-My-Cedar-Chest
- James Alloway Art Glass
- Jamies Junk
- John Paul Strain Historical Art
- Joseph Rorie
- Joy Kroeger Beckner, Classical Realism, from Hounds to Humans
- Kats Fun Fonts

- me Kevin Terry
- me Keypoint Company, Inc.
- me KiniArt Studios
- me Laser Design Int'l, LLC
- me Latina Media Ventures, LLC
- me Linda McSweeney
- me Little Earth Productions Inc
- me Les Mills International Ltd.
- me Laura Iverson Gallery
- me Leanne S. Hall
- me Linda Falge Art
- me Linda Richter Art
- me Magnolia Rubberstamps
- me Mark Kazav
- me Martina Shapiro
- me Mary Capan
- me Maitreyii Fine Art
- me McCain Photography
- me McCarthy & Kelly LLP and North Jersey Media Group
- me Michael Miller Fabrics LLC
- me Moni Originals
- me Monolith Graphics
- me My London Flat Couture
- me My Pageant Kid
- me Nandita Arts
- me Needlecraft Shop, The
- me Nichols Photography
- me Nuse, Roy C.
- me Northwood Rubber Stamps
- me Osnat
- me Papericons
- me Patti Meador
- me Peri K Designs
- me Paw'trait Art
- me Prizm, Inc.
- me Provo Craft & Novelty, Inc.
- me QAE Self Representing Artists
- me Quickutz, Inc.
- me Racing Reflections, Inc.
- me Ranger Doug's Enterprises
- me RED DIGITAL CINEMA CAMERA COMPANY
- me Rohde Fine Art
- me Ron Newcomer
- me Sara Moon
- me Scale Modeling by Chris
- me Schlyer Designs
- me Scottcrew Enterprises
- me Sew Terific Designs
- me Sigmacumlaude.com
- me Sid Dickens, Inc
- me Slice N' Melt®
- me SoloWork Studio
- me Southwest Pictures / Southwest Entertainment Group, LLC

- me Stephen Shore, photographs
- me Steve Soto Tattoo Art Co.
- me StudioJenkins Works, LLC
- me Sweet Gal Decals
- me Tascha - Folk Art
- me Thread Bears / Thready Bears
- me The Sewing Bee Crinoline Ladies Embroidery Patterns
- me Threadteds
- me Tom Kelley Studios, Inc.
- me True Colors
- me Ursula Hock-Henschke
- me Variazione / ZNE
- me Vinyl Wall Art
- me Virgil C. Stephens
- me West Art Glass
- me WhiMSiCaL WoRLd of FaiRieS
- me Whizardries, Inc.
- me www.cutecolors.com
- me Ylli Haruni
- me Zero Image Co.

Computers & Networking

return to top

- me ACD Systems Ltd.
- me Acronis, Inc.
- me Adobe
- me Adobe Systems UK Ltd.
- me Ahead Software
- me Alar Productions Inc.
- me Alias Systems
- me Alpha Omega Publications
- me Artbeats Software, Inc.
- me Avanquest
- me Avid Technology, Inc.
- me Barnett Research and Computer Imaging
- me Barracuda Networks, Inc.
- me Bidware.com
- me Blizzard Entertainment
- me Brain Trading Solutions
- me Brian Smith
- me BroadVision
- me Business Software Alliance (EU)
- me CBT Nuggets, Inc.
- me CD Tees Software
- me CeraNet, Inc.
- me Chief Architect, Inc.
- me Cloanto Italia srl
- me Cryptic Studios
- me CSC Enterprises, LLC and Dread Scot, LLC
- me cthsurplus
- me Diy-Computer-Repair.com

- Dassault Systemes
- Dell Computer Corp.
- DiabloWorld.com
- DigitalRiver
- e-Book Systems Inc
- FileMaker, Inc.
- Firmtek, LLC
- Gameloft SA
- Hybrid Systems Ltd., Inc. (HSL)
- Independence Computers
- Insert Knowledge Here
- Intuit, Inc.
- INVESTools, Inc.
- Learnkey, Inc.
- Letterhead Font
- Lycoris
- Macromedia, Inc.
- Make Music!, Inc.
- McAfee, Inc.
- Microsoft
- Microsoft GmbH
- Microsoft Ltd (UK)
- Mitchell Repair Information Company
- Mobile Lifestyles
- NC Soft Corporation
- NetPicks, LLC
- Nicolas Stark Computing AB
- Nova Development Corporation
- Novell, Inc.
- Oki Data Corporation
- OpenOffice.org
- Pagedown Technology, LLC
- Palo Alto Software
- PC-Doctor Inc.
- PriceWaterHouseCoopers, LLP
- R.K. West Consulting
- RockStar Recipes
- Roth Company
- SAP
- SAS Institute, Inc.
- Sellers Solutions
- Skyscape, Inc.
- SmartSound Software, Inc.
- The Electric Quilt Company
- The Software & Information Industry Association (SIIA)
- Spirent Communications
- Stedman's
- Swathi Soft Solutions
- Symantec
- T2 Web Group
- TechSmith Corporation
- Time Tracker Technology
- Trillium Lane Labs LLC
- UGS Corp.
- Video Professor, Inc
- W H Software Limited
- Winnick Web Designs - win4web.com

Electronics

return to top

- Alpine USA
- Audiobahn, Inc.
- AutumnWave
- Bazooka
- Blaupunkt
- Bose Corporation
- Browning Laboratories, Inc.
- Cerwin Vega Mobile
- Chief Manufacturing
- Clarion Co. of America
- Crutchfield Corporation
- Diablosport LLC
- Directed Electronics, Inc.
- Dish Network
- DMS International
- Eclipse
- EMPHASYS
- Epson America, Inc.
- Epson Australia Pty Ltd
- Epson (UK) Corporation
- Escort, Inc.
- Foscam Intelligent Technology co., Ltd.
- The Furukawa Electric Co., LTD.
- Garmin International, Inc.
- Grant Fidelity
- Incipio Technologies, Inc.
- Kenwood
- Kicker Car Audio aka Stillwater Designs
- Klipsch, LLC dba Klipsch Audio Technology
- Laser Design Int'l, LLC
- Mamiya America Corporation
- Maxxsonics USA, Inc
- Mitek Corporation / MTX Audio
- Motorola, Inc.
- Net Enforcers Inc.
- Nintendo of America Inc.
- Onkyo USA Corporation
- Pacific Accessory Corporation
- Panasonic Corporation of North America
- Pioneer Electronics (USA) Inc.
- POM USA, LLC
- Proficient Audio Systems
- Ridgeline, Inc.
- Rockford Fosgate
- Rosen Entertainment Systems, LP; Rosen, Unlimited Vision, Clearvue, Infotainment
- Sanus Systems
- Sensormatic Electronics Corp
- ShenZhen Foscam Intelligent Technology Co. Limited
- Sound Around
- SoundStream / Farenheit Technologies

- m⊟ SPEAKERCRAFT
- m⊟ Taishan Jungson Audio Technology Co. LTD
- m⊟ TASER International Inc
- m⊟ TigerDirect
- m⊟ TracFone® Wireless, Inc.
- m⊟ Transcend Information Inc.
- m⊟ Visonik
- m⊟ Westone Laboratories, Inc.
- m⊟ Xeltek Inc
- m⊟ X-mini Capsule Speakers

Food Services & Restaurants

- m⊟ Americas Drive-In Corp. / Sonic Corp. & Subsidiaries
- m⊟ Borden, Inc
- m⊟ Certified Angus Beef, LLC
- m⊟ Continental Enterprises
- m⊟ Doctor's Associates Inc. dba Subway
- m⊟ Dunkin' Brands, Inc.
- m⊟ Frito-Lay, Inc.
- m⊟ Gehl's Guernsey Farms, Inc.
- m⊟ Hershey Chocolate & Confectionery Corporation
- m⊟ Hooters of America, Inc.
- m⊟ Horizon Organic
- m⊟ Mars, Inc.
- m⊟ Outback Steakhouse, Inc.
- m⊟ Panera Bread Company
- m⊟ PepsiCo, Inc.
- m⊟ Red Bull GmbH
- m⊟ Rude Awakening Coffee House
- m⊟ Schlotzsky's, Inc.
- m⊟ Starbucks Coffee Company
- m⊟ Wendy's International, Inc.

Health & Beauty

- m⊟ 4Life Research USA, LLC (4Life)
- m⊟ All American EFX
- m⊟ Abbott Laboratories
- m⊟ Andrea Candela
- m⊟ Arbonne International
- m⊟ Australian Gold, Inc.
- m⊟ Autism Speaks, Inc.
- m⊟ Back in Five, LLC
- m⊟ Bare Esscentuals
- m⊟ Biddscombe International, LLC

- me Bio Medical Research (Slendertone)
- me Benefit Cosmetics, LLC
- me Blinc Inc.
- me Cathe Dot Com
- me Crescent House Publishing & Fabulous Fragrances
- me CyberWize.com Inc.
- me Dead Sea Premier
- me Dermadoctor, Inc
- me Dermalogica, Inc.
- me EpiDerm, Inc.
- me Echo Marketing LLC
- me Exclusive Supplements, Inc. /Mark Mangieri
- me Forever Living.com L.L.C.
- me Greenvalley, LLC
- me Isagenix International
- me Ivyskin LLC
- me Jelqgym.com
- me Johnson & Johnson Health Care Systems
- me Lip Ink® International
- me Magna-RX, Inc.
- me Medcosouth Healthcare, LLC
- me Merle Norman Cosmetics, Inc.
- me Metagenics, Inc.
- me Mumbows™
- me NaturDerm, Inc.
- me Nexagen USA
- me Nikken, Inc.
- me NSA Inc. Juice Plus+®
- me Nu Skin
- me OPI Products, Inc
- me Obagi Australia
- me Ojon Corp
- me Omega Products, Inc./Omega Juicers
- me Orthotebb Health Shoes LLC
- me Pevonia International LLC
- me Philosophy, Inc.
- me Phiten Co., Ltd.
- me Pristine Bay LLC dba Vianda
- me Profound Beauty
- me Rhonda Allison
- me Sunrider International
- me TrimSpa
- me Urban Decay Cosmetics LLC & Hard Candy LLC
- me US Advanced Medical Research, Inc. (home of Hylunia and Hymed Skin Care)
- me Warm Spirit, Inc
- me Water Pik, Inc
- me Weight Watchers International, Inc.
- me XanGo, LLC
- me XELR8, Inc.
- me Youngblood Mineral Cosmetics
- me Zrii LLC

Home & Garden

return to top

- me Air Force One Air Conditioning
- me Aussie Home Energy
- me BagButton LLC
- me Black & Decker Corporation
- me Blendtec
- me Bonnie's Plants
- me Bugs-n-Blooms
- me Bullet Express, LLC
- me Canpelkni Blooms
- me The Collector's Addition
- me Crystal Air Canada Inc.
- me DeWalt Industrial Tool Co.
- me Dyson, Inc.
- me Eames Office - Lucia Eames
- me Edgecraft Corp.
- me Emer USA
- me Fleurville, Inc.
- me Hidden Valley Hibiscus
- me Homeland Housewares
- me The Home Depot
- me American Honda Motor Co., Inc., Power Equipment Division
- me Michael Aram, Inc.
- me Milwaukee Electric Tool
- me Pacific Market International, LLC
- me Plumeria Bay, Inc.
- me Protect-A-Bed
- me The Sensual Candle
- me ShowerTek, Inc. - HUGlight
- me SmartWay Solutions, Inc.
- me Snap-On Inc.
- me Southern Living At Home
- me Tania R. Chase
- me United States Gypsum Company and USG Interiors, Inc.
- me Williams-Sonoma, Inc.
- me Varad Corporation
- me Zwilling J.A. Henckels, Inc.

Jewelry, Sunglasses, & Watches

return to top

- me Arnette c/o Icon Sports Division
- me Baume & Mercier
- me Beautiflstuff LLC
- me Birdz Eyewear
- me BVLGARI
- me Carmen's Vintage Collections
- me Cartier
- me Chanel, Inc.

- Chatham Created Gems, Inc.
- Firejewel, LLC
- HIGHGEAR USA / TECHTRAIL (EUROPE)
- King Baby Studio
- Lia Sophia Jewelery
- LINDE TRADEMARK
- Luminox Watch Company
- Luxe Jewels, LLC dba Stella & Dot
- Luxottica Retail
- Mary Frances Accessories
- Mikimoto America
- Montblanc
- Montres Charmex SA
- Oakley
- PANDORA Jewelry
- Piaget
- Revo
- Rembrandt Charms
- Stanley Hagler Jewelry
- Stussy Inc.
- Swarovski North America Limited
- Swiss Army Brands, Inc.
- TanZyr
- Tiffany & Company
- Topstones International
- Trollbeads
- Vacheron Constantin
- Van Cleef & Arpels
- Zodiac Watches

Movies, Television, & Radio   return to top

- Academy Pictures Corp
- A&E Television Networks (AETN)
- Allumination Film Works
- Austin City Limits/KLRU
- Big Idea, Inc.
- Bruce Lee Enterprises
- Bug Me Video Inc.
- Builtmore Productions, Inc.
- CBS Entertainment and Desilu, too, LLC (Unforgettable Licensing)
- Classic Video L.L.C.
- Coral Ridge Ministries Media, Inc.
- Demolition Pictures
- Discovery Communications, Inc.
- Disney Enterprises, Inc.
- Don Cornelius Productions, Inc.
- Facelift Ent. Inc
- Federation Against Copyright Theft (FACT) Ltd
- FUNimation Productions, Ltd.
- GMV Productions

- Gunslinger Media, Inc.
- The History Channel®
- InJoy Productions, Inc.
- JM Distribution
- KBS America, Inc.
- Light & Dark Productions
- Marvel Comics/Marvel Enterprises, Inc.
- Matt Groening
- MGA, INc. dba Movie Gallery
- Motion Picture Association of America (MPAA)
- Moviecraft Inc.
- THE NATIONAL ACADEMY OF TELEVISION ARTS & SCIENCES
- One Twisted Pair Inc.
- Paladin Enterprises, Inc.
- Paradise Film Institute/Big Pictures
- Power Art Design Airbrushs Pty Ltd
- Red Steagall's Cowboy Corner
- THX Ltd.
- Twentieth Century Fox Film Corporation
- Ultimate Creations, Inc./ Ultimate Warrior/Warrior
- Unearthed Films
- Universal Wrestling Archives, Inc.
- Urban Vision Entertainment
- Wally Boyko Productions, Inc.
- Warner Bros. Entertainment Inc. (UK)
- Warner Bros. Entertainment Italia S.p.A.
- Wiggles Touring Pty Limited, The
- World Wrestling Entertainment, Inc. (WWE)
- Your Baby Can, LLC.

Music

- Aigle Music
- ALM Productions
- Asylum Records
- Atlantic Records Group
- Ansonia Records, Inc.
- Austin City Limits/KLRU
- Avla Audio-Video Licensing Agency Inc.
- Black Hole Recordings
- British Phonographic Industry Limited
- Browne Horse Music
- Chordant Distribution Group/EMI Music
- Cocteau Twins
- Coheed & Cambria
- Dead Poole Productions
- DJ Michael Angelo
- DTIFC - Dream Theater International Fan Club
- East West
- ECLIPSE RECORDS, INC

- me Eel Pie Recording Ltd.
- me Elektra Entertainment Corp.
- me EMI Music Catalog Marketing Group
- me Extreme Audio Electronics
- me Fanaxis/Hanson
- me FTK
- me Funsten & Franzen : Placido Domingo - Angela Gheorghiu
- me Gaylord Entertainment Company
- me Guitar Trader
- me Hartley Loudspeakers,Inc.
- me The Heirs and Estate of Peter William Ham
- me Home Karaoke/DVDVC Video Productions
- me Houston Grand Opera
- me IFPI e.V. / proMedia Gesellschaft zum Schutz geistigen Eigentums mbH
- me Jeepster
- me Jeff Buckley
- me Legends Music & Entertainment
- me Maverick Recording Company
- me MCPS- Mechanical Copyright Protection Society
- me Nettwerk Productions
- me New Renaissance Records
- me No Bozos Records
- me Nonesuch Records, a division of Warner Communications Inc.
- me The Numero Group
- me Oglio Entertainment Group, Inc.
- me Pinecastle Records
- me Pink Floyd Management Ltd/Pink Floyd Ltd.
- me proMedia (Germany)
- me Publick Ptomaine Music
- me Razormaid! Productions
- me Recording Industry Association of America, The (R.I.A.A.)
- me Relix International, Inc.
- me Revelation Records
- me Rhino Entertainment
- me Roadrunner Records
- me RRO Entertainment
- me Rykodisc
- me Runaways, The
- me Sado Nation
- me Sound Choice
- me Star-Music International
- me STILETTO Entertainment
- me Third Man Records
- me Tsunami Bomb
- me User Media
- me Varese Sarabande Records
- me Wally Boyko Productions, Inc
- me Warner Bros. Records, Inc.
- me Warner Music Group
- me Warner/Chappell Music, Inc.
- me Warner Music Latina Inc.
- me WD Music Products, Inc.
- me Wildstar
- me Word Entertainment
- me Y&T - Meniketti

VeRo Tutorial - 베로퀴즈

248쪽 하단 네모박스를 클릭하면 지적재산권 관련 지침서 퀴즈(Intellectual property policies and VeRO Tutorial)를 확인할 수 있다.

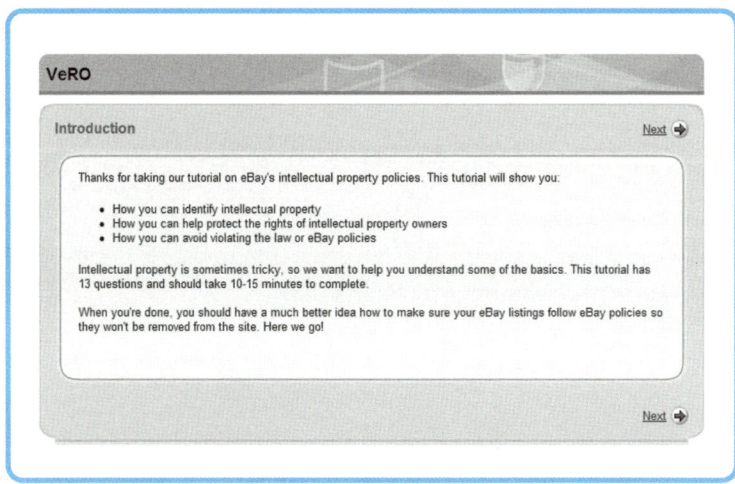

내용을 정리하면 아래와 같다.

[소 개]

이베이의 지적재산권 정책에 대한 튜토리얼(개별지도)를 선택해 주어 감사하다. 해당 튜토리얼은 아래와 같다.

- 지적재산권을 어떻게 판별하는지
- 당신이 어떻게 지적재산권 소유자의 권리를 보호해 줘야 하는지
- 법규 또는 이베이 정책들에 위배되지 않는 방법

지적재산권은 때때로 명확히 판별 않으므로, 당신이 기본적인 사항들을 알 수 있도록 돕고 싶다. 이 튜토리얼은 13개의 질문으로 구성되었으며 13~15분 사이에 끝낼 수 있다.

당신이 튜토리얼을 마친 후, 다음에 소개될 이베이 정책에 따라 제품 등록을 명확히 하도록 많은 도움을 줄 것이다. 그에 따라, 당신 제품이 이베이 사이트에서 삭제되는 일이 없을 것이다. 이제 시작해 볼까요?

민감한 제품의 이베이 판매를 준비하고 있다면 불이익을 당하지 않게 VeRO 프로그램을 이해하고 튜토리얼을 살펴보고 시작하는 것이 현명하다.

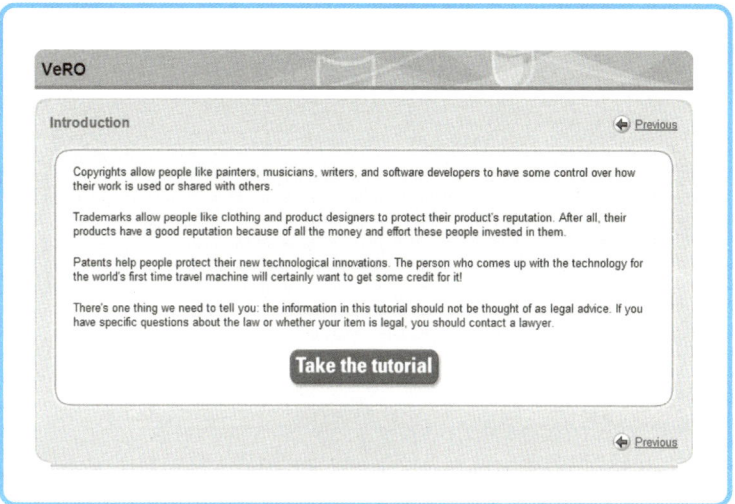

VeRO 프로그램 튜토리얼 시작 화면이다. 내용을 정리 하면 아래와 같다.

[소 개]
저작권(Copyright)을 통해 화가, 음악가, 작가, 그리고 소프트웨어 개발자들은 다른 사람들이 저작자들의 작품을 타인과 사용 또는 공유하는 것을 허가한다.
- 상표(Trademarks)는 의류 또는 제품 디자이너들이 그들의 제품의 명성을 보호하는 것을 돕는다. 모든 상표를 가진 제품들은 자금과 노력이 투자되었기 때문에 그 명성을 유지할 수 있다.
  특허(Patents)는 신기술을 보호하며, 기술 개발자들은 최초로 기술을 개발한 대가를 반드시 얻고 싶어한다.
- 여기서 우리는 당신에게 알려주어야 할 것이 하나 있다 : 여기 안내사항에 나온 정보는 자세한 법규가 아니다. 만약 당신이 법규나 당신의 물건에 대해 특별히 하고 싶은 질문이 있다면, 변호사를 찾길 바란다.

튜토리얼 시작

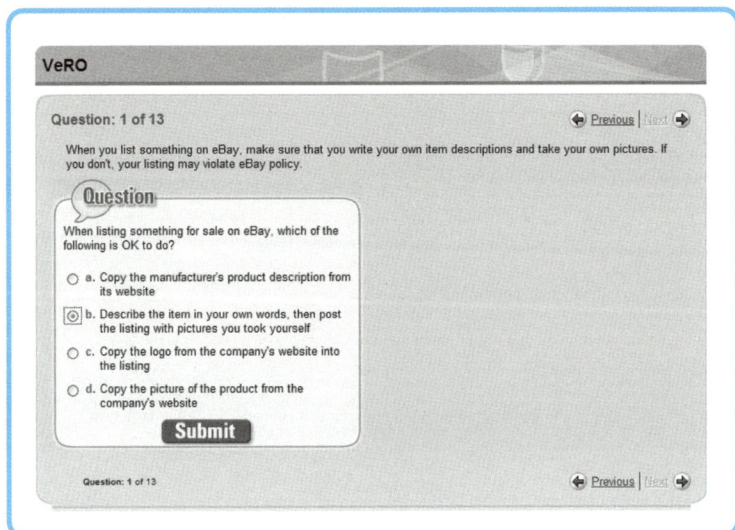

VeRO 프로그램 튜토리얼을 정확히 이해하면 이베이의 지적재산권 정책에 대해 어느 정도 이해가 되고 자신의 판매진행 상황을 체크할 수 있다. 사전에 체크하고 공부해서 불필요한 시행착오를 당하지 않도록 하자.

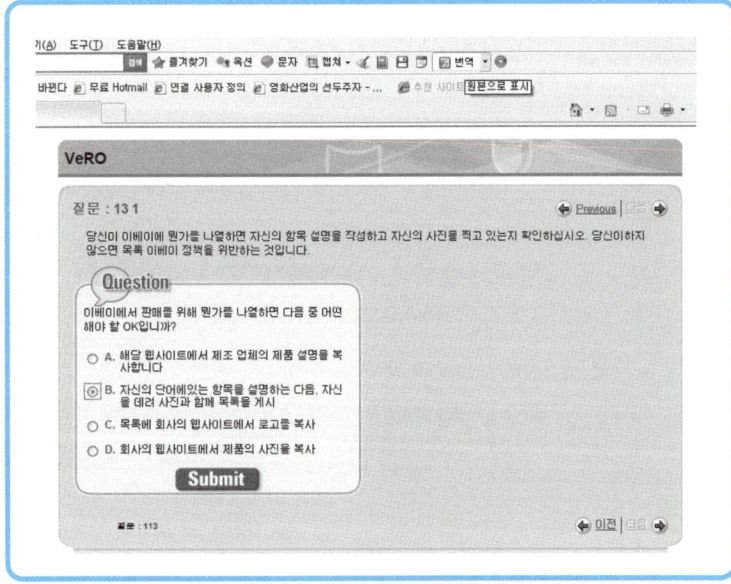

알툴바를 통해 번역을 해 보았다. 여러 가지 툴바를 사용해 본 사람이라면 누구나 알고 있겠지만 완벽한 번역이 이루어지지는 않는다. 이러한 번역은 이해를 할 수는 있지만 위와 같은 전문적인 지도내용에는 문제가 있으니 정확한 내용을 전달하겠다.

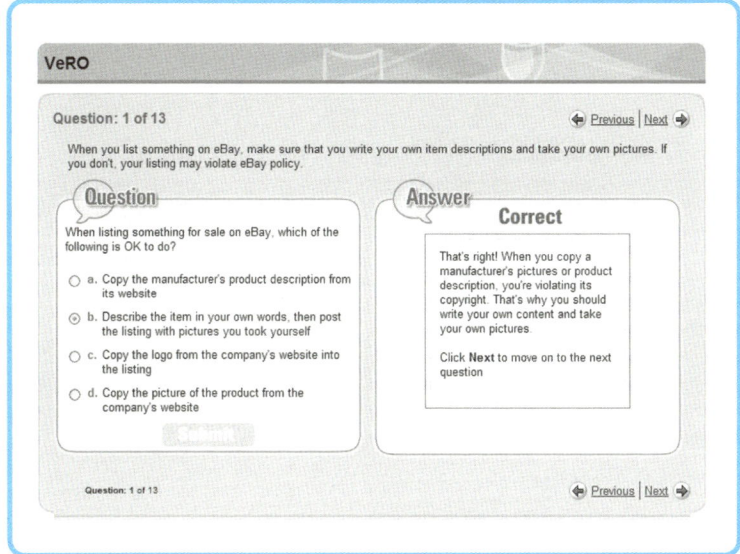

Question : 1 of 13

제품을 리스팅(판매등록) 할 때, 당신 제품의 자세한 설명과 고유의 이미지를 등록하라. 하지 않는다면 이베이 정책 위반이다.

[퀴 즈] 이베이에서 제품을 판매할 때 올바른 행동을 고르시오.
        a. 제조업자의 웹사이트에서 제품 상세정보를 복사한다.
        b. 자신이 직접 상세설명과 이미지를 만들어 사용한다.
        c. 판매페이지에 제조회사의 로고를 등록한다.
        d. 제조업자 사이트의 이미지를 복사해 사용한다.

[정 답] b. 제조업자의 제품 상세설명과 이미지를 도용하는 것은 저작권위반이다. 제품 판매페이지에 상세설명과 이미지는 직접 만들어 사용하라.

Tip
물론 사용허가를 받은 이미지나 상세정보는 사용이 가능하다.

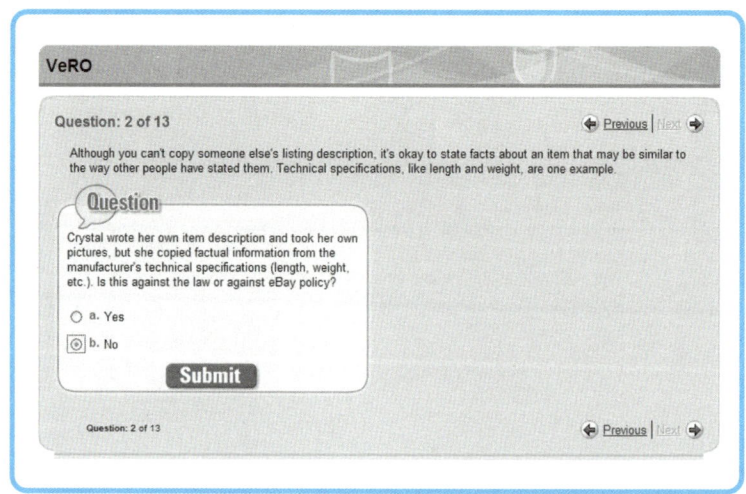

Question : 2 of 13

누군가의 제품 설명과 이미지를 복사해서 사용하지는 못하지만 제품에 대한 사실, 제품사양, 크기, 무게 등의 경우 다른 사람의 정보를 활용할 수 있다.

[퀴 즈]

Crystal은 자신이 직접 상세설명과 이미지를 만들어 사용하였지만, 제품의 여러 가지 정보는 제조업체의 사이트 정보를 사용하였다. 이 경우 이베이 정책 위반인가?

a. 위반이다.
b. 아니다.

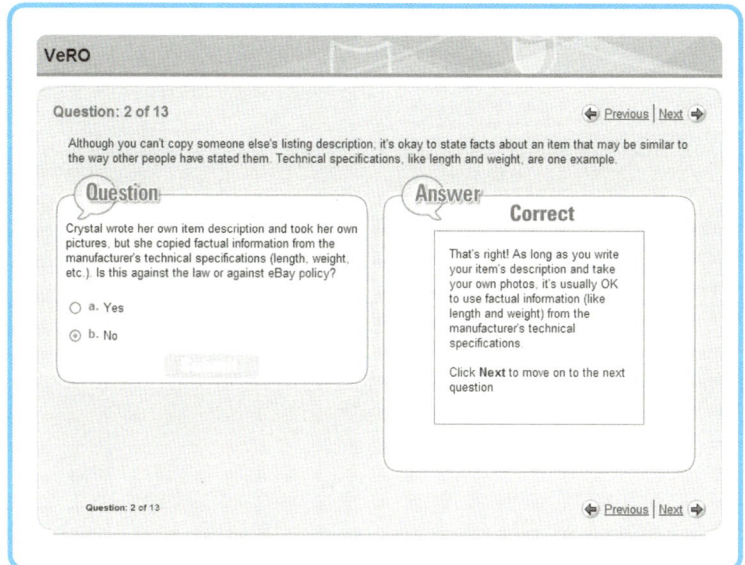

[정 답]

b. 제품의 여러 가지 정보 사양, 크기, 무게 등 사실적인 정보는 제조업체의 정보를 사용해도 무방하다.

Tip
실제 이베이에 등록되어 있는 카달로그는 누구나 사용할 수 있다.

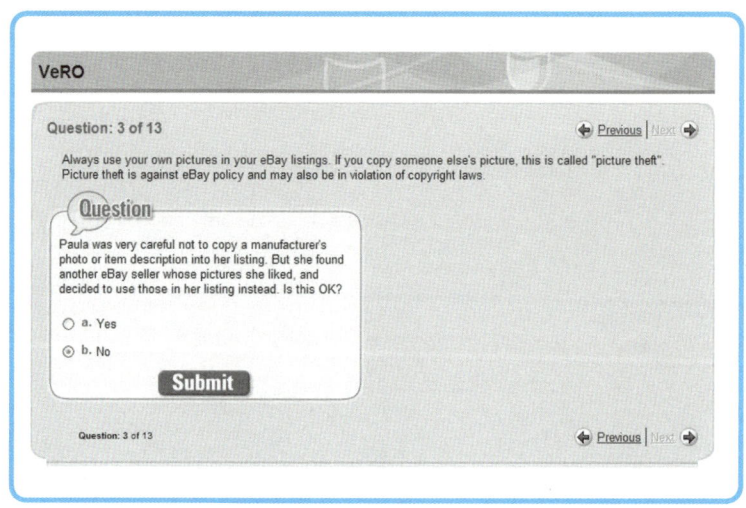

Question : 3 of 13

항상 제품 판매시에는 자신이 만든 이미지를 사용해라. 타인의 이미지를 무단으로 사용하는 것은 이미지 도용이며 이베이 정책 위반이다.

[퀴 즈]

Paula는 제품 판매시에 제조업체의 여러 가지 정보를 사용하지 않는다. 하지만 최근 이베이의 다른 셀러의 상세페이지가 마음에 들어서 자신의 리스팅(상품판매)에 사용하려고 한다. 가능한가?

a. 가능하다.
b. 안된다.

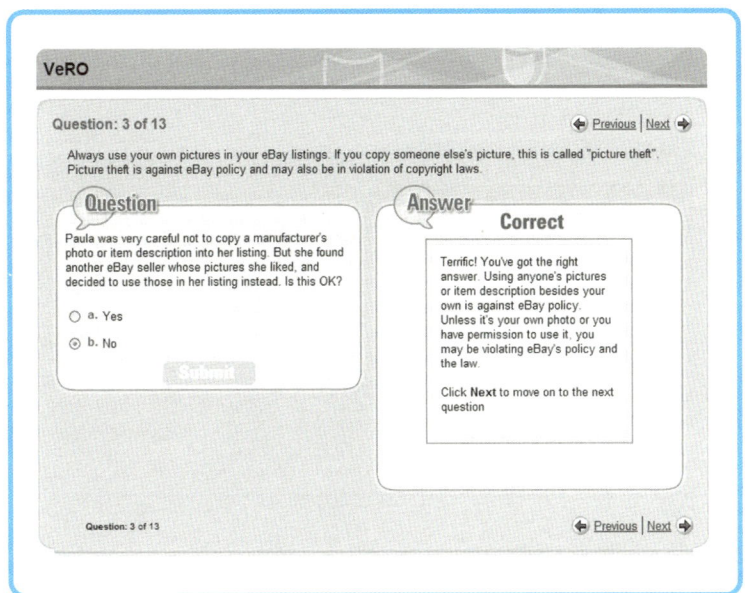

[정 답]

b. 다른 사람의 사용허가 없이 상세정보나 이미지를 사용하는 것은 위반이다.

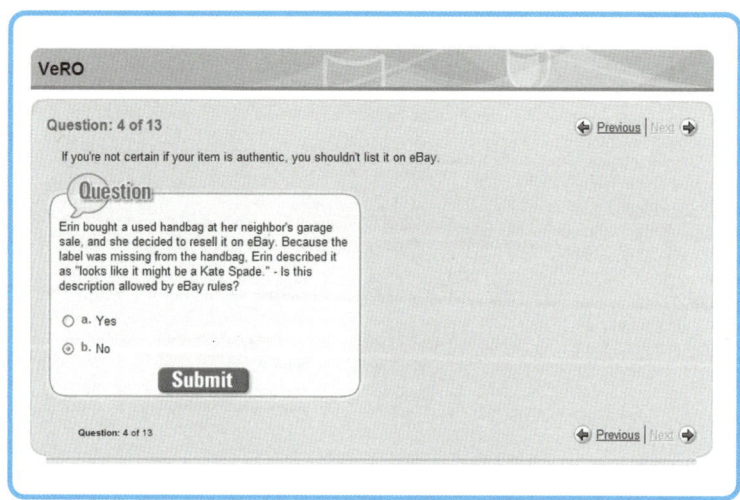

Question : 4 of 13

제품에 관한 정보가 명확하지 않다면 이베이 판매진행을 하지 말아야 한다.

[퀴즈]

Erin은 이웃 garage sale에서 구매한 중고 가방을 이베이를 통해 되팔려고 한다. 가방의 상표가 지워져 상세설명에 "looks like it might be a Kate Spade"라고 작성했다. 이는 이베이 정책에서 허용되는가?

a. 허용된다.
b. 허용되지 않는다.

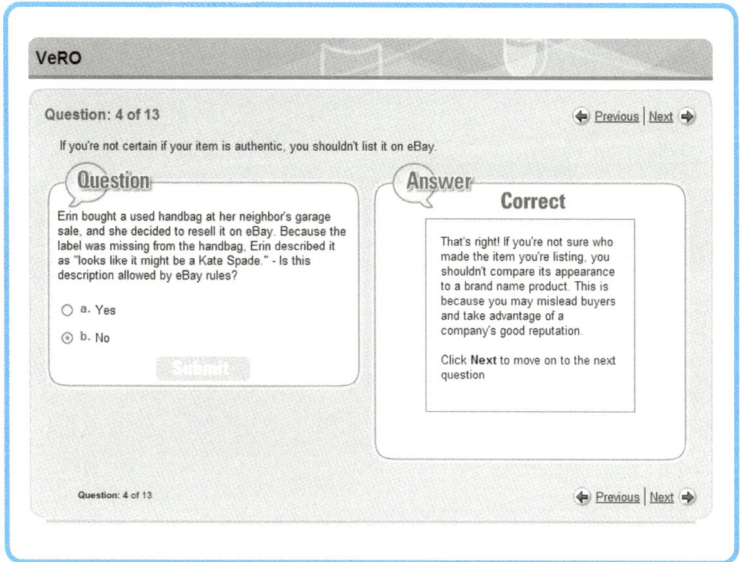

[정 답]

b. 상세정보에 제품정보를 명확하게 작성할 수 없을 때는 브랜드명을 사용할 수 없다. 소비자에게 혼란을 줄 수 있으므로 이베이 판매정책 위반이다.

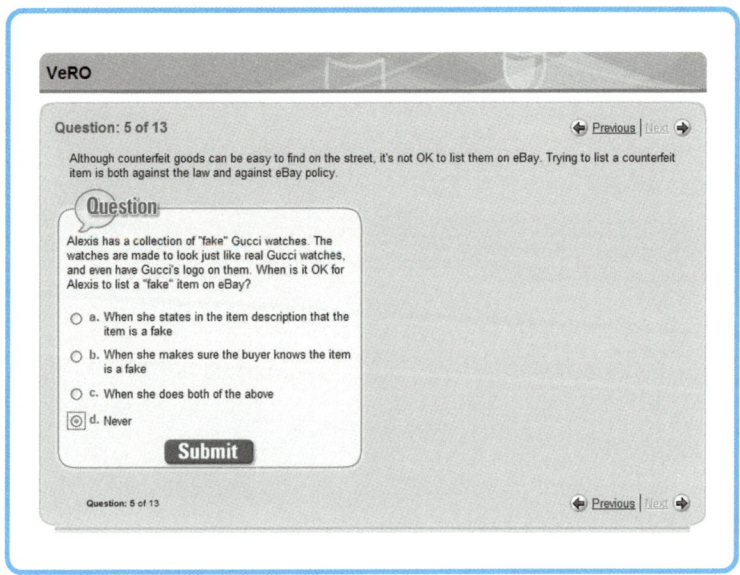

Question : 5 of 13

거리에서 모조품(위조품)을 쉽게 볼 수 있으나, 이베이에서 모조품 판매는 금지 물품이다. 이베이에 판매금지나 제한된 규정을 숙지하라.

[퀴 즈]

Alexis는 비슷하게 만들어진 구찌 짝퉁 시계를 가지고 있다. 이베이 판매가 가능할까?

a. 제품정보에 모조품임을 설명하면 가능하다.
b. 소비자가 모조품임을 알고 있다고 확신하면 가능하다.
c. a, b 둘 다 가능하다.
d. 절대 안된다.

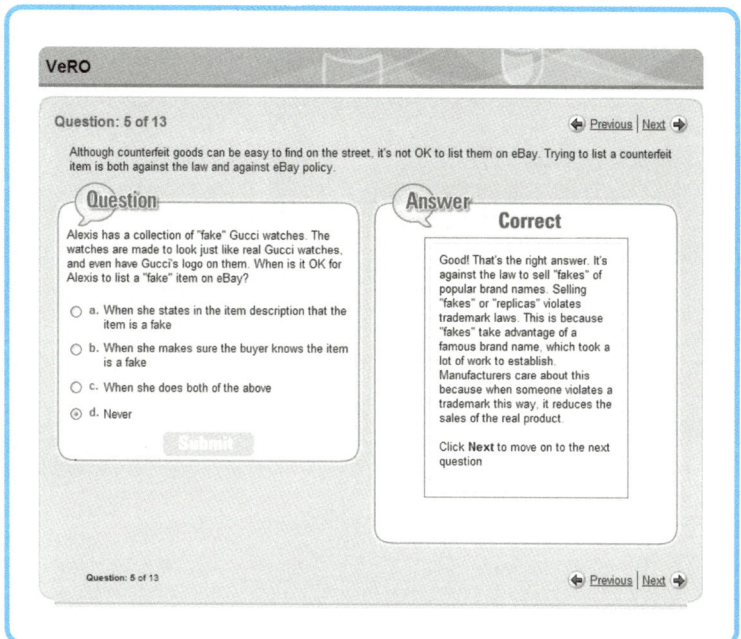

[정 답]

d. 모조품이나 위조품 등의 판매는 규정상(법적으로) 금지되어 있고 상표권을 침해하는 행위다.

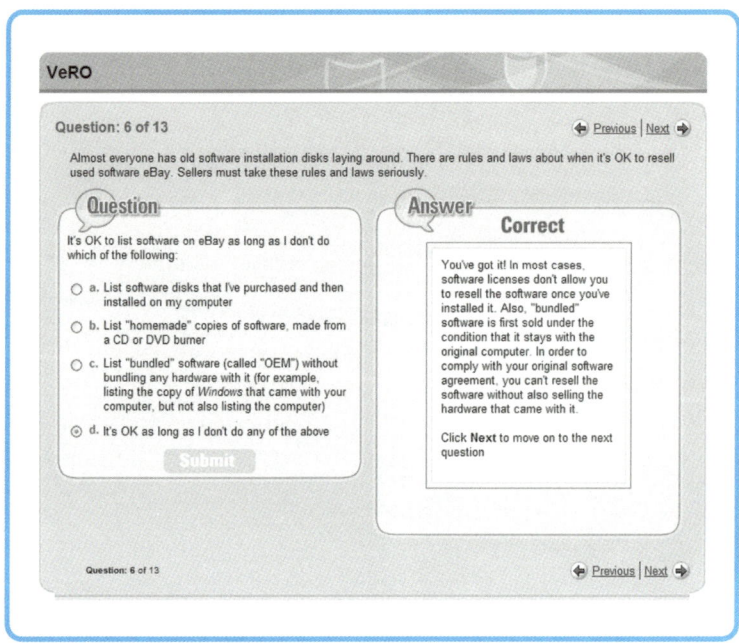

Question : 6 of 13

대다수의 사람들은 오래된 소프트웨어 설치 디스크를 가지고 있다. 이베이는 중고 소프트웨어를 팔 수 있는 시기에 대한 법과 규정이 있다. 판매자는 이 법과 규정을 숙지해야 한다.

[퀴 즈]

이베이에 소프트웨어를 판매할 때 위반 사항은?

a. 자신이 컴퓨터에 설치한 소프트웨어 디스크를 판매하기
b. 집에서 불법으로 복제한 CD, DVD 판매
c. 새로 구매한 컴퓨터의 윈도우(프로그램)를 카피하여 윈도우만 판매(컴퓨터는 판매하지 않음)
d. a,b,c 모두 위법

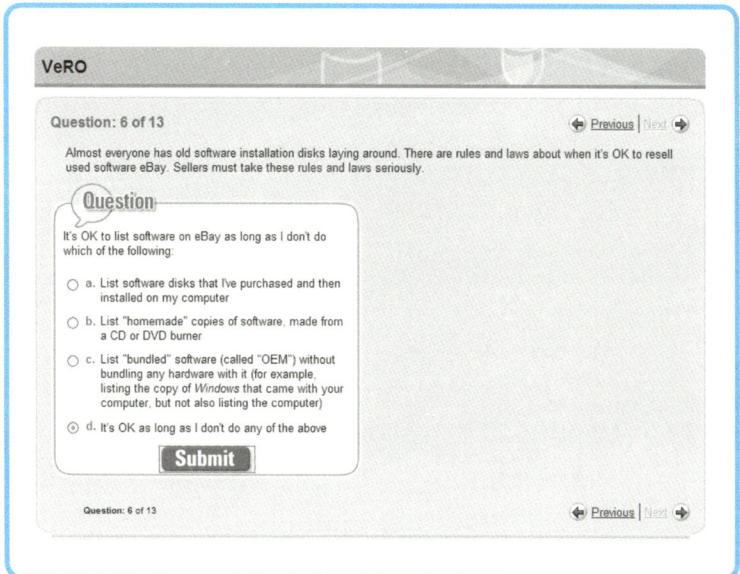

[정 답]

d. 거의 대부분 한번 사용한 소프트웨어를 판매하는 것은 불법이다. 특정 조건 하에 컴퓨터와 함께 제공된 소프트웨어는 하드웨어 없이 판매할 수 없다.

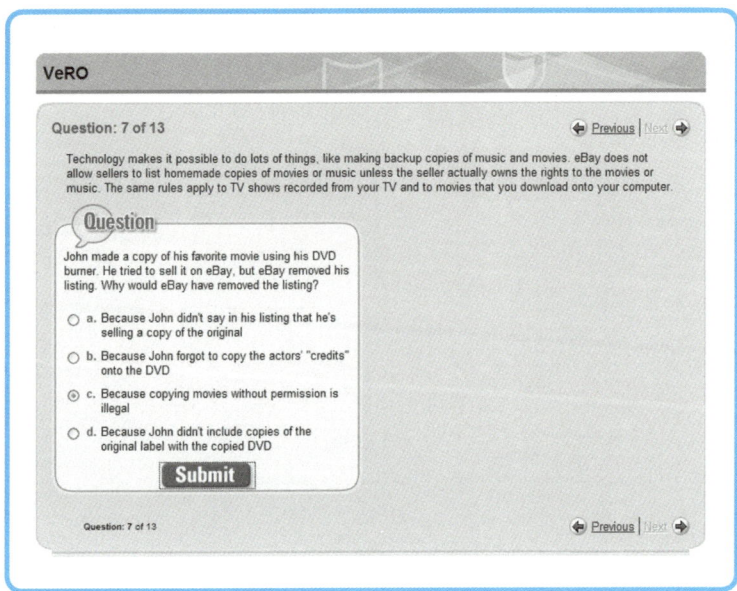

Question : 7 of 13

기술은 많은 것들을 가능하게 했다. 음반, 영화, TV 프로그램 등을 집에서 무단으로 복제한 것을 이베이에 판매할 수 없다.

[퀴 즈]

John은 자신이 좋아하는 영화를 DVD로 복제해서 판매를 하였으나 이베이에서 판매페이지를 삭제당했다. 이유가 무엇일까?

a. 복사본임을 밝히지 않아서
b. DVD 배우들의 설명을 작성하지 않아서
c. 허가없이 복제된 영화는 위법이므로
d. 복제한 DVD에 라벨을 붙이지 않아서

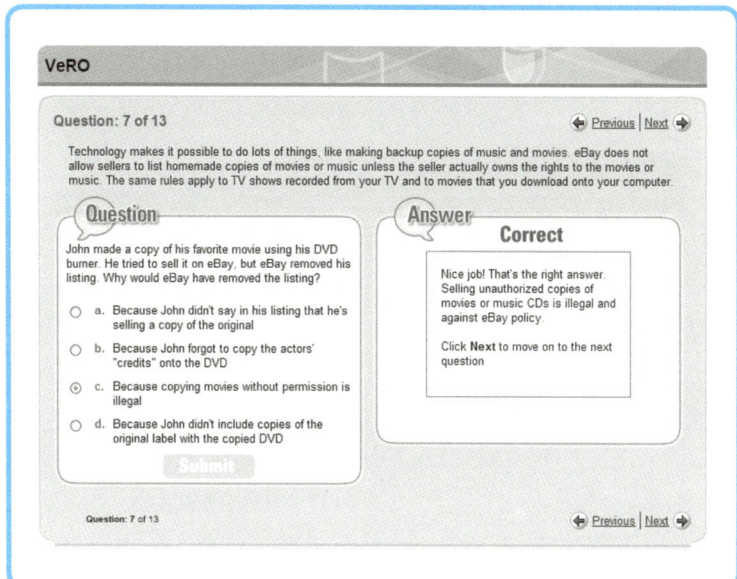

[정 답]

c. 허가받지 않은 영화, 음반 복제 판매는 이베이 정책 위반이다.

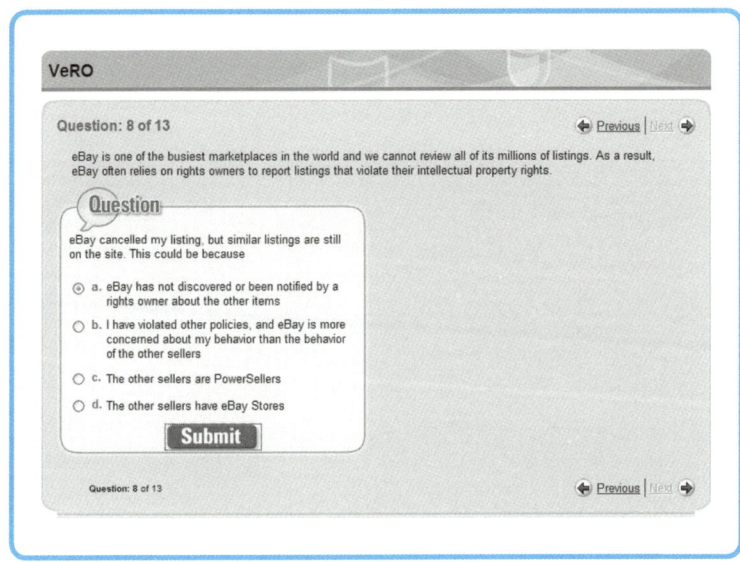

Question : 8 of 13

이베이에는 수백만 개 이상이 판매등록이 되어 있으므로 일일이 모든 판매화면을 검토할 수는 없다. 그 결과 소유자의 침해 이의제기 보고 후에 조사가 된다.

[퀴 즈]

나의 판매페이지가 삭제당했는데 비슷한 판매 페이지는 아직 진행되고 있다. 이유가 무엇인가?

a. 지적재산권자가 다른 판매화면을 발견하지 못했거나 신고하지 않았다.
b. 다른 정책위반이 있다. 이베이는 다른 판매자보다 나에게 관심이 많다.
c. 다른 판매자는 파워셀러이다.
d. 다른 판매자는 스터어를 보유하고 있다.

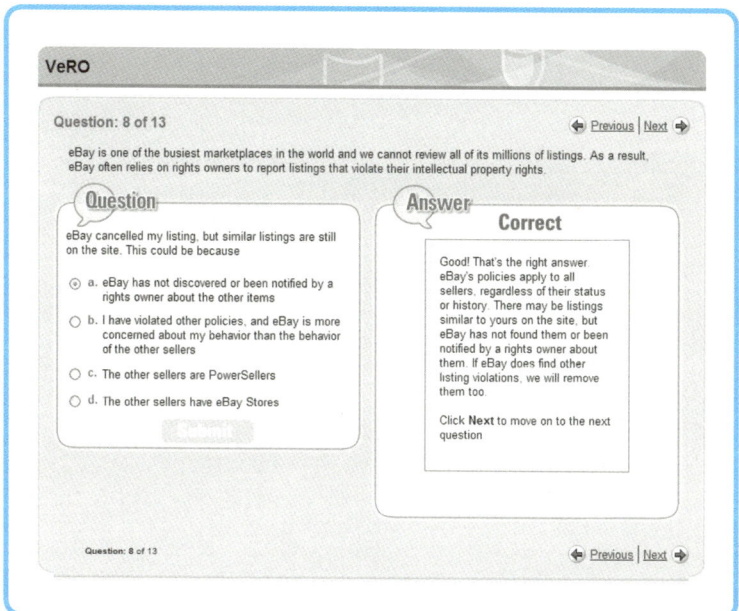

[정 답]

a. 이베이 정책은 공정하다. 이베이가 위반된 판매페이지를 발견하지 못했거나 지적재산권자가 아직 신고를 하지 않았다. 발견이 늦어도 추후에 비슷한 판매페이지도 삭제된다.

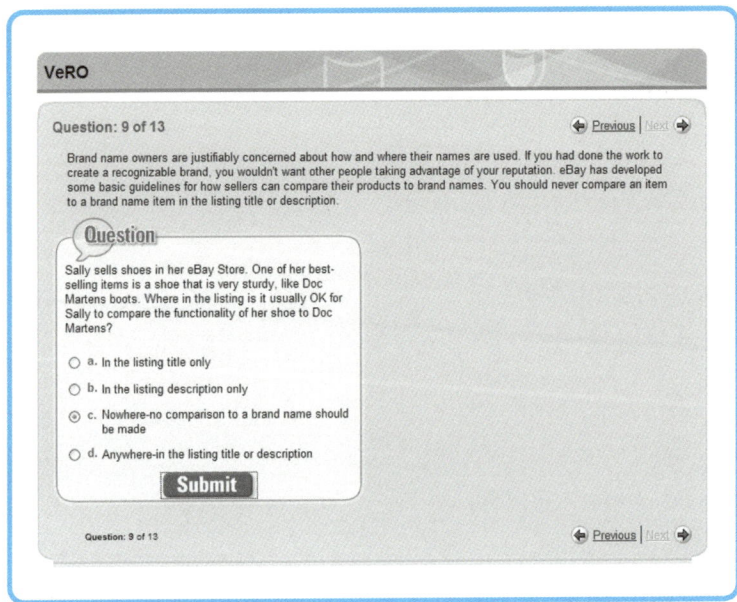

Question : 9 of 13

이베이 판매에서 타 브랜드와 비교 설명하거나 타브랜드를 언급하는 것은 이베이 정책 위반이다.

[퀴 즈]

Sally는 이베이 스토어에 신발을 판매한다. 베스트 신발은 Doc Martens의 부츠와 비슷한데 판매페이지에 두 신발의 차이점을 설명해도 되는가?

a. 판매 제목에 가능
b. 판매 상세페이지에 가능
c. 타 제품과 비교할 수 없다.
d. 제목, 상세페이지 모두 가능하다.

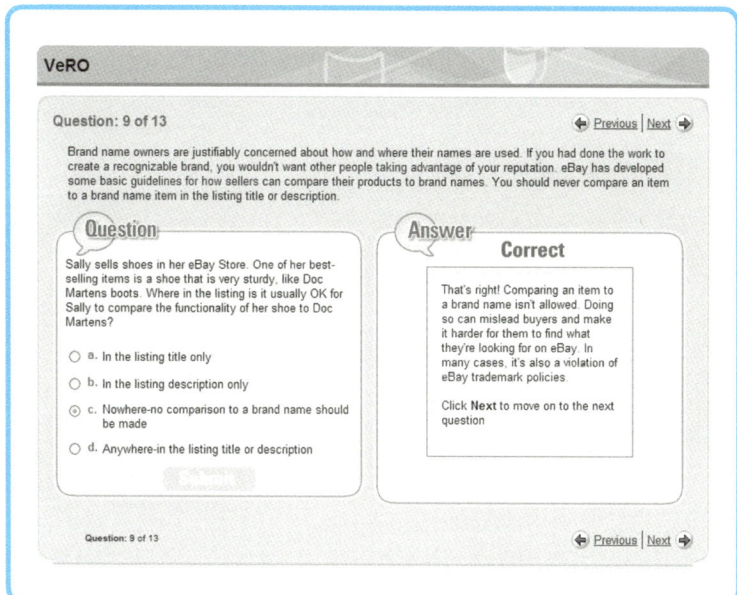

[정 답]

c. 타브랜드 이름을 사용하여 비교설명할 수 없다. 이는 이베이 정책 위반이다.

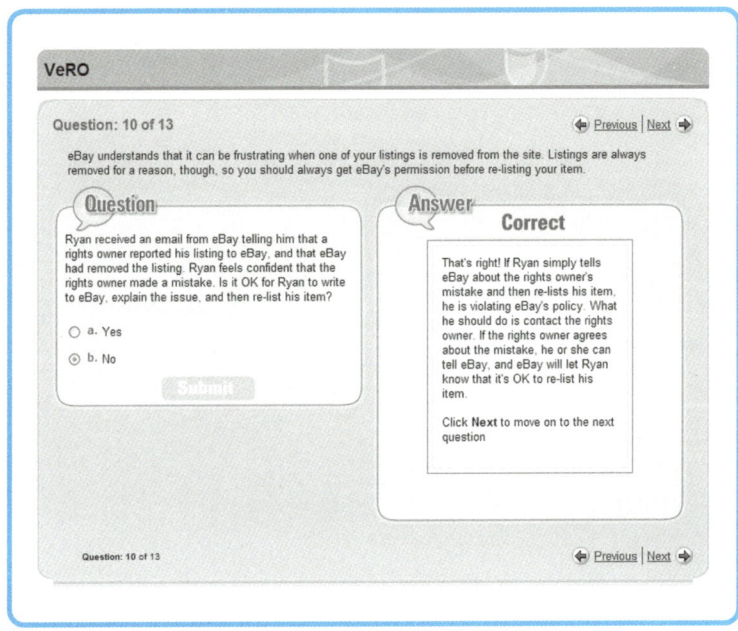

Question : 10 of 13

판매 등록 상품이 삭제되는 경우 이유가 있다. 삭제된 상품을 다시 등록할 경우 먼저 이베이의 허가를 받아야 한다.

[퀴 즈]

Ryan은 이베이로부터 상표권자의 신고를 받고 리스팅을 삭제당했다. 소유권자의 실수로 느껴진다. 이베이에 이메일을 보내고 다시 상품을 등록하려고 한다. 가능할까?

a. 가능하다.
b. 안 된다.

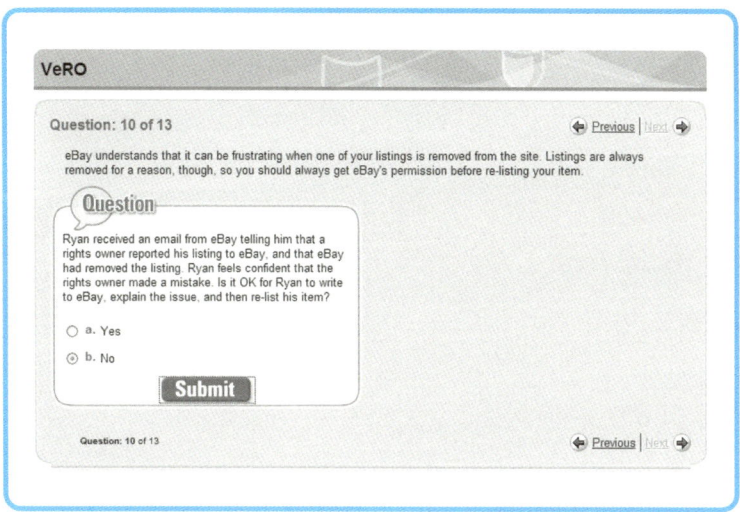

[정 답]

b. 소유권자의 착오라면 먼저 소유권자와 연락해서 해결 후에 이를 이베이에 연락해서 동의를 얻은 후에 상품 등록을 해야 한다.

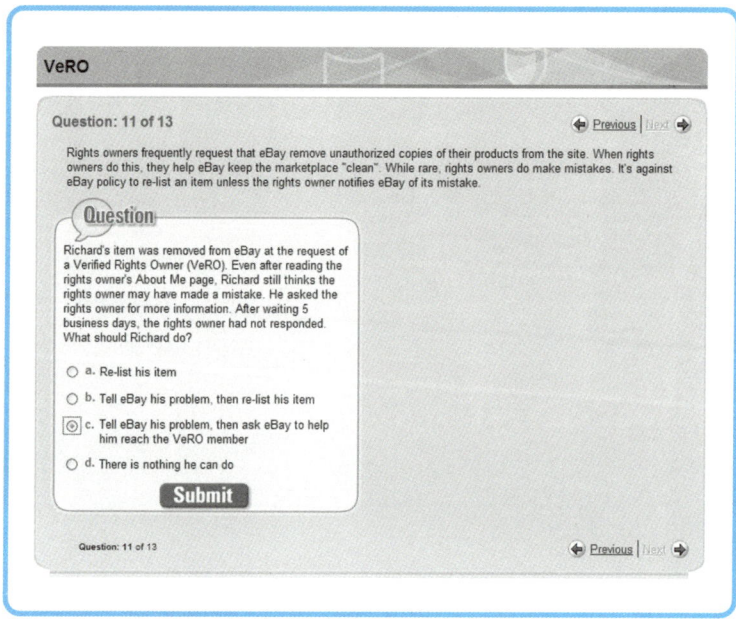

Question : 11 of 13

지적재산권자는 이베이에 비슷한 불법 상품을 삭제할 것을 요청한다. 소유권자도 실수를 할 수 있다. 이베이에 다시 상품이 등록되기 위해 상표권자 실수에 대한 보고가 있어야 한다.

[퀴 즈]

Richard는 상표권자의 요청으로 이베이에 아이템이 삭제되었다. 상표권자의 페이지를 확인한 결과 실수라고 생각되어 지적재산권자에게 연락을 했으나 5일이 지나도 답변이 없다. 어떻게 해야 하는가?

a. 다시 상품등록한다.
b. 이베이에 보고하고 상품등록한다.
c. 이베이에 보고를 하고난 후 소유권자와 연락 가능하도록 요청한다.
d. 아무것도 못한다.

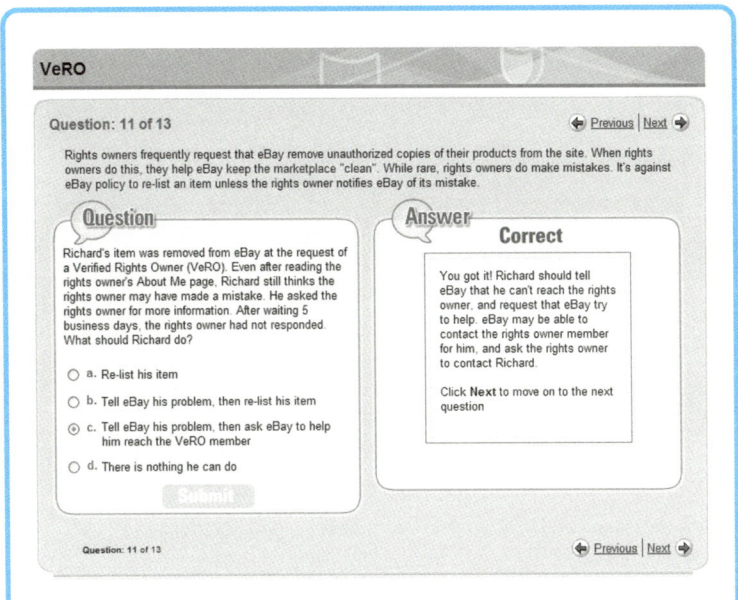

[정 답]

c. 지적재산권에 관한 문제는 소유권자와 해결해야 한다. 이베이에 도움을 요청해서 소유권자와 먼저 연락해야 한다.

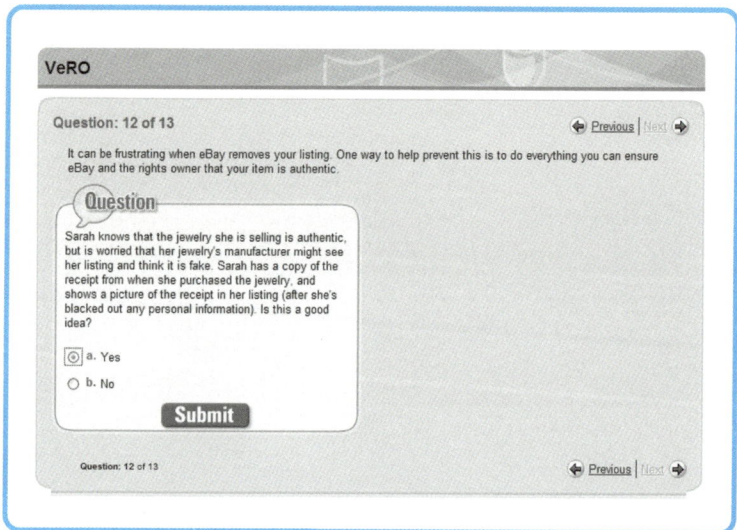

Question : 12 of 13

상품페이지가 삭제되면 실망스럽다. 이베이에 판매하는 아이템에 대한 진정성이 제공되어야 한다.

[퀴 즈]

Sarah는 자신이 판매하는 제품이 진품이지만 제조업자가 모조품으로 생각할 수도 있기 때문에 상품 영수증을 판매페이지에 포함했다. 좋은 생각인가?

a. 좋은 생각이다.
b. 아니다.

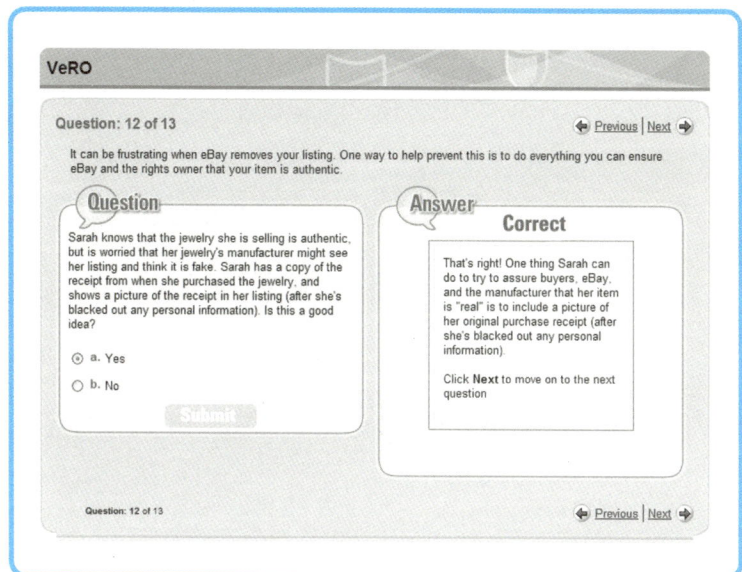

[정 답]

a. 소비자나 제조업자를 모두를 위해서 제품 영수증을 첨부한 것은 진정성(사실성)을 만족시키는 좋은 생각이다.

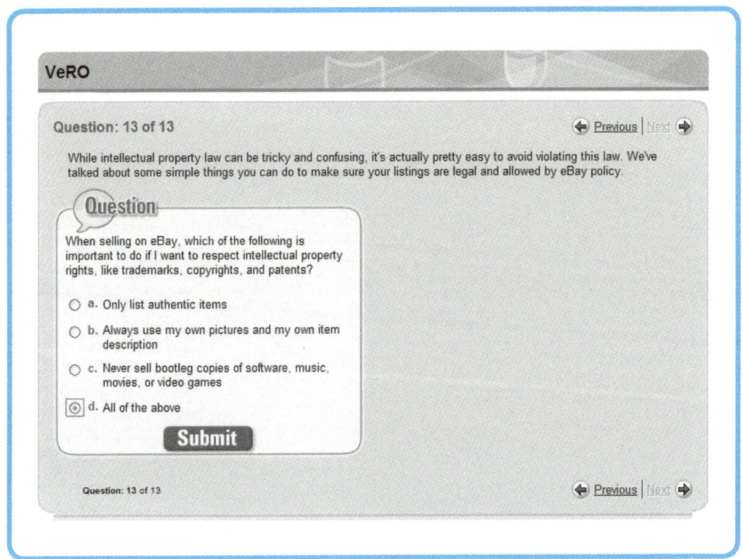

Question : 13 of 13

이베이 정책을 잘 이해하고 판매 활동을 하자.

[퀴 즈]

이베이에 판매를 할 때 상표권, 저작권, 특허권과 같은 지적재산권을 위반하지 않고 활동하고자 한다면 어떤 것이 중요할까?

a. 진품만 상품등록한다.
b. 항상 자신이 만든 이미지와 설명을 사용한다.
c. 소프트웨어, 음반, 비디오 게임 등의 복사 제품은 결코 판매하지 않는다.
d. 위 모두를 준수한다.

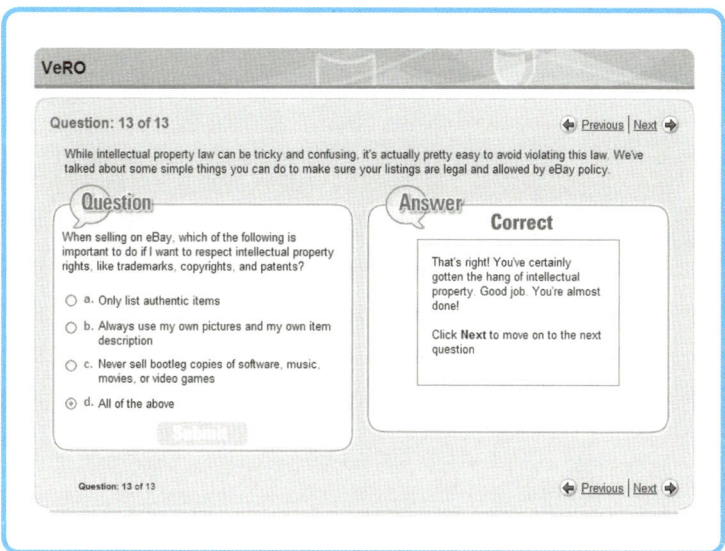

[정 답]
d. 위 사항들을 준수한다면 문제가 없을 것이다.

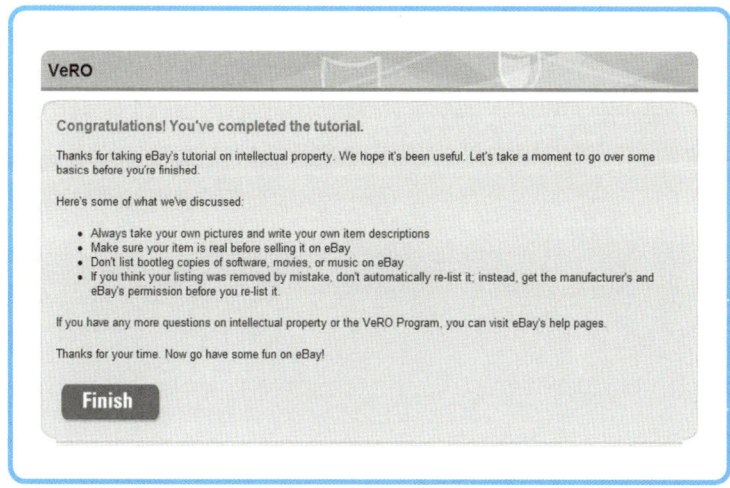

베로퀴즈 완료

툴바 번역 페이지

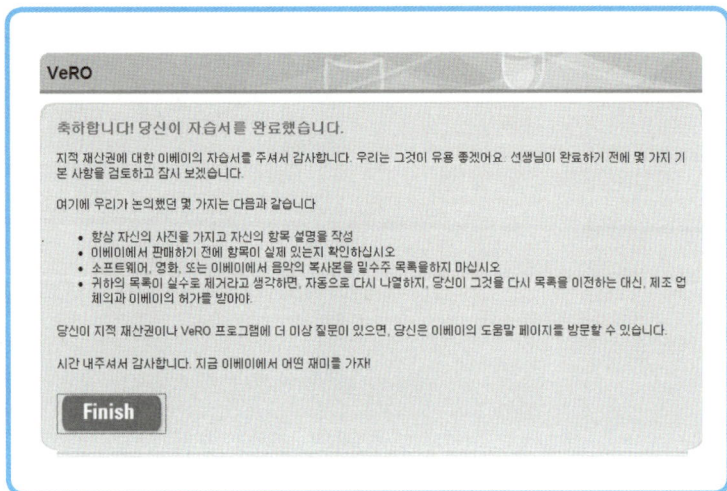

이베이의 VeRO 프로그램을 정확하게 이해하고 활동하는 것이 시행착오를 줄이고 더욱 발전하는 판매자가 될 수 있다. 이베이를 잘 진행하다가 이러한 정책과 규정을 몰라서 불이익을 당한다면 정말 억울할 것이다.

많은 피드백을 보유하고 판매가 잘 진행되는 아이디가 이러한 문제로 영구정지를 당한다면 정말 하늘이 무너지는 느낌일 것이다. 지적재산권 문제는 타인의 재산권을 존중하고 자신의 재산권을 보호받을 수 있는 프로그램인 만큼 잘 이해하고 활용한다면 자신의 브랜드를 키워갈 수 있는 기회가 된다.

Chapter 11

아이템 선정과 사입의 기술

Ebay Open Market

아이템 선정과 사입

쇼핑몰이나 오픈마켓에서부터 길거리 가게에 이르기까지 유통에서 가장 중요한 부분 중 하나가 '물건을 어디서 어떻게 공급을 받을 수 있느냐' 이다. 특히 태어나서 한번도 유통관련업에 대한 경험이 없는 분들은 그야말로 막막할 수 밖에 없다. 사실 어느 정도 판매나 유통업을 경험해 본 사람들의 고민도 아이템 선정과 공급루트 확보, 다시 말해 사입처 확보가 관건인 것이다.

아이템 선정과 공급루트의 확보는 실제 사업에서 미치는 영향이 엄청나다고 할 수 있다. 이 장에서는 자신의 상황에 맞게 아이템을 선정하고 거래처를 유지하면서 온라인 판매를 활성화 할 수 있는 방법을 모색해 보자.

아이템 선정의 핵심 포인트

1. 자신이 잘 아는 분야나 아이템을 1차적으로 공략하자.

잘 모르는 분야의 아이템을 취급하면 예상하지 못했던 여러 가지 문제가 발생한다. 자신이 잘 아는 분야의 아이템을 취급할 경우 소비자들에게 전문적인 모습을 보일 수 있고 홍보나 상품페이지 만들기에도 유리하여 소비자들의 욕구를 잘 만족시킬 수 있다.

2. 무게와 포장을 고려한 배송방법이 용이한 제품

해외판매를 하는 사람이라면 필수적으로 고려해야 할 사항이다. 상품 공급단가가 좋아서 물건을 소싱했는데 배송료가 너무 많이 나온다면 해외판매에는 적합하지 않다. 해외판매의 경우 배송료가 무게와 거리별로 측정되고 부피의 제한이 있다는 점을 고려하자. 그리고 배송 도중 변질의 우려가 있는 상품은 취급하기에 좋지 않다. 상품의 소싱 단계에서부터 이러한 점을 체크해서 공급받도록 하자.

3. 판매회전이 좋고 지속적으로 성장하는 아이템을 찾자.

마진율이 좋은데 상품 판매회전 주기가 1년이라면 온라인 판매에서는 문제가 될 수 있다. 물론 전 세계를 상대로 하는 이베이 시장은 끊임없이 소비자들이 유입되므로 이러한 부분도 어느 정도는 해결이 되지만 실제 판매를 진행해 볼 때 아직 판매자로서 알려지지 않은 시기에 상품 회전주기가 긴 상품만을 가지고 있다면 판매에 상당한 어려움을 겪는다. 마진율이 좋고 회전주기가 긴 상품은 메인으로 보다는 서브 아이템으로 적당하고 메인 아이템은 회전이 용이하여 매출과 수익을 동시에 노릴 수 있어야 한다.
정말 좋은 아이템인데 판매시장을 찾지 못한다고 느낀다면 이베이에 팔아보자. 어떤 아이템이든지 초기 진입은 어려움이 있겠지만 좋은 아이템이라면 결국 자리를 잡을 수 있는 시장이 바로 이베이 시장이다.

4. 가격 경쟁력과 품질 경쟁력을 확보한 제품

우리 주변에 가격 경쟁력과 품질 경쟁력을 동시에 만족시키는 상품은 거의 없다. 그렇다면 둘 중 어느 하나는 꼭 만족시키는 아이템이 좋다. 가격이 비싸다면 품질이 확실히 좋아야 소비자들에게 어필이 가능하며 품질이 중간이라면 가격적인 메리트가 있는 상품이 좋다.
이베이 소비자 입장에서 본다면 막 가입한 초보셀러(판매자)가 존재하는지에는 관심이 없다. 피드백이 좋고 신뢰있는 파워셀러에게 물건을 구매하고 싶어한다. 이러한 상황에서 판매자로서 이베이 시장에 성공적으로 진입을 하는 방법을 찾는 것은 여러분의 몫이다. 이러한 성공 진입의 필수조건은 경쟁력 있는 아이템을 판매하는 것이라 할 수 있다.

5. 공급이 용이하고 재고 부담이 적은 제품

이베이 시장에 적합한 아이템을 찾았는데 초기 재고 부담이 너무 과하다면 좋은 상품이라 할 수 없다. 사입단가에서 조금 손해를 보더라도 재고 부담을 낮추는 것이 현명하다. 사입단가와 재고량은 반비례한다. 아이템 소싱 수량이 많아질수록 가격의 협상 여지는 커지고 실제로 단가가 내려간다. 반대로 소싱 단위가 적을수록 가격은 비싸지고 공급업자의 입장이 거칠어진다. 실제 유통이나 판매를 경험해 보지 않은 사람이 아이템 소싱을 한다는 것은 말투나 거래 방법에서부터 표시가 나고 어려움이 많다. 이러한 상황을 극복하는 방법은 아이템별로 최소 3~4군데 이상 문의를 해보고 결정하는 것이 좋다. 아이템 문의를 할 경우 자신이 온라인 쇼핑몰을 운영하고 있다 또는 오픈마켓에 판매를 하고 있다 등등 자신의 소싱 의도를 밝히고 거래하는 것이 원칙이다.

실제 잘 팔릴 것으로 예상했지만 잘 안 나가는 제품도 있고 혹시나 해서 판매를 시작했는데 대박 나는 상품도 있다. 아이템은 공급이 지속적으로 용이하고 재고 부담이 적은 제품이 좋다.
기본적으로 어떠한 아이템이 좋은지 이론적으로 분석을 해 보았다. 이론은 현실에 그대로 적용되는 경우도 있지만 현실과 다른 경우도 많다. 실제 판매를 진행하다 보면 위 이론 중 두 가지만 만족한다 해도 그 두 가지 메리트가 아주 좋은 경우 잘 팔리는 아이템이 나오기도 한다. 반대로 위 내용을 다 만족시킨다 해도 제품이 그다지 잘 나가지 않는 경우도 생긴다.

판매를 어느 정도 진행해서 파워셀러가 되고 더 많은 수익을 창출하고자 한다면 이제는 어느 정도 모험도 하고 판매에 자신 있는 아이템이라면 일정 이상의 물량을 낮은 단가에 받고 이로 인한 재고 부담도 감수해야 한다. 남들보다 앞서 나가기 위해서는 경쟁력을 확보하는 것이 중요하기 때문이다. 하지만 이러한 선택은 자신의 위치를 잘 파악하고 진행해야 한다. 한 달에 물건 20개를 판매하는 셀러가 500개의 물건을 낮은 단가에 받기 위해서 소싱을 한다면 문제가 될 수 있다. 한 달에 100개 이상을 판매하는 판매자라면 500개 소싱이 단가를 많이 낮출 수 있다면 사입하는 것도 나쁘지 않다. 그리고 그 아이템 소싱으로 좀 더 공격적으로 판매전략을 세울 수도 있다.

실제 판매를 진행해 보면 거의 대부분이 초보셀러 시기에는 아이템이 잘 판매가 되지 않고 피드백이 일정 수준을 넘어서게 되면 판매가 서서히 증가하고 몇 천점 이상의 판매 피드백을 받고 꾸준히 판매를 한 경우 어떤 아이템을 팔아도 반응이 빨리 오는 것을 느낄 수 있다.

완전초보셀러 피드백 1점~100점, 초보셀러 피드백 101~500점, 중급셀러 501점~5000점, 상급셀러 5001점 이상 아이템 판매는 실제로 피드백이 높을수록 유리하다. 물론 피드백만이 정답은 아니다. 자신이 어떤 카테고리의 아이템을 취급했느냐도 새로운 판매 아이템에 영향을 미친다. 유아용품만 2년간 판매한 셀러가 갑자기 성인 용품을 판매한다면 판매가 잘 이루어지지 않을 수도 있다. 반대로 유아용품을 판매한 셀러가 임산부 의류나 여성용품을 판매한다면 용이하게 진행할 수 있다.

아이템 소싱(사입)의 기술

이 책은 기본적으로 초보셀러(판매자)나 온라인 판매에 관심이 있는 사람들을 위한 책이다. 기본적으로 초보 판매자의 관점에서 설명하겠다. 온라인 판매에 관심을 가지는 사람들은 두 분류로 나누어 볼 수 있다. 팔아보고 싶은 아이템이나 아이템 소싱루트가 있어서 판매에 관심을 두는 사람과 온라인 판매는 잘 모르지만 새로운 직업으로서 도전해 보고자 하는 사람이다. 물론 전자의 경우 기본적인 아이템 방향이 어느 정도 나와 있으므로 실천에 옮기는 점이 중요하고 혹시 초보셀러에게 적합하지 않는 아이템이라면 추가적인 아이템 사입이 필요할 수도 있다. 후자의 경우는 막연한 두려움을 가지고 있다. 유통을 잘 모르는 사람에게 아이템 소싱루트를 알아보고 거래를 한다는 것은 어려움으로 다가온다. 흔히 우리가 잘 아는 동대문에 자기 돈을 가지고 사입을 하러 가도 마음에 두려움이 생기니 참 아이러니하다. 거래에 있어 소비자가 왕이라는 말도 있는데, 아마도 이런 경험이 없는 상태에서 거래의 주체가 자신이 되어야 하는 상황이라면 어려움이 생길 것으로 본다.

대한민국은 민주주의 사회다. 거래나 구매 사입 모든 것은 자신의 의사로 진행이 가능하다. 일단 두려워 하지 말자. 기본적으로 자신은 온라인 판매를 하는 사람이라고 소개하고 마음에 드는 물건은 거래조건이 어떻게 되는지 물어보자. 최근에는 꼭 오프라인 매장(예:동대문, 남대문, 화곡동시장 등)을 방문하지 않아도 온라인에서도 도매 거래가 가능하다.

흔히 말하는 땡처리, 덤핑, 재고에서부터 현재 유통되고 있는 상품까지 모두 온라인에서 정보를 얻고 거래가 가능하다. 먼저 통화를 해서 그 상품에 대한 정보를 알아본 후 마음에 드는 상품이 소량일 경우 서로 신원을 확인하고 거래해도 무방하며 수량이나 금액이 큰 경우 직접 만나서 거래하는 것이 문제의 소지를 없앨 수 있다.

전화하는 요령은 특별한 것이 없다. 자신이 궁금하고 알고 싶은 것을 문의하고 마음에 들면 거래하면 된다.

보통 온라인 거래시 전화로 확인하는 사항들(상품이나 거래 조건에 따라 다르다.)

상품에 관심이 있다. 물건 포장이나 상태는 어떤가? 파샬(나누어 판매)은 가능한지? 아님 전체를 매입해야 하는지? 지속적인 공급이 가능한지? 기타 생산년도는 언제인지? 유통기한은 언제까지인가? 국내산인지? 중국산이라면 전량 한국으로 들어 왔는지? 현지

에 제품이 거래되고 있는지? 무게나 부피는 어떻게 되는지? 기타 등등

개인적으로는 국내산이나 국내 브랜드를 취급하길 바란다. 전 세계인을 상태로 사업을 한다면 중국제품을 가지고 중국셀러(판매자)와 경쟁이 쉽지가 않다. 중국 생산제품이라도 국내 브랜드라면 이야기가 달라진다. 상표권이 한국이라 사업적으로는 한국제품이나 별반 다를 것이 없다.

또한 중국제품의 경우 중국판매자와 가격 경쟁이 쉽지가 않다. 품질 좋은 한국제품을 가지고 적정한 가격을 받는 것이 합리적일 수 있다.

장기적으로는 자신의 브랜드를 하나 키워나가는 것이 비전있고 좋은 전략이다. 현재 이베이 남성복 시장에서 두각을 나타내고 있는 한국판매자의 경우도 자신의 아이디를 브랜드화해서 더 가치를 높이고 있다.

직접 거래를 하거나 시장조사를 통해서 사입루트를 만드는 경우 우리나라 사람들은 아직까지 사람간의 관계를 중요하게 여긴다. 따라서 좀 친해지고 서로 이해하는 경우 거래가 잘 성사될 수도 있다. 초보 판매자의 경우 재고부담을 낮추면서 진행하는 것이 유리하고 어느 정도 판매량이 증가하면 그에 따라 사입단가를 고려한 소싱도 중요하다.

이러한 거래는 사람과 사람의 거래이므로 서로 관계를 잘 형성해 나가는 것도 중요하다.

온라인 소싱의 경우 초보 판매자라면 현재 G마켓, 옥션, 11번가 등에 판매되고 있는 상품을 이베이에 판매등록을 하고 팔리면 구매해서 재포장하여 발송하는 방법도 가능하다. 자신이 이익을 가져가는 것은 힘들지만 온라인 판매 경험을 해 보고 싶거나 재고 부담을 가지기 싫은 사람은 한번쯤 시도해 볼 만한 방법이기도 하다. 다만 가끔 재고가 없거나 배송에 문제가 생기거나 하는 변수가 있으니 주의해야 한다. 이베이의 경우 판매권한이 없는 상품의 경우 절대 판매하지 말아야 하니 이 점도 주의가 필요하다.

온라인 판매로 성과를 내 보겠다는 목표를 세운 사람이라면 사입은 필수항목 중 하나이다. 물론 거래 초기에는 여러 가지 시행착오를 겪을 수도 있고 금전적인 손해를 볼 수도 있지만 그러한 경험을 극복해 나가면서 더욱 성장할 수 있다.

온라인으로 아이템 찾기

온라인에서 아이템 소싱을 원할 경우 먼저 검색엔진에서 정보를 검색해 보는 것이 좋다.

도매라는 키워드로 다음 사이트에서 검색을 해 보았다.
상위 노출되는 정보는 광고영역이지만 많은 도매 사이트를 검색할 수 있다. 사이트에 방문해서 가입하고 정보를 확인하는 것은 무료이니 20~30군데 가입해서 여러 가지 상품과 관심있는 분야를 알아보는 것도 좋다.

물론 네이버에서도 검색해서 알아보는 것이 가능하다.

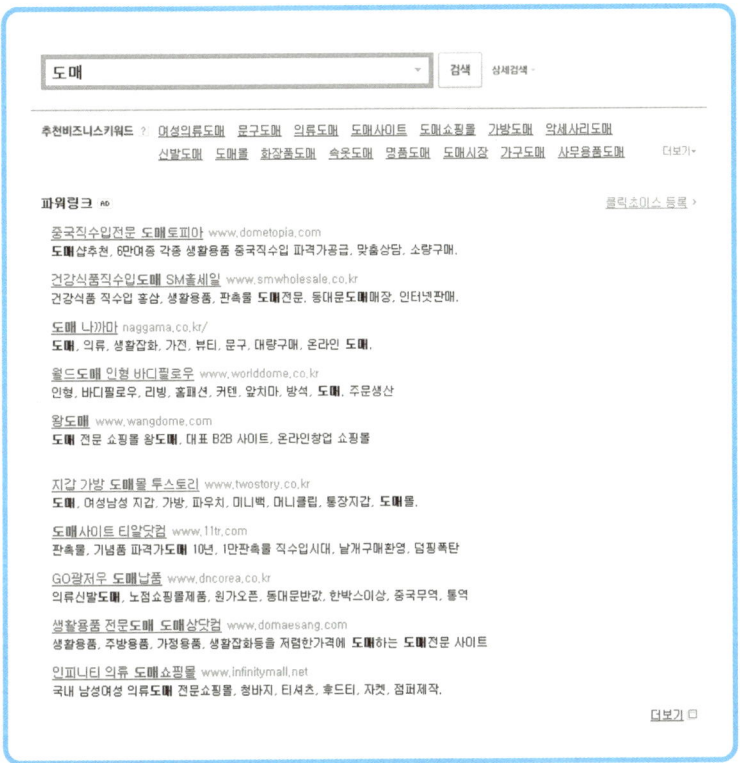

국내 검색엔진 사이트들의 경우 광고영역이 너무 많다. 좀 더 질 좋은 검색 내용을 제공해 주길 바란다.

최근 들어서는 좋은 상품거래 정보가 도매 사이트뿐만 아니라 카페나 블로그에서도 확인이 가능하다. 필자의 경험으로는 다음 사이트의 상당수의 카페들은 좋은 거래 정보를 얻기에 용이하다.

카페를 통한 거래로 좋은 상품을 소싱해서 이익을 남긴 경우도 있고 아직까지 거래하는 거래처도 많다.

아이템 소싱은 온라인이든 오프라인이든 한번 더 검색하고 한번 더 전화하고 한번 더 찾아가는 사람이 좋은 상품을 찾기에 유리하다. 좋은 아이템 사입루트는 많이 가지면 많이 가질수록 유리하다.

다음(Daum) 사이트에서 카페 검색을 해 보자.
도매에 관한 많은 카페들을 검색할 수 있다. 선별해서 가입해 보고 좋은 카페에서는 거래도 한다면 아이템 소싱에 도움이 될 것이다.

네이버 카페의 경우 이쪽 분야는 아무래도 조금 부족해 보인다.

다음 카페 중 내 가게의 경우 국내 쇼핑몰을 하는 분들이라면 가입하면 많은 도움을 얻을 수 있고 쇼핑몰이나 오픈마켓 판매에 관심 있는 사람이라면 가입해서 게시판에 있는 정보들을 미리 공부하는 것도 좋다.

카페들은 잘 찾아보면 알찬 정보를 얻을 수 있는 곳이 많다.

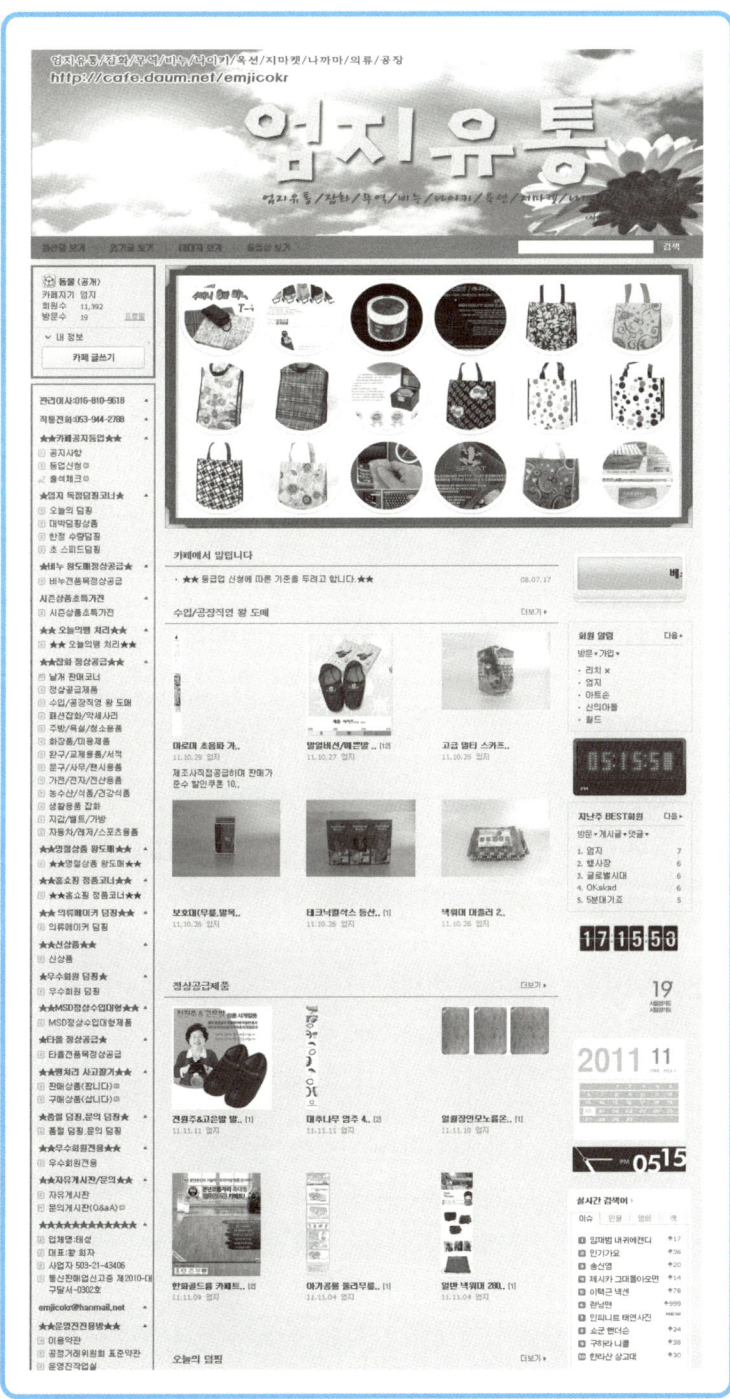

제 11 장 아이템 선정과 사입의 기술 _ 305

모든 거래시에 초보셀러의 경우 완사입(전부 매입)은 피하는 것이 좋고 사전에 시장조사나 테스트를 해보고 아이템을 소싱하는 것이 좋다. 샘플을 미리 구입해서 확인하는 것도 좋은 방법이다. 오랜 시간 공급을 받고 거래가 유지되는 사입처를 한번 방문해서 서로 관계를 유지하는 것도 현명한 방법이다.

박람회 활용

G-fair(경기중소기업박람회)같은 경우는 아이템 소싱의 적격지이다. 대부분 중소기업이므로 거래 조건이 상당히 용이하고, 폐쇄적인 중소기업 신상품에 대한 다양한 정보를 얻을 수 있다.
또한 각종 박람회가 다양하게 있으니 방문해서 거래하는 것도 좋다.

광고가 없는 이베이 시장에서는 아이템 선정이 더욱 중요하다. 말 그대로 글로벌 경쟁이기 때문이다. 즉 홍콩과 미국 등 다양한 국가의 셀러들과 경쟁을 하고 있다는 것을 잊지 말아야 한다.

아이템에 대한 감각도 필요하지만 기본적인 아이템 조건을 참고해서 소싱하자. 과거에 유통이나 판매에 대한 경험이 있는 분들은 조금 유리할 것이다. 처음 하시는 분들은 많은 난관이 있겠지만 좌절하지 말고 하나하나 꾸준히 해 나아간다면 길이 보일 것이다.
좋은 아이템을 찾는 것은 어렵지만 즐거운 일이다. 대한민국의 좋은 제품을 발굴해서 세계시장으로 유통시켜보자. 이제 국내시장은 좁다. 전 세계인을 상대로 자신의 제품을 판매해 보자.

어떤 분이 온라인에서 사입하는 것이랑 실제 방문해서 사입하는 것이랑 어느 쪽이 더 저렴한지 문의를 한다. 정답은 그 분야를 얼마나 잘 알고 있고 어떻게 거래하느냐에 따라 다르다. 잘 모르는 사람이 거래를 하면 아무래도 비싸게 구입할 확률이 높다. 온라인이든 직접 창고나 매장에 가서 거래를 하든 그 분야를 잘 알고 유통구조를 잘 아는 사람이라면 좋은 거래를 이끌어 낼 수 있다.

필자가 느끼기에 우리나라 유통구조는 분야에 따라서 온라인이 잘된 분야도 있고 꼭 오프라인으로 거래를 시작해야 하는 분야도 있다. 어떻게 거래를 하든 서로 얼굴을 알고 좋은 관계를 유지하는 것은 도움이 된다.

아이템 선정과 사입을 처음부터 잘하는 전문가는 없다. 온라인 판매로 성공하고자 한다면 자신이 판매하는 상품에 관해서는 전문가가 될 필요가 있다고 생각한다. 준비하고 공부하고 노력하는 사람이 성공에 한 발 더 다가간다.

Chapter 12
이베이 프로그램 활용과 온라인 사업

Ebay Open Market

Selling manager와 Selling manager pro

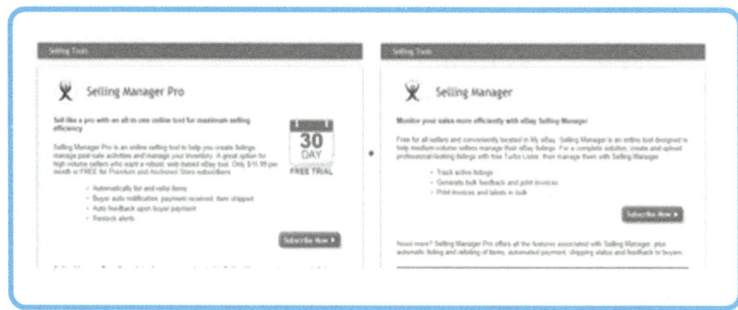

셀링 매니저와 셀링 매니저 프로에 대해서 알아보자.

이베이에서 개발된 판매관리 솔루션으로 상품등록, 판매, 관리까지 여러 기능을 가지고 있는 기본적인 필요한 프로그램이다.

셀링 매니저(Selling Manager) 프로그램은 무료이다. 신청하는 URL은 http://pages.ebay.com/sellerinformation/sellingresources/sellingmanager.html 이다.

셀링 매니저 프로(Selling Manager Pro) 프로그램은 유료이며, 이달 사용한 것을 다음달에 내는 후불제이다. 처음 한달은 무료로 이용이 가능하며, 다음달부터는 1개월 이용료로 15.99달러를 지불하여야 한다. 스토어의 프리미어 이상을 구매하여 사용할 경우 무료로 제공하고 있다. URL은

http://pages.ebay.com/sellerinformation/sellingresources/sellingmanagerpro.html 이다.

초반에 사용할 때는 셀링 매니저를 권하며 추후에 어느 정도 상품판매를 하게 되면 프리미어 이상의 스토어를 사용할 때 기본 제공이 되고 있으니 그때 사용해도 된다. 셀링 매니저 프로보다 좋은 리스팅 프로그램들도 많이 있으니 검토하여 보아도 좋을 거 같다. 보통 INKFROG.COM와 auctiva.com이라는 리스팅 프로그램을 별도로 사용하고 있다.

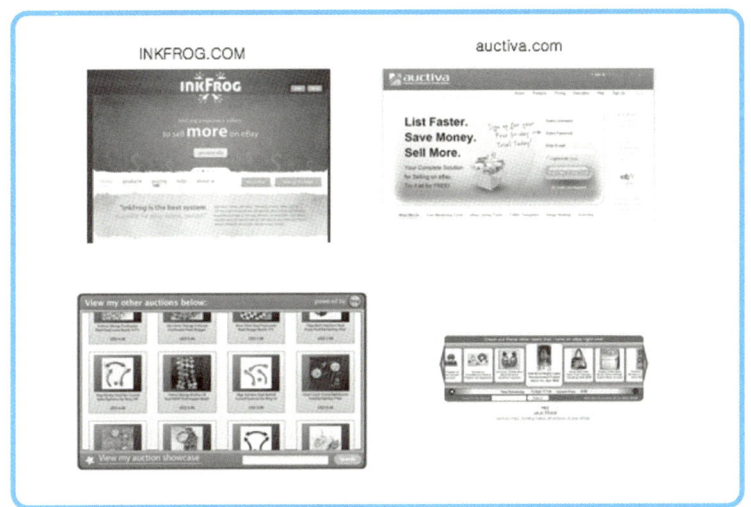

Selling manager와 Selling manager pro의 메뉴의 차이

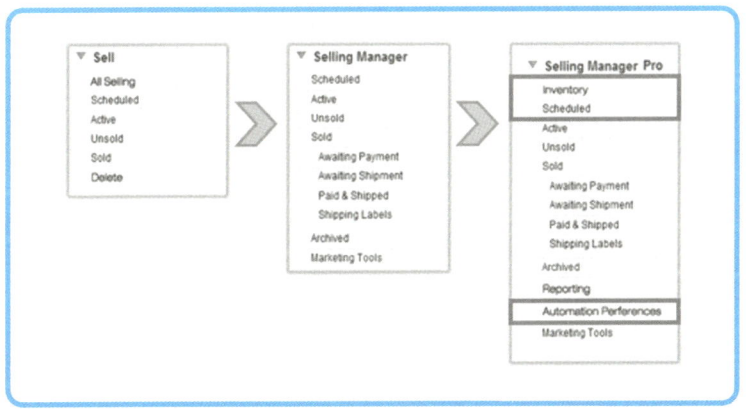

먼저 기본적인 셀링 매니저에 대한 기능에 대해 알아보자.

셀링 매니저 프로(Selling Manager Pro)의 기능

- Inventory : 상품의 템플릿을 미리 등록하는 기능
- Scheduled : 상품의 리스팅 날짜와 시간을 설정되어진 리스팅
- Active : 현재 판매하고있는 상품 리스팅
- Sold : 판매완료된 물품에 대한 정보 표시 기능

- Awaiting payment : 결제를 기다리는 상품
- Awaiting Shipment : 결제가 완료되어 배송을 기다리는 상품
- Paid and Shipped : 결제가 완료되어 발송된 상품
- Automation preference : 상품 판매 시 자동으로 메일 발송이나 피드백 남기기 등의 기능 설정

등의 기본 메뉴들이 있다.

상품이 판매되고 결제가 안 되었을 때 Awaiting payment에 주문 정보가 보이게 되며 결제가 완료되면 Awaiting Shipment으로 주문 정보가 이동하게 된다. 이곳에 나타나면 상품을 배송하면 된다.

배송 완료 처리 방법

① Tracking number에서 [Add]를 클릭하여 송장 번호가 있다면 입력하여 준다. 없다면 그냥 둔다.
② 발송한 고객의 주문 정보를 선택하고
③ Change status를 클릭하고 Shipped를 클릭하면 배송완료한 상태로 변경이 되며 Paid & Shipped으로 주문정보가 이동한다.

Selling manager pro에서 자동으로 피드백 주는 방법

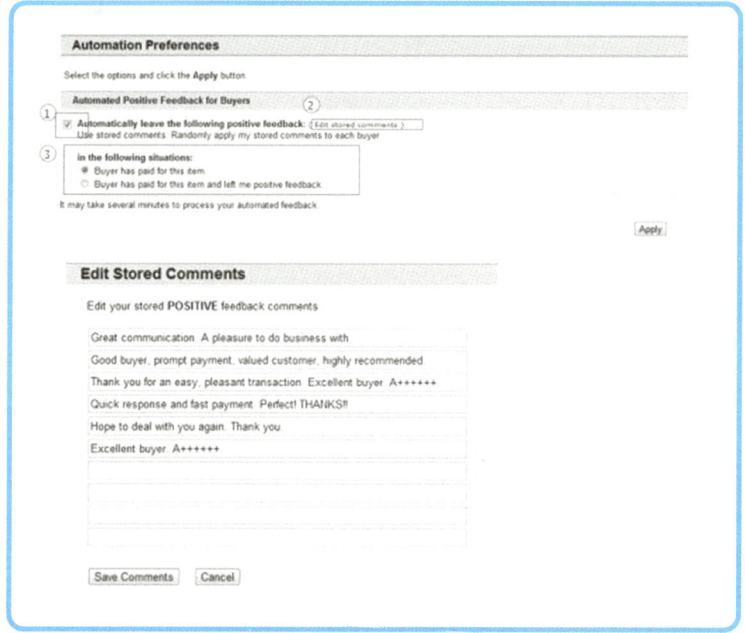

왼쪽 메뉴에서 Automation preference를 클릭하면 나오는 화면이다.

① 자동으로 긍정 피드백 남기려면 (1)을 선택하여 주어야 한다.
② Edit stored comments을 클릭하여 남기려고 하는 피드백을 입력하여 저장한다.
③ 피드백을 남기는 경우를 설정하는 것으로 고객이 결제를 하였을 때와 긍정 피드백을 남겼을 때를 선택하게 되어 있다.

주문이 많아지면 단순 업무는 자동화 처리를 해야 시간을 절약 할 수 있다. 셀링 매니저 프로에서는 자동으로 피드백을 남기는 기능은 상당히 쓸모가 있다.

스토어 운영 노하우

이베이는 광고가 없다고 해도 과언이 아니다. 지금까지의 이베이의 정책이다. 상품을 팔려면 홍보와 광고를 해야 판매 촉진이 되는 것은 당연하다. 하지만 가장 중요한 것은 상품의 경쟁력일 것이다. 상품의 경쟁력이 떨어지는데 노출과 홍보만 많이 한다고 해서 잘 팔리는 것은 아닐 것이다. 좋은 상품에 적절한 홍보와 마케팅만이 좋은 성과를 낼 것이다. 이베이에서 홍보는 노출이 가장 중요하다. 이베이의 검색 정렬방식은 이베이만의 독특한 검색기준에 의해 검색이 되는데 명칭은 Best Match이며 아래와 같은 기준으로 정렬이 된다.

1. 최근 고정가(Fixed Price) 판매 기록
2. 경매방식에 있어 종료 시간
3. 셀러의 DSRs과 바이어의 만족도
4. 상품 타이틀의 적절성
5. 배송비가 포함된 전체 상품가격
6. 노출 대비 판매율이 높은 제품

경매 스타일 리스팅의 경우에는 종료일이 가까워질수록 노출도가 높아지고 고정가 리스팅은 노출대비 판매기록이 많을수록 노출도가 높아진다. 즉 고정가 판매 상품은 꾸준히 판매할 수 있는 아이템이어야 하고 경매에서 고정가 판매 상품을 촉진(Cross Promotion, Store)하여야 한다.

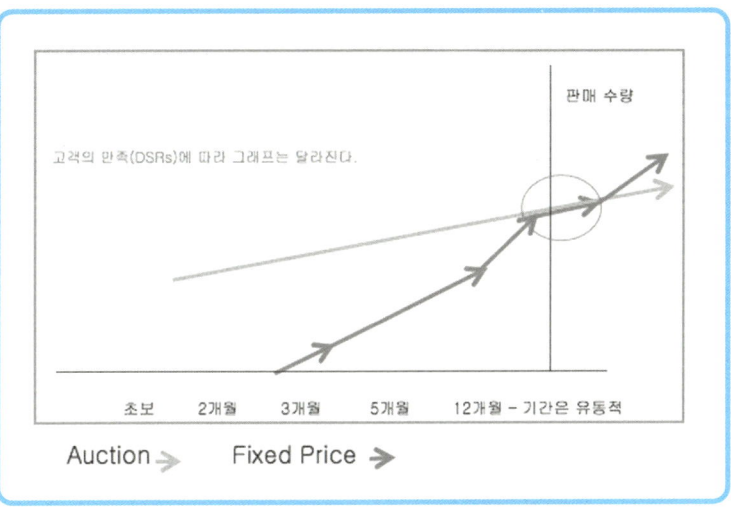

경매를 통하여 스토어와 고정가 상품 페이지에 고객을 유입을 시켜라.

Cross Promoction, Store

이베이에서나 기타 오픈마켓에서 셀러로서 할 수 있는 기본적인 판매촉진 방식은 상세페이지에서 연계된 상품을 홍보하거나 스토어로 유입시켜 고객들이 다양한 상품에 흥미를 갖게 하여 상품을 판매하는 것이다.

Cross Promoction의 경우에는 연계상품을 상품 상세페이지에 나열하는 것이다.

상품 상세에서 Cross Promotion ▶
링크로 고정가 판매 유도

◀ Banner를 중심으로 고객을 유인하는 방법

Banner를 중심으로 고객을 ▶
유인하는 방법

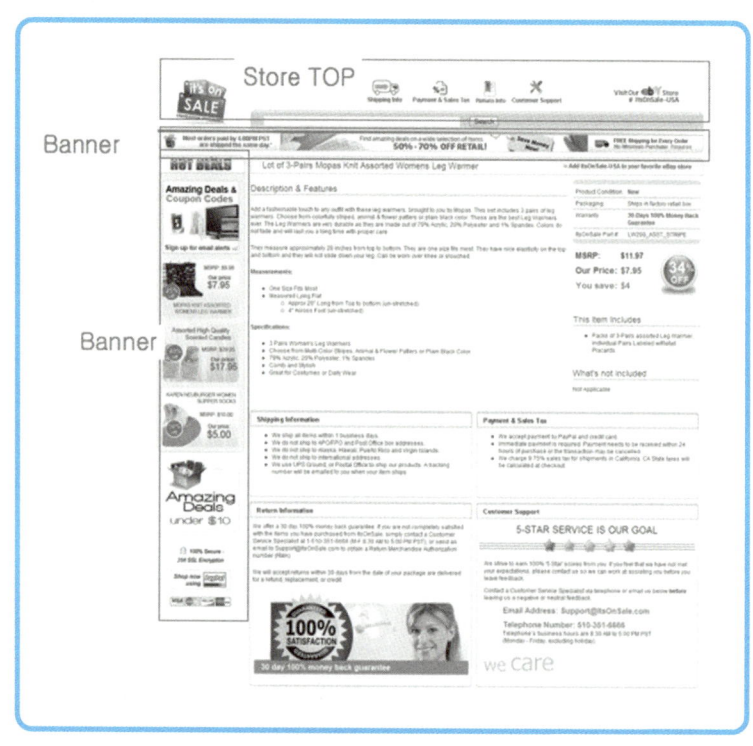

리스팅 프로그램을 제공하는 회사들 중 대표적으로 2개 회사의 크로스 프로모션 형태가 있는데 하나는 inkfrog.com과 auctiva.com의 것이다.

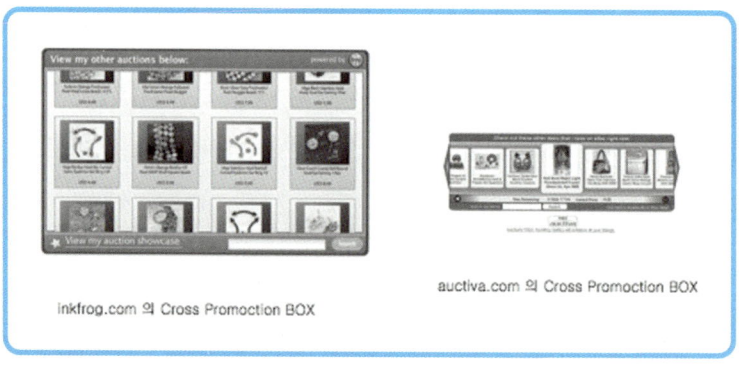

이베이에서 상품을 검색하다 보면 위의 형태의 상품리스트를 많이 볼 수 있을 것이다.

적은 인력으로 이베이를 할 때 유용하게 활용할 수 있는 기능을 제공하고 있다.

스토어를 활용한 판매 전략

인접 영역, 연계상품으로 스토어를 구성

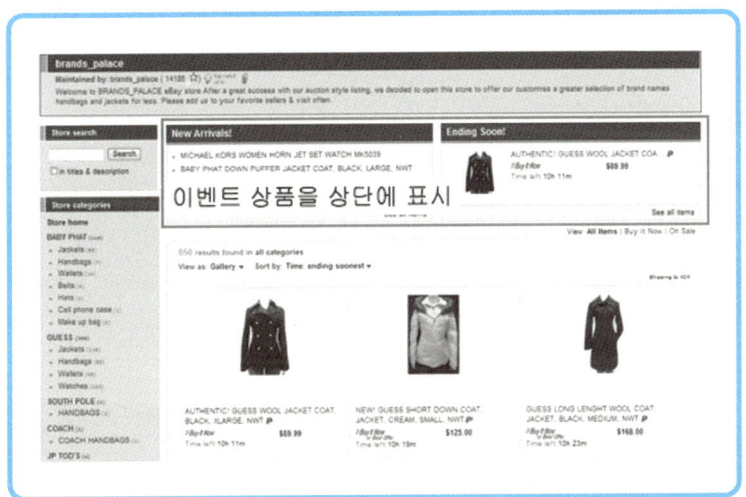

옥션이나 고정가 상품 판매에서 스토어로 유입이 된 경우에 이벤트나 마감 임박의 상품을 상단에 노출하여 고객에게 더욱 많이 노출을 할 수 있으며 이렇게 하면 매출에 도움을 줄 수 있다.

스토어 관리자 모드

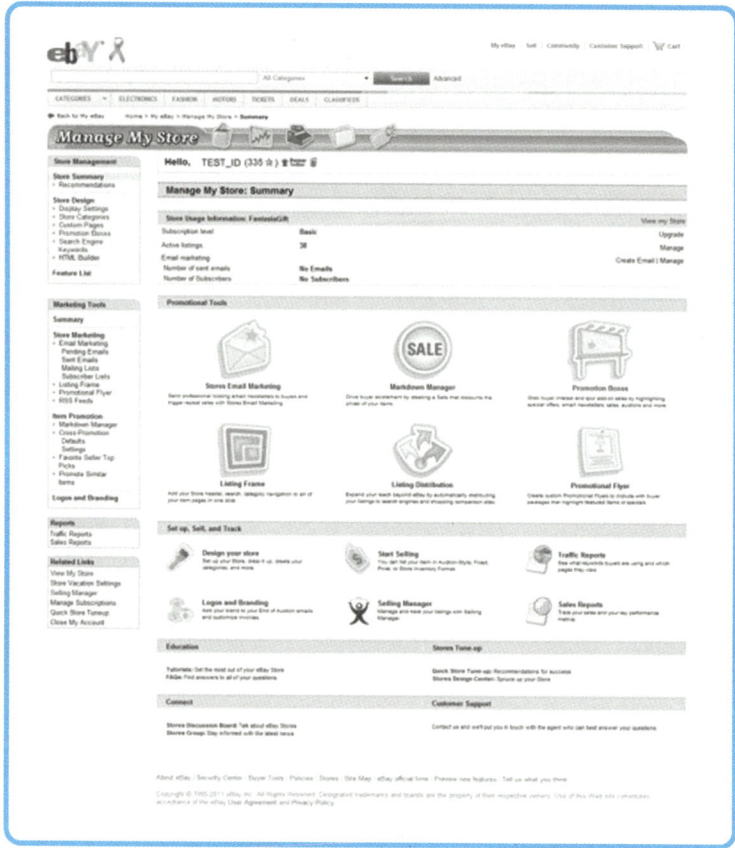

스토어 메뉴 설명

스토어 요약
추천

스토어 디자인
디스플레이 설정
스토어 카테고리
사용자 정의 페이지
추진 박스
검색 엔진 키워드
HTML 빌더

기능 목록

Display Setting

Display Setting은 스토어의 기본적인 스토어 이름, 로고 및 레이아웃을 설정하는 기능이다.

① 스토어 이름, 스토어 URL, 스토어 로고, 스토어 설명 설정 변경 기능이 있다.
② 스토어 이름 변경
③ 스토어 소개

④ 스토어 로고 선택
⑤ 스토어 로고 업로드
⑥ 스토어 로고 URL 링크
⑦ 로고 보여주지 않음

Theme and Display

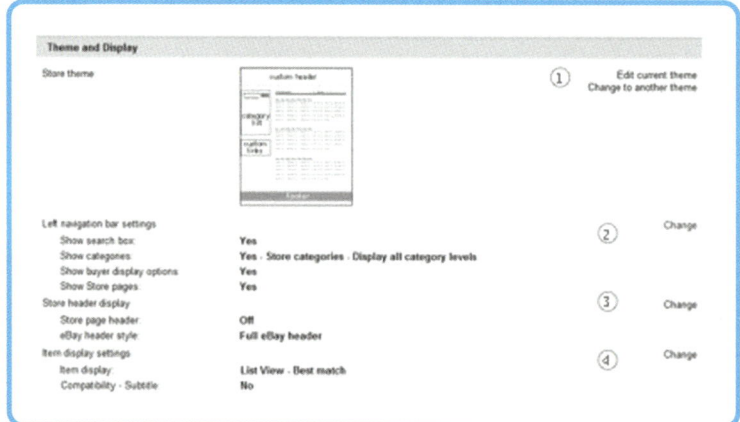

① Edit current theme : 기존의 테마의 글꼴, 크기 및 색깔 변경기능
② Change to another theme : 스토어의 다른 테마를 선택하는 기능
③ 스토어 왼쪽 메뉴의 검색박스, 카테고리 박스, 스토어 페이지 등의 구성 사용여부 세팅
④ 스토어 상단 부분의 디자인을 적용하거나 이베이 상단의 스타일을 선택하는 기능
⑤ 상품리스트의 layout 구성 및 상품 정렬방식 등을 선택하는 기능

Display Setting

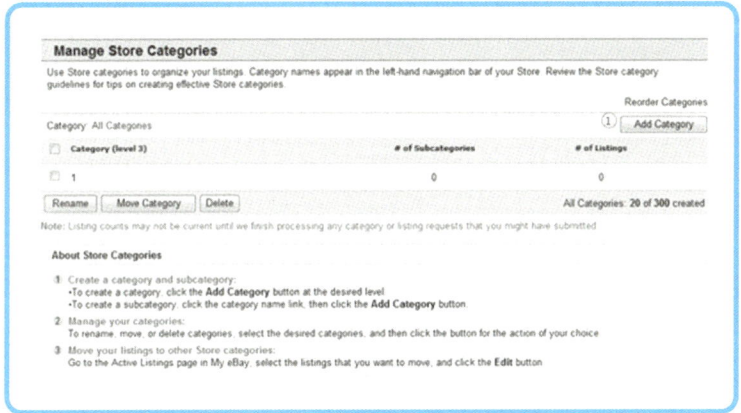

카테고리는 3단계까지 만들 수 있으며 스토어의 왼쪽에 카테고리가 나타난다.
물론 카테고리 안에 상품을 등록해야 카테고리가 표시된다.
① Add category를 클릭하면 카테고리를 만들 수 있다.

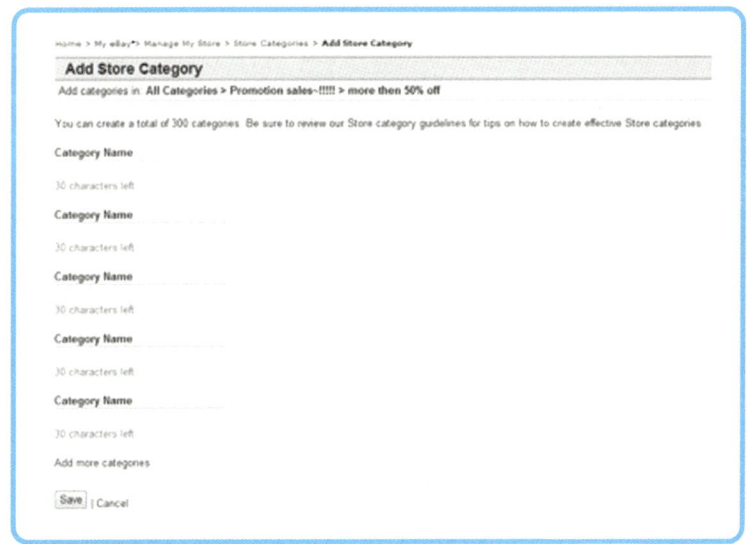

Add Category 등록 화면은 30자 이내로 만들 수 있다.

Custom Pages

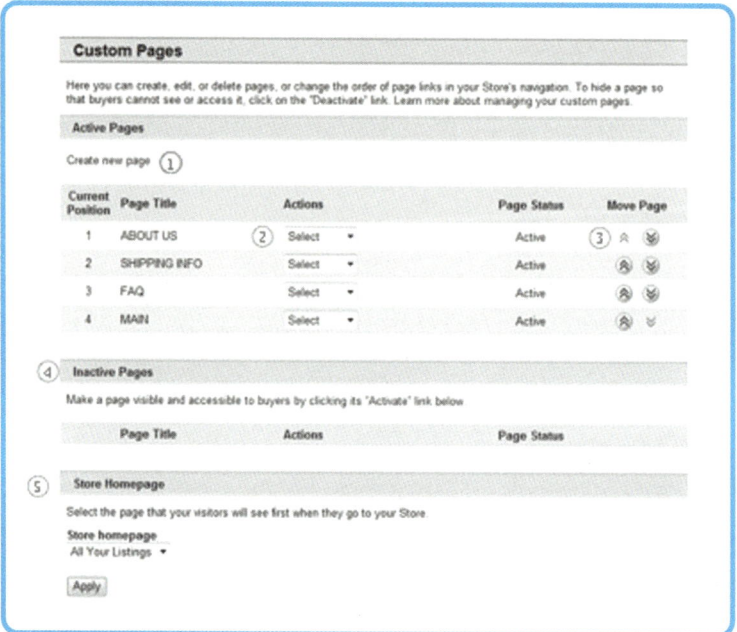

① 페이지 만드는 버튼
② 페이지 보기, 수정, 삭제, 활성화 여부 등 선택
③ 페이지 순서 수정
④ 비활성화된 페이지 목록
⑤ 스토어 홈페이지의 메인 페이지 선택 기능

Promotion Boxes

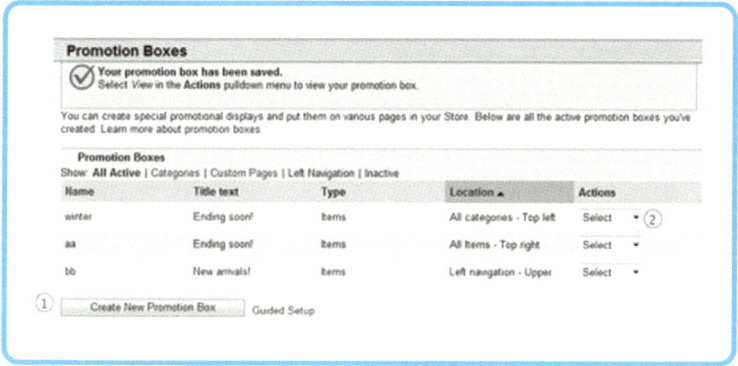

① 프로모션 박스 만들기
② 프로모션 보기, 수정, 삭제, 복사 등 선택

Search Engine Keywords

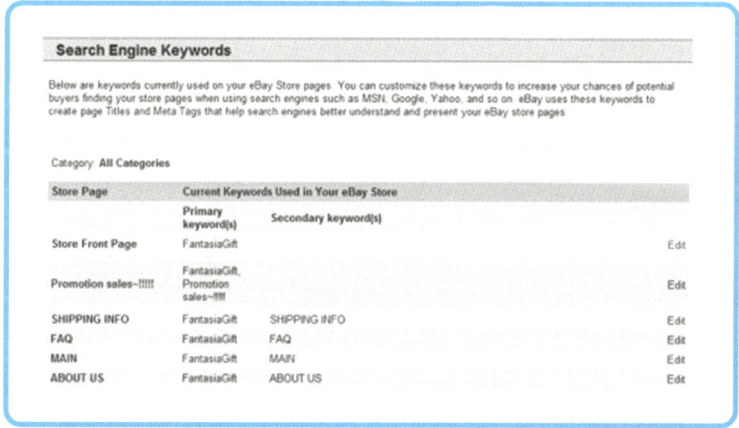

현 이베이 스토어에서 사용되는 키워드이다. 각종 검색엔진에서 카테고리와 페이지의 각 페이지에 키워드를 삽입하는 것이며 각 페이지에 제목 및 메타 태그를 삽입하는 것이다. 이것은 잠재적인 고객의 방문을 유도하고 구매율을 높일 수 있다.

HTML Builder

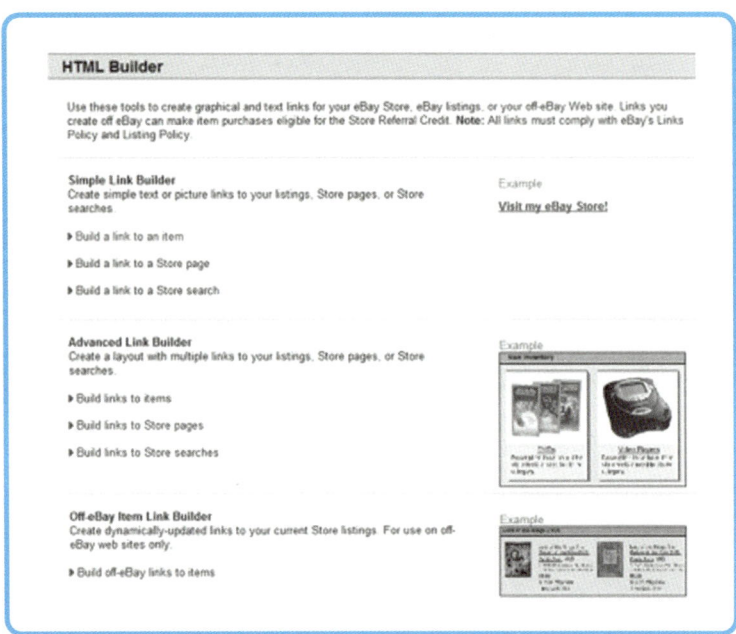

HTML Builder는 상품에 대한 링크 정보를 만드는 페이지라고 생각하면 쉽게 이해가 될듯하다.

이베이 안에서의 상세페이지, 스토어 안에서 안내페이지 등에서 상품의 링크를 만들어 사용할 수 있으며 자체 홈페이지가 있다면 이베이의 상품 링크를 만들어서 사용할 수 있는 기능이다.

HTML를 모르는 분들을 위해서 쉽게 만들 수 있게 제공하는 기능이다.

Simple Link Builder

Build a link to an item을 예를 들어 설명하겠다.

① 상품의 고유 아이템 번호 입력 아이템 번호를 모른다면 [Select by searching]을 누르면 아이템 리스트가 나온다.
② 상품이미지 아래에 들어가는 텍스트를 입력한다.
③ 상품의 이미지링크를 입력하는 부분이며 기존 상품의 이미지를 사용하는 경우는 Use Gallery picture을 클릭하면 기존의 이미지를 사용하게 된다.
④ 텍스트의 폰트 크기 스타일을 설정한다.
⑤ Preview를 클릭하면 된다.

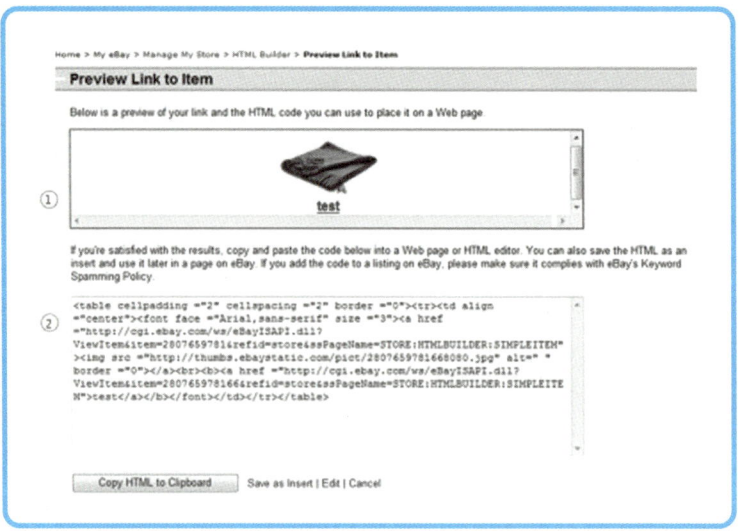

① 상품 preview 화면
② 상품 preview 화면의 HTML 소스코드

HTML 소스코드을 사용하여 상품페이지나 스토어 기타 HTML 를 사용 가능한 곳에 활용하면 된다. 기타 다른 것도 이와 비슷하다.

사업자 등록과 부과세 환급

사업소득이 있는 경우는 사업자 등록을 하여야 하는 것이 적법하다.

사업자 등록과 세금 관련해서는 이베이에 대해 지식이 있는 세무사와 상담하는 것이 가장 합리적인 방법으로 생각된다. 이베이의 경우 일반적인 수출의 형태가 아니기 때문에 수출로 인정받기 위한 요건을 충실히 갖추어야만 부가세의 영세율을 적용받을 수 있다.

하지만 이베이는 새로운 사업 분야이므로 아직 세무서 담당자들이 잘 모르는 경우도 있으므로 해당부분을 설명해 줄 필요는 있다.

먼저 간이 과세자라 함은 공급대가(공급가액+부가가치세액)가 직전년도 매출 4,800만원 이하의 사업장에 해당된다(간이과세 배제업종 및 배제지역 제외). 간이과세자는 부가세 10%를 내지 않기 때문에 부가세 환급을 받지 않는다.

일반과세자는 물건을 팔 때 부가세 10%가 발생한다. 그래서 세금계산서 발급이 가능하다. 그렇기 때문에 이베이 셀러는 일반과세자로 사업자 등록을 하여야 혜택을 받을 수 있다.

부가세와 종합소득세

부가세란 생산 및 유통과정의 각 단계에서 창출되는 부가가치에 대하여 부과되는 조세이며 국내에서는 10%가 발생한다.
종합소득세는 모든 소득을 종합하여 과세하는 조세이다.
이 책에서는 영세율에 대한 부분만 중점으로 다루기로 하겠다.
거래처에서 물건을 사입하면 세금계산서 또는 간이계산서 등을 받는데 이 경우 세금계산서만이 공식적인 부가세를 지불하였다는 증빙이 된다. 즉 물건을 사입할 때 부가세 영수증이나 카드 영수증으로 부가세를 지불했다는 증빙 자료가 된다.
세무 신고는 1년에 4번 한다. 간이과세자이거나 개인 사업자의 경우는 2번 하게 되어 있으나 환급을 받는 사업자의 경우 법인과 같이 4번 하여야 한다. 각 분기별 다음달 25일까지 신고를 해야 한다.

세율 적용과 부가세환급 요건 첨부 서류

부가세 면세물품가액	부가세면세물품가액	
	법령에 의한 첨부서류	국세청장 지정서류
수출실적명세서	수출실적 명세서 휴대반출시 간이수출신고수리필증 소포수출의 경우 소포수령증	수출대행계약서 사본 및 수출신고필증, 또는 수출대금 입금증명서

1. 매입 부가세 영수증 자료 또는 카드 영수증
2. 수출 신고필증 또는 소포 수령증(우체국 발송 영수증)
3. 이베이 또는 페이팔의 결제 입금받은 내역 등이 필요하다.

부가세 환급의 경우는 상당히 엄격한 조건을 갖추어야 한다.
이베이를 통해서 부가세 환급을 받아 보다 경쟁력 있는 이베이 셀러가 되길 바란다.

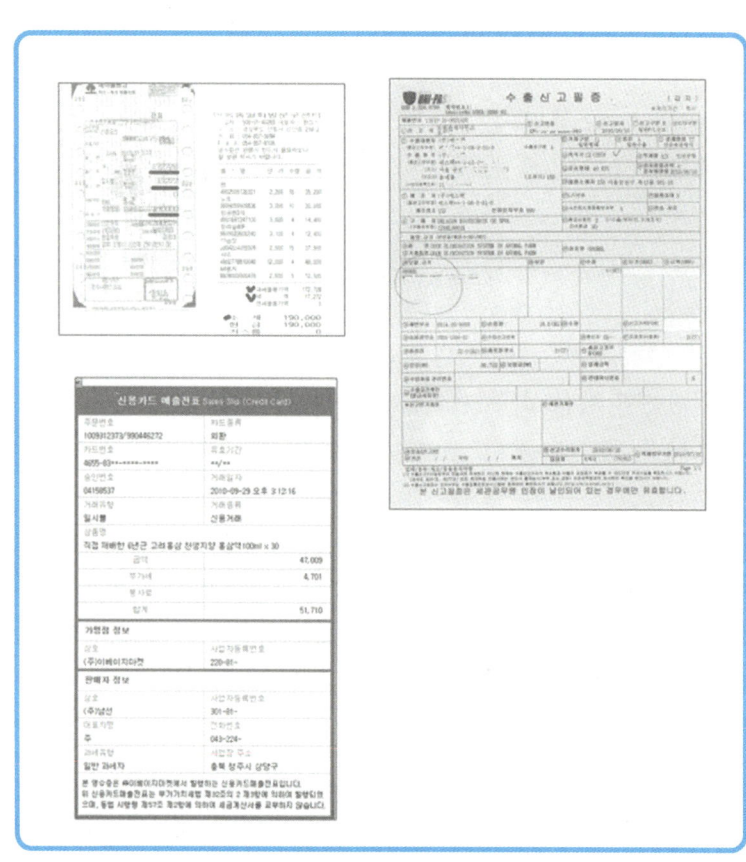

목적과 목표 설정

상품 소싱 노하우 목표와 목적이 중요한 것 같다. 왜? 이베이를 해야 되는지, 이베이를 통한 목적이 무엇인지 정의하고 단계별로 목표를 세워 이루어 나가는 것이다.

비즈니스의 목적은 내가 사랑하는 가족을 위해서, 목표는 이베이에서 연봉 1억 만들기와 저축 1억하기로 정하고 시작하는 것이 좋을 거 같다.

1억이라는 목표치는 한국 사회에서는 상징적인 숫자인 듯 하다.

    순익 1억 = 월 830만원 = 하루 27만원

순익 1억이 되려면 하루에 몇 개를 팔아야 되나?

1만원 마진의 상품을 팔아서 1억의 연봉이 되려면 하루 27개의 상품을 팔아야 가능하다.

상품 리스팅을 경매에서 3일 간격으로 3번 등록시 1번 판매가 되는 경우 판매율 약 30%로 볼 수 있다. 즉 83개의 상품을 한달에 10개씩 판다고 생각하면 된다. 즉 한 개의 아이템당 평균 1달에 10개가 판매가 된다고 생각하면 된다.

그리고 1년을 기준으로 상품 발굴과 매출에 대한 목표를 명확히 하고 꾸준히 달려보자.

중소기업 소싱의 노하우

적절 아이템 요건

적절한 아이템의 요건은 즉각적인 배송이 가능한가 소싱처의 물건 공급이 오래 걸린다면 곧 바이어의 클레임으로 연결되고 판매에 지장을 준다.

재고 확보는 지속적으로 가능한지 여부이다. 이베이의 반응속도는 1달 이상이 걸리고 꾸준히 그리고 천천히 판매가 되기 때문이다.

충분한 마진을 남길 수 있는지 가격은 이베이 수수료, 페이팔 수수료, 배송비까지 고려해서 정해야 된다. 또한 분실율까지 염두에 두어서 제품가격을 산정할 필요가 있다.

아이템 선정 요령

- 도매시장, 할인점, 백화점을 시장조사하라.
  동대문 같은 메가마켓이 모여 있는 곳이 바로 우리에게 거대한 제품 소싱처인 셈이다.
  할인점의 다양한 품목, 백화점의 고부가가치 브랜드 조사는 시장조사의 적격이다.

- 박람회에서 새로운 소식을 접하라.
  G-fair(경기중소기업박람회)같은 경우는 아이템 소싱의 적격지이다. 대부분 중소기업이므로 딜하기가 상당히 용이하고, 폐쇄적인 중소기업 신상품에 대한 다양한 정보를 얻을 수 있다.
  또한 각종 박람회가 다양하게 열리고 있으니 참조하는 것 또한 좋을 듯하다.
  아이템은 광고가 없는 이베이에서는 더욱 중요하다. 말그대로 글로벌 경쟁이기 때문이다. 즉 홍콩과 미국 등 다양한 국가의 셀러들과 경쟁을 하고 있다는 것을 잊지 말아야 한다.
  아이템에 대한 감각이 있어야 된다. 과거에 유통이나 판매에 대한 경험이 있는 분들은 이러한 감각이 있을 거라고 생각이 든다. 하지만 처음 하는 분들은 난관이 발생할 것이다. 그럴 때 좌절하지 말고 하나하나 꾸준히 나간다면 길이 보일 것이다.

- 온라인 오픈마켓

  가격비교 사이트에서 공급받는다. 가장 효율적이나 동종의 아이템일 경우 누구나 가격을 쉽게 알 수 있다.
  판매도 쉽지만, 경쟁에서 쉽게 밀릴 수 있다. 또한 누구에게나 접근이 가능하다.

- 온라인 도매사이트

  몇몇의 도매사이트에서 제품을 공급받는다. 판매자를 연결해 주는 사이트가 있다.

- 오프라인 거래처

  동대문, 도매시장 등이 대표적인 예로 발로 뛰는 만큼 해당아이템에 대한 고급정보도 얻을 수 있다. 오프라인에만 있다면 아이템 소싱에 대해 일정 부분의 비밀도가 유지된다.

- 본사나 공장에서 직접 공급

  가장 확실하고 안전한 방법이나 대부분 미니멈 수량을 요구한다. 이 부분에 대해 원만하게 해결할 수 있다면, 가장 안정된 루트이다.

- 직접 제조

  공장을 가지고 있거나 위탁생산 등의 경우이다. 제조 경험이 있거나 확실한 아이템일 경우에는 적극 추천이다.

에필로그

누구나가 쉽게 만들어갈 수 있는 정보를 담고자 노력했습니다. 여러 가지 부족한 점이나 실수는 너그럽게 용서해 주시길 바랍니다.

전자상거래와 같은 분야는 실전이 주요한 분야입니다. 내가 알고 이해한다고 해서 거래가 일어나고 매출이 일어나는 분야는 아닙니다.

실제 진행해 나가면서 책을 보시길 바랍니다. 저의 경우 이베이를 통한 쇼핑과 판매는 흥미로운 일들의 연속이었습니다. 얼굴도 모르는 먼 국가의 판매자가 나를 위해 상품을 포장하고 보내준다는 일 자체가 즐거웠습니다. 어린 시절 펜팔을 하면서 느낀 감정을 국제 거래를 통해 다시 한번 느끼게 되었습니다. 설레임과 놀라움의 연속이었습니다.

개인적으로 10시에 집에 귀가를 하든 12시에 집에 귀가를 하든 거의 매일 1~2시간 정도는 이베이에 접속해서 쇼핑도 하고 판매도 진행했습니다. 이제는 교육사업에 더욱 매진을 하고 있어 일주일에 1~2번 리스팅을 하고 배송도 일주일에 2~3번만 하면서 이베이를 진행하고 있습니다. 아마도 평생 국제거래를 즐겁게 진행할 것이라 생각합니다.

현재 이베이 초기 진입이 쉬운 일은 아닙니다. 리스팅도 제한이 있고 가입 후 정지를 당하는 경우도 많고, 기타 어려움들이 존재합니다. 하지만 이러한 어려움을 극복하고 정상적인 이베이 활동이 가능하게 되면 그 이후에 가입해서 시작하는 사람들보다 앞서 진행하는 유리함과 비전이 존재합니다. 누구나가 쉽고 빠르게 진입해서 활동이 가능한 시장이라면 아무 때나 시작할 수 있을 것입니다.

이베이의 경우 시장진입을 위한 노력이 어느 정도 필요하며 앞으로 그 장벽이 더욱 높아질 시장이기에 좀 더 빠르게 시작하는 분들이 유리합니다.

국내시장의 경우 소비자가 더 이상 늘지 않고 모든 정보가 오픈된 공간에서 품질과 가격 경쟁이 치열합니다. 세계시장의 경우 앞으로 계속 소비자가 늘 것이며 국가별 차별화된 경쟁력이 존재할 것이라 인터넷 쇼핑문화를 먼저 체험한 대한민국이 유리한 고지를 차지할 수 있습니다. 교통의 발전과 배송 시스템의 발전은 앞으로 더욱더 국제거래를 발전시킬 것으로 기대됩니다.

세상에 쉬운 일은 없다고 생각합니다. 다만 같은 시간과 노력을 투자했지만 돌아오는 성과와 미래의 비전은 분야와 시장에 따라 하늘과 땅 차이로 다릅니다. 국내시장과 세계시장 어느 시장을 자신의 주 무대로 만들어 갈 것인지 현명하게 판단하시길 바랍니다.

저의 책이 많은 분들에게 도움이 되길 바라며 궁금한 점이나 기타 문의사항은 언제든지 연락주시길 바랍니다.

항상 건강하시고 하고자 시는 모든 일들이 잘 되시길 바랍니다.

    이메일 : cis-7777@hanmail.net
    글로벌비지니스협회 : http://www.gbakorea.co.kr

이베이 글로벌셀러 실전지침서

발행일 / 1판1쇄 2012년 4월 5일
저자 / 최일식 · 심경환
발행인 / 이병덕
발행처 / 도서출판 정일
등록날짜 / 1989년 8월 25일
등록번호 / 제 3-261호
주소 / 경기도 고양시 일산동구 장항동 775-1 삼성마이다스 415호
전화 / 031) 908-9152
팩스 / 031) 908-9153
http://www.jungilbooks.co.kr

잘못된 책은 구입하신 서점이나 본사에서 교환해 드립니다.